Ullstein Sachbuch

Ullstein Sachbuch
Ullstein Buch Nr. 34177
im Verlag Ullstein GmbH,
Frankfurt/M – Berlin
Italienischer Originaltitel:
Harem
Übersetzt von Ragni Maria Gschwend

Ungekürzte Ausgabe (1981)

Umschlagentwurf:
Hansbernd Lindemann
Photo: Nikolas von Safft
Alle Rechte vorbehalten
Mit freundlicher Genehmigung der
Rogner & Bernhard GmbH & Co.
Verlags KG, München
© 1980 by Aldo Garzanti Editore
© 1981 by Rogner & Bernhard
GmbH & Co. Verlags KG, München
Printed in Germany 1989
Druck und Verarbeitung:
Ebner Ulm
ISBN 3 548 34177 2

November 1989
35.–38. Tsd.

CIP-Titelaufnahme
der Deutschen Bibliothek

Alliata, Vittoria:
Harem: die Freiheit hinter dem
Schleier / Vittoria Alliata. [Übers. von
Ragni Maria Gschwend]. – Ungekürzte
Ausg., 35.–38. Tsd. – Frankfurt/M; Berlin:
Ullstein, 1989
    (Ullstein-Buch; Nr. 34177:
    Ullstein-Sachbuch)
    Einheitssacht.: Harem < dt. >
    ISBN 3-548-34177-2
NE: GT

Vittoria Alliata

Harem

Die Freiheit hinter dem Schleier

Ullstein Sachbuch

Die Autorin möchte vor allem drei Personen danken:
Eleni Philon, deren liebevolle und beständige Mitarbeit dieses Buch möglich machte;
Gaston Salvatore für die wertvollen Ratschläge während der Niederschrift; Livio
Garzanti für das Vertrauen, das er ihr von Anfang an entgegenbrachte.

Für Teresa, die weit umherzog

»*Im Sand der Wüste liegt eine Pyramide begraben – mit der Spitze nach unten; sie umschließt die Wahrheit des Menschengeschlechts. Die Wahrheit liegt im Wüstensand begraben, auf daß die Menschen den, der sie durch Zufall entdeckt, für einen Narren halten, dessen Gehirn von der Einsamkeit und der Sonne verbrannt wurde.*«

Hasan ibn Ahmad al-Hamdani
Sanaa, Jemen, 945

Vorwort

Das vorliegende Buch von Vittoria Alliata ist ein Buch über Frauen, über die »anderen« Frauen. Eine Sympathiekundgebung für eine in ihrem Wesen erfaßte andersgeartete weibliche Realität. Einem oberflächlichen männlichen Leser könnte es so vorkommen, als habe dieses Buch etwas von der Exotik alter Kolonialpostkarten an sich. Doch für die arabischen Frauen ist die Bewahrung der Vergangenheit in voller Kenntnis der eigenen Voraussetzungen und der zu erreichenden Ziele ein Weg, vielleicht sogar der einzige Weg, sich in der geschichtlichen Realität, in der sie sich befinden, zu verwirklichen.

Was aber sind Vittoria Alliatas Aufzeichnungen tatsächlich? Auf jeden Fall keine üblichen Reiseerinnerungen, eher, wie ein alter arabischer Dichter sagen würde, eine *rihla fi nafsiha*, die Beschreibung einer inneren Reise, einer Reise auf der Suche nach sich selbst. Doch war es dazu nötig, nach Arabien zu fahren – zum erstenmal bereits mit sechzehn Jahren? Mit der arabischen Welt wurde Vittoria Alliata in einem unreifen Alter und auf die am wenigsten geeignete Weise, nämlich in einem bewußt snobistischen Milieu, konfrontiert. Doch vielleicht hat gerade diese erste Begegnung eine Reihe von Kettenreaktionen ausgelöst, die gleichen, die ihr auch ihre familiäre Welt nahelegte. Sie blieb zahlreichen Widersprüchlichkeiten ausgesetzt, aber allmählich fand sie zu ihrem eigenen Bewußtsein. Damals, nach der Rückkehr von ihrer ersten Reise, lernte ich sie kennen. Sie kam an einem Spätnachmittag des Jahres 1967 ins Institut, um sich für einen

Arabischkurs einzuschreiben. Zu der Zeit studierte sie bereits seit einem Jahr Jura und übersetzte berufsmäßig aus dem Englischen, Französischen, Deutschen und Spanischen. Eines Tages ließ ich mir ihr Studienbuch zeigen. Es erschien mir unmöglich, daß sie in einem Alter immatrikuliert war, in dem man normalerweise noch nicht einmal Abitur macht. Doch mit Hilfe französischer Diplome und kaum beachteter ministerieller Erlasse war Vittoria tatsächlich eine ordentliche Universitätsstudentin, den Kopf voll von Kodizes und Pandekten.

Pünktlich erschien sie zu jeder Lektion mit ihrem Übungsheft. Sie hatte lange Vokabellisten und Abschnitte aus *Ali Baba und die vierzig Räuber,* dem Brevier der Arabisten seit mindestens drei Generationen, auswendig gelernt.

Einmal sagte sie am Schluß der Unterrichtsstunde, sie sei auf der Suche nach einem Thema für ihre Doktorarbeit. Wir wählten die Beziehungen zwischen Konfessionen und Gesetzgebung im Libanon. Wie Tunesien war der Libanon ein Land, das sie bereits aus eigener Anschauung kannte. Sie hatte dort Studienferien verbracht. Das keineswegs besonders exotische Thema kam damals einigen Juristen der Fakultät wie politische Science-fiction vor. In zwei Jahren geduldigen Fleißes und chaotischer Forschungen in Paris, London und Beirut wurde die Arbeit fertiggestellt. Dann verschwand Vittoria für eine Weile. Ab und zu kamen Postkarten – aus Beirut, Damaskus, Aleppo und vom Arabischen Golf –, auf denen ich gedrängt wurde zu antworten, auch wenn kein Absender angegeben war. Vittoria erzählte mir im Telegrammstil vom Dschebel Drus, von Abu Dhabi, von den Scheichtöchtern der Golfstaaten, die sie kennengelernt hatte, und von fast unbekannten arabischen Stämmen, auf die sie gestoßen war. Für gewöhnlich verlangte sie Literaturangaben über den Sufismus, über die beduinische Gerichtsbarkeit, über die Karmaten – immer alles auf einmal und in scheinbarem Durcheinander. Die erbetenen bibliographischen Auskünfte erfolgten ebensowenig pünktlich wie meine Antworten. Zwischen einer Reise und der nächsten erschien sie dann plötzlich in der Bibliothek. Sie suchte mich auf, um all das, was sie gelesen und erlebt hatte, in die richtige Ordnung zu bringen. Vielleicht habe ich erst heute, bei der Lektüre des Manuskripts von *Harem*, begriffen, was sie damals wirklich suchte. Die verbissene und fragmentarische Konsultation von Büchern, die mir übertrieben vorkam, war nichts anderes als eine Überprüfung ihrer Empfindungen, ein Modus, Eindrücke und Emotionen historisch zu objektivieren. Der Freund beriet, der nörgelnde Professor regte sich über die wahllose Lektüre auf. Fast nie las sie die Bücher, »die zählen« und die ich ihr geraten und geduldig in bibliographischen Listen zusammengestellt hatte. Der Professor fragte sich oft verwirrt und ungläubig – und der Freund fragte sie geradeheraus: Wie war es möglich, daß sie als gelegentliche Mitarbeiterin aufwendiger Modejournale all die Leute kennenlernte, die in der Politik eine Rolle spielen? Wer oder was führte sie in die Kreise ein, die den meisten verschlossen blieben?

Die Stadtindianerin, wie man sie inzwischen in Mailand nannte, war eine Prinzessin. Der *Amìra Fiktùria* öffneten sich die Pforten, die einem einfachen Fräulein Doktor Alliata verschlossen geblieben wären. Der Geist von Lodovico de Varthema und Cristina di Belgiojoso taten ein übriges. Dem Professor, der sich befleißigte, die Zuverlässigkeit der erzählten Fakten nachzuprüfen, legte sie fachmännisch geschriebene Artikel vor, die mit einem Fotomaterial versehen waren, das wegen seiner Ausgefallenheit fast irreal wirkte. Doch während sie die Fotos von eingesperrten Prinzessinnen und wenig erforschten Stämmen vorführte, erging sie sich weiterhin in ihren Kommentaren, gespickt mit ungewöhnlichen Zitaten, die keinesfalls den geduldig vorgeschlagenen Lektüren entstammten.

Dann fing sie plötzlich an, über Gebärdentheater und Concept Art zu diskutieren. Sie stellte Ausstellungen vor, veranstaltete Happenings und hielt Vorträge. Sie ging daran, sich um portugiesische und eritreische Flüchtlinge zu kümmern. Doch ihre Araber, die aus ihrem vielleicht sarazenischen Unterbewußtsein an die Oberfläche drängten, vergaß sie dabei nicht. Sie fuhr fort zu übersetzen und veröffentlichte ein Buch über Amerika. Dieser Aufenthalt in Amerika war eine unverdauliche Erfahrung, die jedoch dazu diente, Vittorias Sympathie für die Vorfahren und nicht für die Nachfahren zu stärken; für eine Zivilisation, die zwischen der Flucht nach rückwärts und dem Sturz nach vorwärts schwankt; für eine Hemisphäre, die zurückzugewinnen und zu retten sei und in die, nach Vittorias utopischen Vorstellungen, der ganze Westen pilgern sollte. An diesem faszinierenden Appell wird die meisten Leser vor allem die fabulierende und poetische Komponente beeindrucken und eine Realität entdecken lassen, die viel mehr die unsere als eine fremde ist.

Mit ein paar Seiten, die später in *Harem* eingegangen sind und zuvor in einer Frauenzeitschrift veröffentlicht wurden, habe ich ein Experiment gemacht. Ich habe sie, zusammen mit anderem Material über die Lage der Frau, einigen Studentinnen der Universität Venedig zu lesen gegeben, die im Rahmen einer von mir gehaltenen Vorlesung über islamisches Recht ein Seminar über die Situation der arabischen Frau veranstalteten. Vittorias Ausführungen wurden verstanden und sehr ernsthaft analysiert. Die Studentinnen spürten dahinter die sensible, an unmittelbarer kultureller Erfahrung reiche Frau, die sich auch selbst beständig mit ihrer weiblichen Realität auseinanderzusetzen sucht. Für den Professor, der hier durch Zufall zum Vorwortschreiber geworden ist, war das eine kurze, aber eindrucksvolle didaktische Erfahrung.

Und wie kann uns nun dieses Buch, konzipiert als emotional beschworene Erinnerung, einen Schlüssel zur arabischen Welt liefern, jener Welt, die die Autorin mehr als zehn Jahre lang bereist und erlebt, deren Frauen, aber auch deren Bücher sie studiert hat? Die Beherrschung der Sprache, die sie zunächst nur radebrechte, inzwischen aber fließend spricht, hat es ihr ermöglicht, das, was ihr diese Welt zu sagen hat, hörend und lesend aufzunehmen – mag sein, nicht immer unparteiisch. *Harem* skizziert die Situation der Frau, indem es Gestalten und Geschichten vorführt, nicht selten untermauert durch authentische Parabeln aus Literatur oder mündlicher Erzählung. Diese Skizze ist nicht zufällig entstanden, sie ist der Ausdruck eines menschlichen Prozesses in literarischer und nicht in akademischer Form. Sie ist ein Abenteuer, das zum allgemeinen Verständnis der arabischen Welt wesentlich mehr beiträgt als eines der zahlreichen historischen und politischen Werke über den Vorderen Orient.

Francesco Castro

1

»Die Araber? Ein wildes Volk, das unkultivierte Länder bewohnt, nach den Mahlzeiten rülpst, nichts als Kinder produziert und von einem Paradies voller Huren träumt.« Der Sohn des Präsidenten des Libanon rümpfte die .sommersprossige Nase. Unter den Mispelbäumen des Parks spielte der Archimandrit indessen Scharade. Ich war sechzehn Jahre alt: Ich träumte von Scharen paradiesischer Jungfrauen und von Aloenduft.

Die Sucht nach dem »Fremden«, die sich seit meiner Jugend in eine Art zigeunerhafter Aufbruchsbereitschaft übertrug, hatte mich fast durch Zufall nach Beirut geführt.

Ich war Gast der letzten Templer, einer Elite, die außer den Ländereien, den Banken und der Macht auch die Geschicke der Christen des Orients in Händen hielt. Prunkvoll, marmorn, mit vergoldeten Schwänen, die in den Badezimmern Wasser spien, und mit Gemälden von Guercino, ins Halbdunkel der riesigen kirchenschiffähnlichen Räume getaucht, so beherrschte Yvonnes Palast die Stadt.

In der Weihnachtsnacht des Jahres 1966 schien Beirut die israelischen Jagdflieger, die das Casino du Liban überflogen, nicht wahrzunehmen. Kammerdiener in Gamaschen reichten Pistazienkrokant. Streng christliche Butler schenkten Champagner ein, und in der Volière dösten die Nachtigallen vor sich hin.

Unvermittelt erhob sich die Stimme meiner Gastgeberin: »Wir werden es nicht zulassen, daß Ausländer im Libanon Unruhe stiften; Feiglinge, die aus ihrem Land geflohen sind, weil sie Angst haben, kämpfen zu müssen; Taugenichtse, die glücklich sind, in Baracken zu leben, wenn sie sich nur von der Arbeit drücken können.« Sie zu beschreiben – zierlich, perlfarben, die Augen à la Nofretete geschminkt und mit der Haltung eines Husaren – genügt nicht. Als Erbin südlicher Küstengebiete in der Türkei, fruchtbarer Ebenen in Palästina und Pflanzungen in Ägypten, verwandt mit den bedeutendsten Geschlechtern Europas und gefürchtet von einem ganzen Land, wurde Yvonne auch die Großsultanin des Aschrafia genannt, in Anspielung auf die allmächtigen Herrscherinnen des Serails.

Aschrafia ist der Hügel der Tempelherren, dessen Plätze und Straßen, Parks und Museen Namen aus Yvonnes Familie tragen. Aber er ist auch die Festung der »Matriarchinnen«, in der die Geister der verstorbenen Tanten mit nicht weniger Anspruch herrschen als die der Mütter, Ehefrauen und Waisen. Ihre riesigen Porträts und ihre ausgeklügelten Testamente lasten, vor und nach ihrem Ende, auf Generationen von Männern. Yvonne, Tochter von Marie, Nichte von Isabelle und Kusine von Linda, hatte von den despotischen Verstorbenen nicht nur das immense Vermögen ererbt, sondern auch die Überzeugung, vollkommen zu sein: eine Überzeugung, die im übrigen auch unweigerlich jeden beschlich, der mit ihr zu tun hatte. Restaurationen, Konzerte, Transaktionen, Ausbildung der Kinder und internationale Politik: sie kümmerte sich um alles, leitete alles, und über jede Angelegenheit hatte sie eine unumstößliche Meinung – nämlich die einzig richtige.

»Ihre arabischen Brüder wissen genau, was für eine Rasse die Palästinenser sind: Kommt der Ausdruck ›Philister‹ vielleicht nicht von ›Filistin‹, was auf arabisch Palästina heißt? Könnt ihr mir sagen«, und ihre Kehlader pochte unter den Perlen, »warum sie bei dem vielen Platz, den sie haben, die Palästinenser nicht bei sich behalten, um die Wüsten zu bevölkern? Warum sollen wir Libanesen, die wir gar keine Araber sind, zulassen, daß sie sich in unserem Land als Herren aufspielen, mit Waffen, die ihnen die Russen geschenkt haben und mit denen sie nicht einmal umgehen können?«

Wir hörten ihr schweigend zu, gebannt vom Charme ihrer aspirierten *H*'s, dem einzigen levantinischen Touch in einer ganz kosmopolitischen Sprechweise. Die bedingungslose Leidenschaftlichkeit ihrer Argumentation faszinierte mich; sie hatte etwas Archaisches an sich, etwas vom *Hexenhammer* oder von Savonarola: eine gedrängte Logik, eine apokalyptische Beredsamkeit und die Vorurteile eines Großinquisitors.

»Unser Land ist das einzig zivile im Mittleren Osten, das einzige, das die Araber nie erobert haben; mit ihrem Glauben und mit Waffen haben sich die christlichen Emire auch unter der osmanischen Herrschaft volle Autonomie bewahrt. Diese Unabhängigkeit fordern wir heute so gut wie damals, im Namen des Vaterlandes und des Fortschritts. Wir werden die Erpressung von vier reich gewordenen Beduinen nicht hinnehmen; wir werden es nicht dulden, daß hergelaufene Terroristen das Elend und die Unwissenheit eines Volkes von Barackenbewohnern ausnutzen und eine freie, mutige Wirtschaft bedrohen, wie zu den Zeiten der Phönizier. Wir werden sie aus dem Land werfen«, schloß sie, »koste es, was es wolle.«

Ich konnte nur schweigen. Was wußte ich schon von dieser Welt? Was hatten mich meine elitäre französische Schule, meine gebildete Familie und unser kluges Fernsehen darüber gelehrt? Vielleicht spiegelte sich in Yvonnes Unbarmherzigkeit der Orient unverfälschter als in *Tausend und eine Nacht*. Was erwartete ich mir von dieser Reise, einer von vielen Reisen, die mich zufällig nach Beirut anstatt nach Hamburg führten, an »Fremdem«? Was konnte ich von dieser vagen Suche nach einem »Anderswo«, das provisorisch mit »Arabien« umschrieben wurde, erhoffen? Das Glück? Die Weisheit? Die Liebe? Und warum sollte ich all das ausgerechnet im Orient finden?

Ich war enttäuscht. Ich lief einem Märchen nach; ich

forderte von einer Stadt Antwort auf *meine* Probleme, als ob
es genügen würde wegzufahren, um anders zu sein. Meinen
Protest hatte ich allein durchgefochten, mit dreizehn. Damals
hatte ich die Illusion einer neuen Sintflut verloren, ich hatte
die Glaskugeln, Eberzähne und magische Quadrate beiseite
gelegt und aufgehört, böse zu sein. Die Wut meiner rebelli-
schen Altersgenossen kam mir jetzt nur noch wie ein riesiges
Sirupmeer vor, in dem ich mich mühsam an der Oberfläche
hielt. Yvonnes Sicherheiten beruhigten mich wie Wahrheiten,
auch wenn es sich bei ihnen nur um eitle Anmaßung handelte.
Sie besaß keine Hoffnungen, sondern nur Überzeugungen. Ihr
Leben war ohne tote Winkel, selbst die Geschichte war nichts
anderes als eine Gleichung. Sie beschwor das Vaterland, den
Glauben, und doch klang ihr sturzbachartiges Zischen niemals emphatisch noch außergewöhnlich, als ob die Wörter
tatsächlich mit etwas korrespondierten. Und was machte es
im Grunde, wenn dieses Etwas nicht die Realität war? Was
zählte, war die vollkommene Übereinstimmung *ihrer* Überzeugung mit *ihrer* Realität, dieses Durchleben von Ruhm,
Macht und Erfolg, dieses Ansammeln von Vermögen und
Siegen ohne einen Augenblick der Vergeblichkeit. Ein solches
Wesen, sagte ich mir, kennt weder Enttäuschungen noch Niederlagen.

2

> *Die weite Welt: ein Staubkorn im Raum*
> *Die ganze Weisheit der Menschen: Worte*
> *Die Völker, die Tiere und die Blumen*
> *der sieben Länder: Schatten*
> *Das Ergebnis lebenslanger Meditation: nichts«*

Omar Chajjam

Ich reiste wie ein Paket. Oh, natürlich wie ein Paket von
Gucci, besser noch von Cartier, in der schönsten Weihnachts-
verpackung, Schleifchen und Glimmer inbegriffen. Wo ich
hinsah, wurden andere Prachtpakete in Sonderlimousinen
vom Theater zum Soufflé transportiert, ohne daß jemals einer
gemerkt hätte, daß die Schachteln leer waren. Ein unglaubli-
ches Sammelsurium von napoleonischen Fürsten, boliviani-
schen Milliardären und englischen Baronets als Gäste des
Schah-in-schas. »Die Crème des Gotha am Pfauenthron«, um
den Ausdruck unseres belgischen Sponsors zu gebrauchen.

Museum, Aperitif, Mittagessen, Siesta, Cocktail, Abendessen; am nächsten Tag: Besichtigung der Kronjuwelen, Aperitif, Mittagessen, Siesta, Cocktail, Abendessen. Und wehe,
man weigerte sich, man versuchte, sich mit einer Kaufhaustü-
te zu tarnen, um diesen Triumphbögen aus Stahlbeton zu
entfliehen, diesem schrecklichen Golestan-Palast mit seinen
Schachbrettwänden aus kleinen Spiegeln, der unerträglichen
Aufgeblasenheit der Regierungsbürokraten und ihrer mit
Chanel N° 5 getränkten Gattinnen, den schlechtimitierten
Maxime-Festen. Wehe, man wollte sich unter die fanatischen
Schiiten mischen, die sich, verlaust und blutverschmiert, auf
den Straßen geißelten. »Weißt du denn nicht, daß wir uns im
Monat des Moharram befinden und daß die imstande sind,
dich umzubringen, wenn sie dich ohne Kopfbedeckung her-
umlaufen sehen?« schnauzte mich die Botschafterin Belgiens
an, begleitet vom entsetzten Chor der Pakete. Aber mußte ich
wirklich in den Iran fahren, um Saint-Honorés zu essen?

Teheran war ein Alptraum. Ein Alptraum aus Stahlbeton und Eitelkeit, zur Schau gestellt mit texanischer Diskretion, Geld und westlicher Raserei. Selbst diese Anhäufungen von Rubinen, dieser Thron, diese Kronen, diese indischen Smaragde und diese Brioches aus Diamanten kamen einem wie Fälschungen vor. »Was willst du«, flüsterte mir ein Herzog aus dem Elsaß zu, »schließlich ist er nur der Sohn eines Reitknechts, und dafür macht er seine Sache gar nicht schlecht.« Die Anspielung galt dem Schah. Sicher, wenn es sein größter Ehrgeiz war, Paul Getty ähnlich zu werden, dann gelang ihm das ausgezeichnet.

Das Bildnis eines alten, finster blickenden Asketen, das Prozessionen wilder Geißler unter den Rufen »Gerechtigkeit für Khomeini!« mit sich führten, beunruhigte damals keinen. Und nicht, daß meine Reisegefährten dumm gewesen wären, ich bitte Sie: Es gab darunter einen Journalisten des »Exprès«, es gab Magnaten der Weltfinanz. Der Jet-set, das wissen wir ja alle, amüsiert sich, aber er spaßt nicht, er frequentiert die besten Nachtclubs, aber auch die besten Universitäten. Gut oder schlecht, er regiert den Westen. Und es war wirklich erschreckend festzustellen, daß er sich um den Rest der Welt keinen Deut scherte. Niemanden interessierte es, Persien wirklich zu begreifen, zu verstehen, warum sich diese Männer geißelten und was Moharram bedeutete. Der Kolonialismus tarnt sich nicht einmal mehr mit Romantik: Wenn nur genügend Dollars da waren, für das übrige reichte ein Blick in den *Guide Michelin*. Verkaufen wir indessen dem Schah Raketen und Klimaanlagen; wenn dabei noch der Besuch irgendeiner Moschee herausspringt, um so besser. Was ist eine Moschee? Eine hübsche Ansammlung farbiger Kacheln, aber wie lästig, daß man sich jedesmal die Schuhe ausziehen muß!

Das Halbdunkel des Bazars ausnutzend, gelang es mir zu entwischen. Mit der Zustimmung eines alten Händlers verbarg ich mich hinter einem Sack Kümmel. Eine Frau, genauer: eine schwarze Mumie mit der Stimme einer Frau, nahm mich bei der Hand. Während sie völlig unbefangen in ihrer Sprache, von der ich kein Wort verstand, mit mir plauderte, führte sie mich zum Einkaufen: drei Meter Tuch, ein Kilo Reis, ein langes Feilschen über den Tee, dessen Qualität sie nicht zu überzeugen schien, und so weiter durch – vielleicht – eines der schönsten Bauwerke der Welt, den bedeckten Markt von Isfahan: unendliche tunnelartige Bogengänge, ein Labyrinth aus Spitzbogen, in dem sich unerwartete Plätze öffnen, ebenfalls von Gewölben überdeckt, die sich hoch übereinandertürmen, fast bis in den Himmel hinein. Ferial (so hieß meine Freundin) hatte auch zwei Kinder, die wir unterwegs auflasen und die mir, nachdem sie lange über meine Stöckelschuhe gelacht hatten, eine Süßholzwurzel zum Lutschen schenkten.

Ihre Ungeniertheit im Umgang mit einer ausländischen Frau, die man an den Haaren ziehen und in die Hinterbacken kneifen konnte, war die erste von vielen Überraschungen, die mir die muselmanische Kinderwelt bescherte. Tatsächlich ist den völlig verzogenen Kleinen alles erlaubt, und im Laufe meiner Reisen in Arabien sollte ich noch erfahren, daß die Mütter dieser ungezügelten Ausgelassenheit nicht einmal durch die Androhung von Schelte oder einem Klaps begegnen. Dennoch treiben sich ihre angebeteten kleinen Monster meist in schmutzigen Lumpen herum, ein Halbdutzend Fliegen zwischen Auge und Nasenbein, in zerlöcherten Schuhen und mit verkrusteten Haaren; und das, so versichern die Mütter, damit sie nicht der böse Blick der anderen treffe, den sie, schön und gepflegt, herausfordern könnten.

Gleich am ersten Tag hängen die Mütter dem Neugeborenen den »Schleier des Grabes« um den Hals, ein Schrift-Amulett, das vor dem Tod schützt, und halten es sorgfältig von den »Katzen der Entbindung« fern, Geistern, die sich als Katzen tarnen und ins Haus schleichen, um das Kind zu rauben. Am siebten Tag opfert man für gewöhnlich ein Lamm desselben Geschlechts, schert dem Säugling den Kopf und versteckt die Haare, um sie später ins Meer zu werfen; schließlich wird er durchs ganze Haus getragen, wobei die Mutter in den Ekken verweilt, ein bißchen Erde oder Staub aufnimmt und dem Kind in die Nasenlöcher stopft, um es so an die Hausgeister zu gewöhnen. An dem Tag, an dem es anfängt zu sitzen, bewirft man es in Libyen mit Datteln, Erdnüssen und gekochten Kichererbsen. Wenn sich der erste Zahn zeigt, legt man den Jungen einen Hammelkopf aufs Haupt, zieht die Kiefer des Bocks auseinander und sagt: »So wie sich dieser Kopf öffnet, öffne sich das Zahnfleisch dieses Kindes.« Jedesmal, wenn ihm ein Milchzahn ausfällt, muß es ihn selbst gegen die Sonne schleudern und sie dabei beschwören: »O du Sonne, Auge meiner zukünftigen Braut, ich habe dir einen Eselszahn (also einen häßlichen) gegeben, gib mir dafür einen Gazellenzahn (also einen schönen).«

Der beschnittene Penis dagegen wird rasch mit Sand und Salz in Ordnung gebracht, doch während der Operation ist die Mutter gezwungen, ihren rechten Fuß in eine Schüssel mit Wasser zu halten. Um die Wunde zu schließen, genügen Henna und Speichel, aber um eventuelle böse Einflüsse fernzuhalten, ist es unbedingt erforderlich, den mit Blut befleckten Sand sofort zu vergraben, dem Kind mit Safran ein »Salomonssiegel« auf Brust oder Hemd zu zeichnen und Hals, Kopf und Gelenke mit Krebsscheren, Silberscheiben und Lederbeutelchen voll vermeintlicher Reliquien zu schmücken.

Was den Namen betrifft, so neigt die Beduinentradition dazu, sich an das Motto zu halten: »Benennen wir unsere Söhne für unsere Feinde, unsere Diener für uns selbst.« Das heißt also, die Namen der Söhne sollen in ihrer Bedeutung als Abschreckung gegen feindliche Angriffe dienen: »Floh« zum Beispiel bedeutet: »Mögest du dem Feind gegenüber so heimtückisch sein wie ein Floh.« Dagegen soll der Name des Sklaven ein gutes Omen für den häuslichen Frieden enthalten: »Mabruk« (»Gesegneter«) oder »Matar« (»Regen«) oder sogar »Vollmond« und »Gute Ernte« sind auch heute noch häufige Rufnamen in arabischen Ländern.

Vielfältige Vorbedeutungen lassen sich auch an unwillkürlichen Bewegungen ablesen: Das Gähnen zum Beispiel wird vom Teufel geschickt, und wer dabei anwesend ist, muß mit lauter Stimme Abwehrformeln aussprechen; wenn sich das Kind am Kopf kratzt, so weist das auf ein vorzeitiges Ergrauen hin, und man muß eilig Beschwörungen und Ausräucherungen vornehmen; das Niesen dagegen ist ein gutes Zeichen, denn es läßt die heftige Austreibung der bösen Geister aus dem Körper erkennen. Sehr gefürchtet ist auch der »Schaden des Lobes«, der mit dem Ausdruck *mâ-shâ-llâh* (wörtlich: »Was Gott will, geschehe«) beschworen wird, um zu vermeiden, daß sich das Lob durch den Neid anderer in ein böses Vorzeichen verwandle. Ein sehr wirksames Mittel gegen das »schneidende Auge« – das aus zu großer Zuneigung tötet, indem es den Lebensfaden durchschneidet – besteht darin, daß man das Kind wiederholt anspuckt, vornehmlich ins Gesicht oder in den Mund.

Diese magische Allmacht der Kindheit, diese ambivalente Zugehörigkeit zu einer mythischen und einer etwas unappetitlichen pragmatischen Welt, ist die unausbleibliche Konsequenz einer Grundregel des Islam: daß die Unfruchtbarkeit der Frau ein legaler Scheidungsgrund ist und daß das Schicksal der Frau daher zum großen Teil gerade von der Fülle und der Gesundheit der Nachkommenschaft abhängt. Tatsächlich gibt es wenige Männer, die es wagen würden, eine Frau zu verstoßen, die ihnen eine reichhaltige Nachkommenschaft geboren hat. So kann man in der sozialistischen Republik Irak fünfundvierzigjährige Mütter von nicht weniger als zweiundzwanzig Kindern treffen, die über ihre verfrüht einsetzenden Wechseljahre klagen, durch die sie ihre Ehe gefährdet sehen. Andere Frauen habe ich in so ziemlich allen arabischen Ländern gesehen, die mit Hasenmägen um den Hals herumliefen, mit Mäuseasche im Busen, mit Watte, die in die Gallenblase einer Eule getaucht war, zwischen den Beinen oder mit einem in Hundeurin getränkten und vom Ehemann zertrampelten Wattebausch in der Vagina; Frauen, die sich von Hasenkot ernährten, von der Asche befruchteter Eier, von in Ingwer gebratenem Kuhfleisch, von Fladen aus Steckenkraut, vom Bauch gekochter Hasen oder einem Sud aus Birnbaum- und Lilienwurzeln. Alles äußerst wirksame Mittel gegen die Unfruchtbarkeit.

Nur die Beduinen gebrauchen – aufgrund ihres atavistischen Zusammenlebens mit den Tieren und ihrer Vertrautheit mit den natürlichen Funktionen des Lebens – weniger Riten und Amulette und widmen sich dafür mit größerer Umsicht einer, sagen wir, psycho-physischen Erziehung ihres Babys. Tatsächlich trennen sich die Mütter fast nie von ihm, sondern tragen es in einer Art Hängematte aus geflochtenem Fell quer unterm Arm bei sich, während sie die Hausarbeit erledigen, Holz sammeln oder das Vieh versorgen, und dabei unterhalten sie es mit Märchen, Liedern, Gedichten und Gesprächen wie unter Erwachsenen. Und das Kind der Wüste wächst wesentlich weniger anmaßend heran als seine Altersgenossen in der Stadt, so daß nach der Einführung des Islam Jahrhunderte lang Fürsten, Kalifen und Literaten ihre Söhne zu den Beduinen schickten, damit sie ein makelloses Arabisch und gute Manieren lernten.

Aber damals, im Jahr 1967, wußte ich das alles nicht. Ferials Kinder riefen in mir kaum mehr als eine Mischung aus Empörung und Neid hervor. Von einer strafbedrohten Kindheit – die zu verdrängen ich mich vergeblich bemühte – hatte ich mir noch den Groll gegen jene Freiheiten bewahrt, die mir verwehrt geblieben waren und die ich jetzt von anderen, soviel jüngeren, vergeudet sah.

In der Einsamkeit von Persepolis beschwichtigte ich mein aufgebrachtes Gemüt dadurch, daß ich am Fuße des Darius-Grabmals die Geschichte eines Kindes las, das durch eine harte Schule gegangen war. Firdausi erzählt von einer Königin mit dem Beinamen Schehrazad, was so viel heißt wie »aus edlem Geschlecht«; ihr wirklicher Name aber war Humai. Als ihr Mann, König Bahman, der sehr viel älter als sie war, schon wenige Monate nach der Hochzeit seinen Tod herannahen fühlte, rief er die Familie und die Angesehensten des Landes zusammen. »Ich wünsche, daß meine innigst geliebte Frau, edel wie eine Silberzypresse und weiser und klüger als tausend Monde, an meiner Statt regiert, bis die Frucht, die sie in ihrem Schoß trägt, möge sie männlich oder weiblich sein, das Alter zur Herrschaft erreicht hat.« König Bahman starb, und Humai wurde zur Königin ausgerufen.

Ihre erste Tat war, die königlichen Tresore zu öffnen und ihre eigenen Schätze freigebig und unparteiisch unters Volk zu verteilen. Friede, Wohlstand und Gerechtigkeit waren die Ziele, die sich Humai gesetzt hatte. Sie regierte mit so viel Umsicht und arbeitete mit so viel Beharrlichkeit, daß Persien im Laufe weniger Monate zum vortrefflichsten aller Länder wurde. Um diese Zeit kam ihr Kind zur Welt, ein wunderschöner Knabe, doch so zart, daß die Königin dachte: »Und wenn er seiner Aufgabe nicht gewachsen wäre? Vielleicht ist der Sohn eines alten Vaters schwächlicher, ist seine Gesundheit anfälliger, taugt sein Arm nicht für die Lanze; ich würde ihn im Wohlstand großziehen, auf seine Zartheit Rücksicht nehmen, ich würde einen Weichling aus ihm machen.« So dachte Humai, während Persien seinen Erben feierte. Dann faßte die Königin eines Tages einen Entschluß: Sie ließ eine winzige Arche bauen, mit Brokaten aus dem Land der Rumi tapezieren und richtete darin ein Bettchen aus einem Kissen von Schwanendaunen. Um das Handglenk des Kindes legte sie ein Armband des Königs und bedeckte das Lager mit Smaragden, Perlen und Karneolen. Als es Mitternacht geworden war, befahl sie der Amme, die Arche den Wassern des Flusses Farat zu übergeben. Am nächsten Morgen verkündetet sie den Tod des kleinen Prinzen.

Darab wuchs in der Hütte einfacher Bauern zu einem kräftigen und mutigen Knaben heran. Die Schätze und Juwelen waren für Notzeiten zurückgelegt worden, und für das alte Ehepaar ging das harte Leben auf dem Feld weiter, bereichert jedoch durch die Liebe eines Kindes. Sie hatten es Darab getauft, »dem Fluß entrissen«. Die Jahre vergingen, und der Knabe erlernte das Bogenschießen und wurde ein gewandter Reiter. Er studierte die *Awesta*, das Buch der heiligen Schriften, und fand darin die Tugenden der Seele und die Weisheit der Vorväter. Damals geschah es, daß ein Heer der Rumi gegen Persien zu Felde zog, dessen Wohlstand und Frieden Neid erregt hatten.

Königin Humai befahl dem Helden Rashnavad, eine Armee aus kampfwilligen jungen Männern zusammenzustellen. Darab meldete sich. Kurz vor dem Abmarsch musterte Humai die Truppen und war sehr erstaunt über die Haltung Darabs, des Sohns armer Bauern. Sie bat, man möge sie über sein Betragen im Krieg auf dem laufenden halten.

Darab kämpfte wie ein Löwe, doch er war nur ein einfacher Soldat. Die feindlichen Truppen wichen zurück, aber sie ergaben sich nicht. Eines Nachts erhob sich an den Grenzen der Wüste ein Sturm, und Darab suchte, zusammen mit Rashnavad, in einem alten, baufälligen Gebäude Zuflucht. Während der Wind heulte und der Sand wie toll herumwirbelte, hörten sie eine Stimme: »O verfallenes Gemäuer! Sei vorsichtig und achtsam! Fürchte nicht den Regen und bedenke, daß unter deinen Gewölben Persiens Herrscher Schutz sucht.« Umsonst befragte Rashnavad den jungen Soldaten: Er fand keine Erklärung, weder für die Stimme noch für die Worte. Aber kaum hatten sie, nach dem Ende des Sturms, das Gebäude verlassen, als es hinter ihnen zusammenstürzte.

Neugierig geworden, ließ der General die alten Bauern kommen, die ihm das Geheimnis Darabs, des in der Arche gefundenen Kindes, enthüllten. Sie übergaben ihm die Juwelen und das Armband und kehrten wieder in ihre Hütte zurück. Rashnavad ernannte Darbad zum Anführer der Truppen und gab ihm ein Schwert mit einer Scheide aus purem Gold. Für die Rumi war das die Wende zur Niederlage. Gegen den neuen Feldherrn konnte das Heer ihres Königs nichts ausrichten.

Darab wurde wie ein Held von seiner Mutter empfangen, und sie überließ ihm sofort den Thron. Er regierte mit Weisheit und Großmut, und die alten Bauern blieben bei ihm bis zu ihrem Tod. Im Westen wurde er unter dem Namen Darius, König der Perser, berühmt. Er heiratete die einzige Tochter seines Feindes Philipp von Makedonien, des Königs der Rumi, der seine Tapferkeit so bewunderte, daß er ihm die prächtige Nahid anbot. Aber die Verbindung war von kurzer Dauer: Schwanger kehrte Nahid zu ihrem Vater zurück. Dem Sohn, den sie gebar, gab sie den Namen Iskandar, Alexander, später der Große genannt, und er war es, der Darius' Reich zerstören sollte.

In der Hemisphäre der Hammelschlachter hielten wir uns nur für die Zeit eines Arbeitsessens auf. War der Iran das Reich eines Stallknechts, so war Arabien für die »Crème des Gotha« nichts anderes als ein Objekt rascher Eroberung. Der Außenminister von Kuwait empfing uns in einem Beduinenzelt, das mitten auf dem Hof des Museums aufgeschlagen worden war. »Verehrte Gäste! Auch wenn Sie zu uns gekommen sind, wenn Sie von weit hergereist sind, um uns zu besuchen und unseren Wohnstätten Ehre zu erweisen, so sind in Wirklichkeit doch wir die Gäste und Sie die Herren im Haus.« Man behauptet, das sei eine typisch kuwaitische Ausdrucksweise. Ich glaubte jedoch, in den Augen des Ministers einen spöttischen Schimmer zu entdecken. Wie lange würden wir noch darauf bestehen, uns als die »Herren« zu fühlen? Mir jedenfalls kamen diese Wüstenbewohner in ihren Tuniken aus Popeline und den *kafije* aus Schweizer Batist keineswegs unbedarft vor.

Vielleicht weil die königliche Familie ihre Herkunft bis auf Noah zurückführen kann, oder weil die schwarzen Kamele der Mutair von denen Ismaels abstammen, oder weil sich unter der Vollblutrasse »Krush« im achtzehnten Jahrhundert eine Reitstute befand, die – von einem englischen Herzog erworben – sämtliche Weltsieger während der letzten drei-hundert Jahre hervorbrachte, oder vielleicht weil es die in Kuwait gebauten Schoner, Dhaue, Baghala, Schalibut gewe-sen waren, mit denen die Phönizier das Mittelmeer erobert hatten, vielleicht aber auch nur, weil das ganze Land auf Öl schwamm – jedenfalls hatte ich das unangenehme Gefühl von einer Rache der Ungläubigen. Meine Reisegefährten sahen das nicht so. Ich las Lawrence und fragte mich: »Wie macht man es bloß, ein bißchen arabisch zu werden?«

3

In Beirut öffnete sich das gußeiserne Haustor mit betrübter Feierlichkeit. Aufrecht im Halbschatten des Treppenhauses, eine Haarlocke ungeordnet über der Schläfe und den zierlichen, porzellanfarbenen Finger zum Höchsten Richter erhoben, zischte Yvonne biblische und göttliche Drohungen gegen ihren Erstgeborenen. Marc hatte sich in eine Palästinenserin verliebt! Noch dazu Muselmanin! Der Aschrafia verharrte in betroffenem Schweigen. Die Familie war verschwunden. Die Dienstboten senkten die Köpfe.

Wer weiß, ob je irgend jemand in Yvonnes Haus eine eigene Meinung gehabt hat. Desmond, der Ehemann, war die Verkörperung des britischen Disengagements. Auch darin war Yvonne scharfsichtig gewesen: sich den geistreichsten Mann der Welt auszusuchen, noch dazu einen irischen Baronet, mit ein paar restaurierungsbedürftigen Landschlössern, einem unüberwindlichen Phlegma und zwei maliziösen blauen Augen – das war keine Kleinigkeit. Geld allein genügte da nicht. Da brauchte es schon noch etwas anderes. Vielleicht denselben Magnetismus, der mich auf einem äußerst unbequemen kurulischen Stuhl im doppelten Luftzug festhielt und die Programme der »Jeunesse Musicale« anhören ließ; oder vielleicht den von einer Kette turkmenischer Ahninnen ererbten Charme einer Sultanin des Serail.

Das Drama dieser Frau lag im Grunde darin, daß sie alles zu sehr war: zu intelligent, zu reich, zu entschlossen, zu anständig, zu schön, zu sehr vom Glück begünstigt. Sie nahm so viel Raum ein, daß für die anderen nichts mehr übrigblieb. Sie war entweder dazu verdammt, einsam zu sein, oder schwächliche Söhne zu haben. Sie hätte sie auch den Unbilden des Wetters aussetzen sollen, wie die Königin Humai, anstatt sich um ihre Bräute, ihre Manschetten und ihre Doktorarbeiten zu kümmern.

Die Angelegenheit nahm Operettencharakter an. Es gab Beratungen im Erzbischöflichen Palais, Pressionen »ihrer« Familie gegenüber – alles vergebens. Unter anderem konnte das anrüchige Mädchen außer riesigen Veilchenaugen, nachtschwarzem Haar und einer für ihr Alter verblüffenden Klugheit auch noch eine Familie aufweisen, die zu den angesehensten in Palästina zählte: Gouverneure von Jerusalem, Intellektuelle, Mäzene. Natürlich gehörte sie nicht zu den Lagerflüchtlingen. Ihr Vater war Industrieller, der Onkel Botschafter in London – aber sie war eine Palästinenserin und Muselmanin. Für beide Seiten eine unmögliche Liebe, denn einer Muselmanin ist es verboten, einen Nichtmohammedaner zu heiraten. In einem Land wie Saudi-Arabien würde sie damit ihr Leben aufs Spiel gesetzt haben. Aus einem viel geringeren Anlaß, nämlich der versuchten Flucht mit einem jungen muselmanischen Mann, den sie liebte, sollte wenige Jahre später eine saudiarabische Prinzessin öffentlich hingerichtet werden. Und das in völliger Mißachtung der Koranregel, die zum Beweis der Anklage auf Unzucht verlangt, daß vier Augenzeugen schwören, zwischen den Körpern der beiden Liebenden habe kein Seidenfaden mehr Platz gehabt. In Beirut jedoch, mit seinen siebzehn Glaubensgemeinschaften, von denen jede ihre eigenen Gesetze hatte, herrschte ein solches Babylon an juristischen Sprachen, daß sich vielleicht irgendeine Hintertür finden ließ. Aber unter dem Angriff der immer stärker aspirierten *H's* seiner Mutter zog sich Marc hinter seine Brillengläser zurück. Ich ging allein aus dem Haus, zu Fuß, und kaufte mir einen Koran. Der Zauber der Zitadelle war endlich gebrochen.

Am nächsten Tag brach ich in aller Frühe nach dem Dschebel Drus auf, dem gebirgigen Gebiet südöstlich von Beirut, in dem seit Jahrhunderten die Gemeinschaft der Drusen lebt. Außer meiner Nikon führte ich Fetzen aus Beiruter Gesprächen mit mir: »Wilde Bergbewohner. Die haben 1840 und 1870 die Christen niedergemetzelt, und jetzt glauben sie, wieder damit anfangen zu können. Ihr Führer ist ein Fanatiker, der die fixe Idee hat, auf den Felsgipfeln Friedhöfe mit Pyramiden und Marmorpaläste zu errichten; er lebt mit einer maßlosen, uralten Mutter zusammen, umgibt sich mit unbarmherzigen Kriegern mit glattrasiertem Schädel und verlangt von seinen Untertanen, daß sie ihm die Hand küssen; dabei spielt er den Kommunisten und unterstützt die Palästinenser.«

»Die Sekte der Drusen«, las ich in der *Histoire des réligions* von Puech, »wurde in Ägypten von zwei schiitischen Missionaren, ad-Darasi, türkischer Herkunft, und Hamsa bin Ali, iranischer Herkunft, gegründet. Sie verkündeten die Wiedergeburt des fatimidischen Kalifen al-Hakim, in dem sie die Manifestation eines allumfassenden Geistes sahen. Nach seinem Tod mußten seine Anhänger nach Syrien und in den Libanon fliehen, wo die Sekte heute etwa einhunderttausend Mitglieder zählt. Sie stellt einen engen, hermetischen, die Proselytenmacherei ablehnenden Geheimbund dar. Die Drusen glauben an die Seelenwanderung und besitzen verschiedene Stufen der Einweihung. Es gibt keinen Kultort, dafür Zellen, in denen die Eingeweihten zusammentreffen. Die Drusen sind esoterisch und antinomistisch und eifersüchtig auf die Geheimhaltung ihrer Lehre bedacht.«

Tatsächlich sah ich keine Moscheen, die Männer trugen noch den Fez, und ich entdeckte sogar die Wesen, die der englische Dichter Kinglake als »gespenstische Frauenerscheinungen mit ihren hohen Hörnern« (nichts als mittelalterliche Spitzhüte) beschreibt. Aber von Friedhöfen, marmornen Palästen und kahlgeschorenen Kriegern keine Spur. Ich versuchte, das Oberhaupt, Kamal Dschumblat, in seiner bogenreichen Villa aus dem achtzehnten Jahrhundert – aus gewachsenem Fels und mit einem Chalet-Dach versehen – zu sprechen, doch dort erfuhr ich, daß er die Woche in Beirut verbringe, um sein Amt als Führer der Sozialistischen Fortschrittspartei wahrzunehmen. In Mukhtara würde ich ihn am Sonntag antreffen können, auch ohne Voranmeldung.

Es dämmerte bereits, als ich in Deir el-Qamar ankam, einer kompakten kleinen Stadt, voller Laubengänge und Spitzbogen und befestigt wie eine mittelalterliche Burg. Sie erschien verlassen, wie aufgegeben seit der Zeit der Kreuzzüge, und doch unversehrt und feierlich in der Strenge ihres rosafarbenen Tuffsteins. Ich klopfte an die kleine Tür einer Festung, hoch über der engen Schlucht. Der Mann, der mir öffnete, trug eine weiße Nelke im Knopfloch.

»Ich bin Emir Schihab«, sagte er in einem Französisch, das noch einwandfreier war als das von Yvonne, und ließ mich in einem perlmutten Salon Platz nehmen, in dem ein Brunnen plätscherte. Während ich Zimtplätzchen knabberte, erzählte er mir die Geschichte seiner Vorväter, der Drusenfürsten, die seit zehn Jahrhunderten in diesen Bergen regierten.

»Ich möchte Ihnen von Fakhr el-Din erzählen, denn er war es, der Deir el-Qamar, das Kloster des Mondes, erbauen ließ«, sagte er und zeigte mir das Porträt eines Mannes mit kindlichen Zügen, trotz dem borstigen roten Bart und dem großen Turban. »Von ihm sagten seine Feinde: ›Er ist so klein, daß ein Ei, das ihm aus der Tasche fällt, nicht zerbricht.‹ Er war wirklich klein und eher schmächtig, aber zäh und ausdauernd wie alle Männer, die in den Bergen geboren und unter den Ängsten eines vom Eroberer unterdrückten Landes aufgewachsen sind. Es waren damals dunkle Zeiten für den Libanon: Die drusischen und maronitischen Stammesoberen waren nach Jahrhunderten unangefochtener Autonomie plötzlich Untertanen des osmanischen Reichs geworden, mußten dem Sultan Tribut zahlen und waren den Launen und der Habgier seines Paschas in Damaskus ausgeliefert. Wenn es nur einer gewesen wäre! In einhundertachtzig Jahren folgten nicht weniger als einhundertdreiunddreißig einander im Amt, von denen jeder aus der kurzen Zeit, die er beim Großen Padischah, dem Sultan von Konstantinopel, in Gunst stand, den größten Profit ziehen wollte. Und wer, wie Korkmas, Führer der Drusen und Vater von Fakhr el-Din, es wagte, sein Haupt zu erheben, um seinem gedemütigten Volk wieder Würde zu verleihen, bezahlte seinen Ungehorsam mit dem Leben.

Auch wirtschaftlich gingen die Dinge schlecht. Nachdem mit Amerika auch der neue Weg nach Indien entdeckt war, der um das Kap der Guten Hoffnung führte und das von Piraten verseuchte Mittelmeer mied, begannen nun die Portugiesen die Stelle der arabischen und syrischen Kaufleute einzunehmen. Der Verlust des Interesses an der Levante leitete den Verfall der Karawanen und der großen Handelszentren Syriens ein. Korkmas' Sohn wuchs also in einem Klima aus Angst und Unbehagen heran, obwohl er christlichen Mönchen anvertraut worden war und nichts über seine Herkunft wußte. Denn seine Mutter, Sitt Nasiba, hatte ihn, um ihn vor türkischer Rache zu schützen, für tot ausgegeben und in den Bergen versteckt.

In der Zwischenzeit trug sie, mit ihrem Ansehen als Witwe, als Mutter, als große Dichterin und als unfehlbare Prophetin, die Botschaft von der Revolte über die steilen Bergpfade zu den Partisanen. Die Ausdauer und Kühnheit, mit denen sie als Frau und ganz allein es wagte, die Rache gegen einen so mächtigen Feind zu schüren, Bündnisse zwischen Anführern verschiedenen Glaubens zu schaffen, indem sie die Bestrebungen der einzelnen zu einem bis dahin unbekannten gemeinsamen Ideal, dem Vaterland, verschmolz, waren jedoch nur der Beginn der politischen Mission, die Sitt Nasiba über vierzig Jahre lang ausüben sollte. Von ihr sollte der Sohn die Kunst des Lavierens erlernen, das Profitieren von den Streitigkeiten der Feinde untereinander, das mutige, aber zugleich kluge Kämpfen. Von ihr, aus ihrem Gleichmut, ihrer Mäßigung und ihrer Abkehr von irdischem Ruhm, sollte dem unsicheren Fakhr el-Din, der stets dazu neigte, zu verzweifeln und sich geschlagen zu geben, die Kraft erwachsen, der mächtigste Fürst der Levante zu werden. ›Das Land, denke an das Land, stelle die Felder wieder her, führe die Seidenraupenzucht wieder ein, kümmere dich um das Vieh‹, das wiederholte Sitt Nasiba unermüdlich während der unsicheren Anfänge von Deir el-Qamar. ›Deine Verwaltung sei weise, die Steuern seien gerecht und die Gesetze für alle gleich; laß nicht zu, daß die religiösen Streitigkeiten und die Raubzüge der Briganten dein Land mit Blut beflecken und daß dich die Siege hochmütig machen gegen deine Leute.‹ Und Fakhr el-Din ging daran, Maulbeerbäume zu pflanzen, umsichtig das Land zu verwalten und die Christen mit jeder möglichen List zu verteidigen.

Trotz den verschiedensten Zwischenfällen erstreckte sich sein Gebiet nun von Aleppo im Norden bis nach Jerusalem im Süden. Und endlich geeint und im Wohlstand, nahm der Libanon Kaufleute aller Nationen bei sich auf und belebte den Handel der Levante aufs neue. Der Fürst, der zwar von allen gefürchtet, aber tolerant und weise war, unternahm nichts, ohne seine Mutter zu befragen. ›Erfahren in den schwarzen Künsten, bringt sie sogar Flüsse zum Rückwärtsfließen‹, schrieb verblüfft ein Gesandter König Wilhelms I. von England.

Und auch als die neue Niederlage hereinbrach, die osmanischen Galeeren bereits drohend im Hafen von Saida anlegten und die Soldaten des Pascha das Getreide anzündeten, gehorchte Fakhr el-Din noch seiner Mutter. ›Die Furchtsamkeit zeigt sich nicht in der Flucht, sondern in der Seele: Als Lebender wirst du mit Hilfe deiner Freunde im Westen von vorn anfangen können.‹ Der Emir flüchtete an den Hof der Medici, wo er für fünf Jahre mit seiner Frau und seinem Gefolge Gast im Palazzo Vecchio in Florenz war. Während sich Sitt Nasiba um den Krieg kümmerte, entdeckte Fakhr el-Din, in Italien jetzt Faccardino genannt, die Vor- und Nachteile einer anderen Kultur: Museen, Banken, kostenlose Krankenhäuser, Feste, Jagden, Intrigen und den freien Verkehr zwischen den Geschlechtern. Wenn ihn Trostlosigkeit überfiel – während seiner Reise nach Sizilien oder wegen der Weigerung des Papstes, einen neuen Kreuzzug auszurichten, der ihm, Faccardino, seine Gebiete zurückgeben sollte –, so hielt ihn der Gedanke an die Mutter aufrecht und mahnte ihn zur Geduld. Und als die Nachricht eintraf, daß es Sitt Nasiba gelungen sei, den Frieden mit dem Sultan auszuhandeln und den jungen Ali in Abwesenheit seines Vaters zum Herrscher ernennen zu lassen, kehrte Faccardino in den Libanon zurück, beflügelt von einem neuen Ehrgeiz: das Land nach dem Vorbild des Großherzogtums Toskana wiederaufzubauen.

Er berief Handwerker, Gärtner und Baumeister aus Italien; öffnete die Tore Missionaren jeder Kongregation; Wissenschaftler und Kalligraphen, Bibliothekare, Pflanzensammler, Theologen und Astronomen bevölkerten seine neuen Paläste. Kriegswerkzeuge und Munition trafen in regelmäßigen Abständen aus Florenz ein, zusammen mit Arzneien, Parfümen und Schachbrettern aus purem Gold, und als Gegenleistung schickte der Emir arabische Vollblutpferde und Seide aus seinen Bergen. Über die stets offenen Paläste und über die Festmähler, die nie etwas von ihrer ursprünglichen Einfachheit verloren, wachte, in der Schlichtheit ihrer schwarzen Gewänder, Sitt Nasiba.«

Mein Gastgeber schwieg und erhob sich. Während er mir aus dem Fenster die Mauern eines nur schwach vom Mond erleuchteten Palastes zeigte, murmelte er in Gedanken versunken: »Ich würde gerne damit schließen, liebe Freundin, daß sie alle glücklich und zufrieden viele hundert Jahre lang lebten und daß die Söhne des Fakhr el-Din das Werk des Vaters weiterführten. Doch eines Tages starb Sitt Nasiba. Auf den neuen Angriff der Türken wußte der Emir nicht zu reagieren.

Seine Kinder wurden ermordet oder gefangengenommen, die Felder verbrannt, die Häuser dem Erdboden gleichgemacht; Florenz war von der Pest heimgesucht, und die alte Dichterin, Zauberin, Strategin und Ratgeberin war für immer davongegangen. Am 13. April 1635 wurde Fakhr el-Din im Gefängnis des Sultans erwürgt, und unter seinem Haupt, das dem Volk ausgestellt wurde, brachte man eine Tafel an, auf der zu lesen stand: ›Das war Fakhr el-Din, Rebell und Gotteslästerer.‹ Um seinen Hals hatte man ein Kettchen mit dem goldenen Kreuz von Lothringen gefunden. Von seinen Errungenschaften, liebe Freundin, sind nur diese paar Steine übriggeblieben.«

Als ich auf dem Heimweg über Berge fuhr, aus denen selbst das Gedächtnis an Fakhr el-Din ausgewaschen zu sein schien, dachte ich, daß sich keiner mehr an diesen Drusen erinnert, der die Kultur einer »feindlichen« Zivilisation liebte und schützte, und zwar in den Jahren, in denen die Kirche Galilei als Häretiker verdammte. Wer hat uns oder die Christen des Libanon je gelehrt, daß die Klöster des Heiligen Landes ihr Bestehen nicht den Kreuzritterheeren, sondern der Toleranz eines Fürsten der Ungläubigen verdanken, der eine Dichterin und Zauberin zur Mutter gehabt hat?

Als es Mode wurde, den Orient zu bereisen, als Palästina zum kulturellen Ziel einer Elite avancierte, die bereit war, es mit Pest und Räubern aufzunehmen, um auf den Spuren einer romantischen Vergangenheit zu wandeln, hat da vielleicht ein Byron oder ein Lamartine ein paar Gedanken an den Fürsten Phöniziens und Galiläas verschwendet? Einige Expeditionen, wie beispielsweise die von Niebuhr, die am 4. Januar 1761 von Kopenhagen aufbrach und durch Pest, Räuber und Schiffbrüche aufgerieben wurde, kehrten nie zurück. Andere aber brachten riesige Beute mit, das Diebesgut ihrer »archäologischen Ausgrabungen«, das heute die europäischen anstatt die einheimischen Museen füllt. Es gab sogar Leute, die, wie Lady Hester Stanhope, die verarmte Nichte des großen Staatsmannes William Pitt, beschlossen, sich für immer in diesen Bergen niederzulassen; sie gab sich als Prophetin aus, las das Schicksal in den Sternen und ließ sich – mit ihren Ärzten, Dienern, albanischen Soldaten und den beiden heiligen Stuten – von der Bevölkerung der umliegenden Berge aushalten. Damals entstand die Legende von der »Königin der Wüste«, Herrscherin über Tausende von umherziehenden Arabern und Tausende Kilometer Sand.

Daß sie eine ungewöhnliche Person war, steht außer Zweifel: Sie ging auf Kosten des Sultans von Konstantinopel nach Palästina, um in den Ruinen von Askalon einen überhaupt nicht existierenden Schatz auszugraben; sie beherbergte in ihrem luxuriös wiederhergestellten Kloster die türkischen Überlebenden aus der Schlacht von Navarino; sie hielt sogar den äußerst gefürchteten Ibrahim Pascha in Schach, dem sie seine albanische Wache abspenstig machte, indem sie ihn mit ihren Zauberkünsten bedrohte; sie lebte nur von Milch und war überzeugt, die Reitstute zu besitzen, die ausersehen war, den Messias nach Jerusalem zu bringen.

Aber Kinglake, die Herzogin von Cleveland und Joan Haslip, die ihrem Leben bei den Drusen so eifrige Studien gewidmet haben, schrieben nie eine Zeile über den Emir Faccardino.

4

Den Mai 1967 verbrachte ich in Berlin. Ich sah die faulen Tomaten, die gegen den Schah flogen. »Eine Handvoll randalierender iranischer Studenten« meinten damals die Naiven. Die Kommune Zwei veranstaltete einen großen Leichenzug: Über dem Sarg lag ein schwarzes Tuch mit der Aufschrift »Kapitalismus«. Nach einer Versammlung mit Rudi Dutschke reiste ich nach Beirut ab, um meine Doktorarbeit über das Verhältnis zwischen Staat und Religionsgemeinschaften im Libanon vorzubereiten.

Eine fremde Liebesgeschichte hat den Verlauf meiner Studien und – wie ich heute sagen kann – meines Lebens bestimmt. Das Problem Palästinas und der konfessionellen Gesetzgebungen, die Stellung der Frau im Koran und in den arabischen Ländern – all das, was mich verwirrte und dazu trieb, die damals gähnend leeren Vorlesungen über Islamisches Recht zu besuchen und mich ganze Tage in der Bibliothek des Orientalischen Instituts zu vergraben, verdankte ich tatsächlich der unerlaubten Liebe zwischen Marc und Hala.

Ich studierte und begriff immer weniger. Wer waren eigentlich diese Araber? Was wollte Abdel Nasser? War es möglich, Marxismus und Islam miteinander zu koppeln? Konnten sich Emire und Revolutionäre, Könige und Diktatoren im Namen eines gemeinsamen Glaubens verbünden? Und vor allem, wie konnte man das Palästinenserproblem lösen? Syrien und der Irak stritten sich um eine Pipeline; im Jemen gab es mindestens drei Kriege; Amman regte sich über Damaskus auf, weil Israel eine seiner Siedlungen bombardierte; Ägypten und Sau-

37

di-Arabien bekämpften sich in Sana, und auch in Oman stand ein Krieg kurz vor dem Ausbruch. Indessen redeten Nasser von »Panarabismus« und König Faisal von einem »Islamischen Pakt«. Bei der Beerdigung eines Freundes, der von einem palästinensischen Kommando getötet worden war, erklärte Moshe Dayan einem Journalisten: »Hüten wir uns davor, die Mörder zu verdammen! Wer sind wir denn, daß wir diesen Leuten Vorwürfe machen könnten, weil sie uns hassen? Kolonialisten, die das Gebiet, in dem die anderen seit Generationen gelebt haben, in ein jüdisches Territorium verwandeln.«

In Europa lachten die Leute, wenn ich sagte, daß ich Arabisch studiere.

An dem Morgen, an dem ich beschloß, mir ein Palästinenserlager anzuschauen, mußte ich meinen Gastgebern erzählen, ich ginge ins Hotel Saint Georges zum Mittagessen. Als ich ins Taxi stieg und sagte: »Tell el-Zaatar«, weigerte sich der Chauffeur, mich hinzufahren. Dreimal mußte ich das Taxi wechseln, bis ich zu einer Art Trabantenstadt kam, die von einer Mauer umschlossen war, in der sich ein Gittertor mit der Aufschrift UNRWA öffnete. Es war das Flüchtlingslager der Vereinten Nationen.

Ich hatte Schmutz, Elend und Baracken erwartet. Was ich sah, waren Schulen, Krankenhäuser, richtige Siedlungen, Hunderte von jungen Mädchen, den Säugling im Arm und die Kalaschnikow um die Schulter gehängt. Natürlich gab es Armut, aber kein Elend, denn Elend ist ein seelischer Zustand, erwachsen aus Entwürdigung und Geschlagensein, während diese Leute davon überzeugt schienen, eines Tages ihr Recht zu bekommen.

Plötzlich fiel mir eine Reise ins Heilige Land ein, die ich einige Jahre davor mit meiner Großmutter, der Gouvernante und dem Chauffeur gemacht hatte: Palermo – Jerusalem im Auto. Ich erinnerte mich an den ansteckenden Enthusiasmus eines Volkes, das sich verbissen seine Zukunft aufbaute, gegründet, wie sie sagten, auf Gerechtigkeit und Brüderlichkeit, und an die Führerin, die uns beim Betreten eines Kibbuz erklärt hatte: »Hier leben und arbeiten Menschen jeder Nation und aus jeder gesellschaftlichen Schicht nach den wahren Grundsätzen des Sozialismus.« Mir war alles so wunderbar erschienen, damals: die Gewächshäuser, die bebaute Wüste und selbst die Lieder, die ich auswendig lernte. Wie erbärmlich kamen mir dagegen in Jerusalem die Absperrseile und Gottesdienstordnungen vor, die die Grabeskirche wie eine Torte zerteilten, von der sich jede der verschiedenen christlichen Gemeinschaften ihr Stück grapschte. Und Jordanien, was war das anderes als eine Sandebene, die Gleichgültigkeit und Faulheit seit Jahrhunderten unverändert ließen, während daneben das Gelobte Land erblühte? Dann las ich auf der Fassade des israelischen Parlaments: »Vom Euphrat bis zum Nil, dein Land, o Israel«, und die Führerin erklärte uns, daß all diese Gebiete dem jüdischen Volk zustünden. Auch Ägypten? Auch Ägypten.

Heute denke ich wieder an den Tag, an dem ich anfing, so etwas wie die Wahrheit der »anderen Seite« zu ahnen. Mit wieviel Vertrauen mich die Jungen aus dem Lager in einem Jeep herumfuhren, bis wir zu einem Randgebiet mit einfachen Häuserblocks kamen und mit Gräben, die von Schürfkübeln durchzogen wurden. Sie führten mich in einen dunklen Kellerraum, in dem es nur einen Tisch, einen Stuhl und eine Karte von Palästina gab, und stellten mich ihrem Anführer vor. Es war ein kleiner, dicklicher und kahlköpfiger Mann. An seinen Hüften baumelten zwei Pistolen. Er hieß Yasir Arafat.

»Unsere Geschichte ist, wie alle menschlichen Tragödien, sehr einfach«, sagte er und zog sich die Militärjacke zurecht. »Ich kann sie dir kurz in einem Zitat zusammenfassen, das einem Memorandum von Arthur Balfour aus dem Jahr 1919 entnommen ist: ›Wir haben nicht die Absicht, die Wünsche der derzeitigen Bewohner des Landes zu erkunden. Die vier

39

Großmächte* sind dem Zionismus gegenüber eine Verpflichtung eingegangen, und der Zionismus, mag er richtig oder falsch, gut oder schlecht sein, gründet auf einer jahrhundertealten Tradition, auf Notwendigkeiten der Gegenwart und Hoffnungen für die Zukunft, die sehr viel mehr Bedeutung haben als die Wünsche und Vorurteile der 700000 Araber, die gegenwärtig diese Gebiete bewohnen.‹

So kam es, daß das britische Heer, das durch die Hilfe der mit den Engländern gegen die Türken verbündeten arabischen Streitkräfte nach Palästina gekommen war, die Waffen gegen die eigenen Verbündeten richtete, um so anderen Ausländern die Möglichkeit zu geben, sich des Landes zu bemächtigen.

Und nicht nur das. Indem sie die Juden militärisch ausbildeten und ihnen die notwendigen Waffen lieferten, ermöglichten die Engländer den Zionisten die Organisation der Haganah, der Irgun und anderer, kleinerer terroristischer Gruppen, die unter anderem für das Massaker von Deir Jasin verantwortlich sind. Dagegen hat man Araber, die im Besitz von Waffen angetroffen wurden, mit Zuchthaus oder mit dem Tod bestraft. Um die jüdische Einwanderung anzukurbeln (1917 lebten nur 56000 Juden in Palästina), mußte man Land auftreiben. Die britische Mandatsregierung begann damals mit einer Restriktionspolitik gegenüber den Arabern durch unterdrückende Landwirtschaftsgesetze und Steuererhöhungen für die kleinen Bauern, eine Politik, die Hand in Hand ging mit der Übertragung großer staatlicher Domänen an die Juden. Dennoch entsprach 1947 der israelische Anteil erst sechs Prozent der Gesamtfläche des palästinensischen Gebiets. Damals verkündete England seinen Rückzug aus Palästina und brachte die Angelegenheit vor die Vereinten Nationen.

Das Mehrheitsvotum, dem nur ein einziger asiatischer

---

* USA, England, Frankreich und Italien.

Staat, die Philippinen, und lediglich zwei afrikanische Staaten, Liberien und Südafrika, zugestimmt hatten, übertrug dem Staate Israel 56,47 Prozent palästinensischen Gebiets, auf dem noch eine »Minderheit« von 500 000 arabischen Staatsbürgern leben sollte. Der arabische Staat, für den 42,88 Prozent des Gebiets vorgesehen waren, sollte 725 000 arabische Staatsbürger und 10 000 Juden aufnehmen, während Jerusalem als internationale Zone gedacht war.

Der Rückzug der Engländer zog sich über sechs Monate hin. Während dieser Zeit wurden die jüdischen Wohngebiete evakuiert, um die Einschleusung von Waffen und Menschen zu erleichtern, die Wohngebiete der Araber dagegen wurden überwacht, um ihre Bewegungen zu lähmen. Auf diese Weise bemächtigten sich die Juden, noch vor dem offiziellen Rückzug der Engländer, großer Teile Palästinas, auch solcher Gebiete, die dem arabischen Staat zugedacht gewesen waren. Darüber hinaus wurde diese Taktik von grausamen terroristischen Aktionen unterstützt, um die Araber Palästinas zu zwingen, in die Nachbarländer zu fliehen. Keiner von uns, der die Katastrophe miterlebt hat, die in jenen Monaten über die Einwohner von Hunderten von Dörfern und Städten hereinbrach, wird das je vergessen können, auch wenn es durch eine Masse von Fälschungen gelungen ist, diese Schrecken zu verheimlichen, ebenso wie man es fertiggebracht hat, die Spuren von dreihundertfünfundachtzig zerstörten und auf der Landkarte ausradierten Dörfern Palästinas zu verwischen.«

An dieser Stelle folgt auf meinem Tonband eine lange Pause. Ich glaube mich zu erinnern, daß Arafat aufstand, um mir auf der Landkarte Lydda, Ramle und viele andere mit Rotstift gezeichnete Kreise zu zeigen. Fünfzehnjährige oder wenig ältere Jungen, schöne, vielleicht auch nur in ihren Sahara-Anzügen exotisch wirkende Gestalten, drängten sich um ihn. Ich hatte das Gefühl, daß dieser vierschrötige und aufgeschwemmte, unbedeutend und vielleicht ein wenig lächerlich wirkende Mann höchstens ein Satrap, nie aber ein Staatsoberhaupt sein könnte. Ich hätte ihm stundenlang zuhören können, ohne mich verführen zu lassen, auch wenn ich in seinen Augen weder Haß noch Groll entdeckte und seine Rede wenig Demagogie und viele Tatsachen enthielt.

Seine Gefährten hatten sich um mich geschart. Sie lachten, fragten, wer ich sei, boten mir Kaffee an. Sie hegten gar keinen Zweifel daran, daß ich ihre Sache unterstützte: Wer konnte die Wahrheit, die Gerechtigkeit verleugnen? Sie waren bereit zu sterben, wie hätte ich da zögern können zu glauben? Vielleicht hätte ein Wort der Solidarität, eine Geste der Zuneigung genügt. Statt dessen blieb ich stumm.

Vielleicht erlebte ich so etwas wie eine anthropologische Fluchtreaktion; vielleicht waren die Palästinenser nichts als ein Alibi für mein spärliches politisches Bewußtsein, das sich weigerte, sich in Italien, wo ich mich als Outsider fühlte – und auch so behandelt wurde –, zu engagieren. Ich war zu sehr beschäftigt: nicht *mit mir*, sondern *gegen* mich, mir auszuweichen, mich abzulehnen, mir zu entkommen, die Spiegel zu zerstören. Alles, was mir ähnlich war, stieß mich ab. Die Haut war mir unbequem, saß mir zu eng; sie zwang mich zu sein.

Ich suchte nach Übereinstimmung: Mit wem, mit was? Mit den Grundsätzen der katholischen Religion? Mit den Verhaltensnormen meiner Gesellschaftsklasse? Mit den Mythen der westlichen Bourgeoisie? Nichts von all dem, was man mir von Geburt an als Richtschnur mitgegeben hatte, erschien mir brauchbar. Zumindest nicht für jemanden wie mich, der sah, wie die Märchen in der Hand derer zerfielen, die sie ihm darboten.

Man mußte sich ganz neu erfinden. Man mußte die Kraft haben, sich zu zerstören, um neu zu erstehen. Vielleicht war Arabien meine Droge, mein Ritual, meine Erleuchtung.

»Ich folge meinem Weg, dem Weg in die Unterwelt,
aber wenn ich fort bin,

mußt du einen Ruf ausstoßen bis zum Himmel
um meinetwillen,
einen Schrei bis in die Säle der Götter.«

Heute fragen sich die Gelehrten, warum Inanna, die erste
unter den vielen weiblichen »Reisenden in die Finsternis«,
beschloß, in die Unterwelt hinabzusteigen. Warum die schöne, reiche und mächtige Herrin der Dattelbüschel ihre Güter
in Zabalam, Emuschkalamma und Escharra, in Nippur,
Kisch und Hursagkalamma verließ, um die Sieben Tore, die
Sieben Mauern zu überwinden bis zu dem furchteinflößenden
Lapislazuli-Palast der Ereschkigal, der Königin der Unterwelt. Was suchte Inanna dort unten? Was suchten all die
anderen, die nach ihr an die Pforte der Mysterientempel
pochten und baten, die Schwelle des Todes überschreiten zu
dürfen? »Die erste Stufe ist nichts anderes als Irrtum, Unge-
wißheit und Mühsal, ein ständiges Umherirren und Finsternis. An der Schwelle des Todes und der Erleuchtung erhält
alles ein furchtbares Aussehen; es gibt nichts als Schrecken,
Zittern und Entsetzen. Aber sobald diese Szenerie verschwunden ist, breitet sich ein wundersames Licht aus ...«

Irgendwo in unserem Innersten, sagte ich mir, muß es die
Erinnerung an diese »Reisen« aus grauer Vorzeit geben. Ver-
borgen und verblaßt muß in uns die Ahnung von einem Weg
leben, der über Leiden und Aufopferung zu einem anderen
Leben, zum Kern des Lebens führt. Vielleicht begann mein
Weg im Land der Sumerer, der Assyrer, der Elamiter.

43

5

*»Dem, gegen den er sich erzürnt, öffnet Gott
jede Quelle der Sünde; und je stärker sein Zorn
wächst, um so freigebiger und verschwenderi-
scher wird er.«*

Worte des Propheten Mohammed

Kamal Dschumblat war blaß und wirkte sehr groß in seinem
schwarzen Anzug mit den vielleicht etwas zu kurzen Ärmeln.
Die tiefliegenden Augen blickten düster, aber nicht drohend.
Seine Getreuen mit Fez und Pluderhosen küßten ihm nicht die
Hand. Sie saßen auf teppichbelegten Bänken, unbeweglich
wie die Porträts von Gandhi, des Dalai-Lama, der neuen Propheten und der buddhistischen Mönche, die an den Wänden
hingen.

Um seinen Palast in Mukhtara zu erreichen, hatte ich noch
einmal die Berge des Fakhr el-Din überquert. Die unübersehbaren Güter, die auf Halbpacht-Basis geführt wurden, gehörten diesem bescheidenen Mann, der vor mir stand, dem Führer der Sozialistischen Fortschrittspartei, der einzigen libanesischen Linken. Er, das Oberhaupt der Drusen und Träger des
Leninpreises, war der einzige Politiker des Libanon, der die
Palästinenser unterstützte. Er sprach zu mir in dem feierli-
chen, gelassenen Ton eines französischen Akademiemitglieds
und schien mich fast nicht wahrzunehmen.

»Monsieur Dschumblat, wer sind die Drusen?«

»Die Drusen sind die Erben uralter – ägyptischer und griechischer – Weisheit, verbunden mit einem gewissen muselmanischen Gnostizismus. Sie haben 5000 Jahre Geschichte hinter sich, seit der Mensch Mensch ist und die Wahrheit über
die vollkommene Einheit des Kosmos sucht. Ihre Religion ist
nicht irgendeine Volksreligion, sondern eine esoterische Ge-
heimlehre, eine philosophische und moralische Weisheit, die
ontologische Suche nach dem reinen Wesen der Welt.«

»Aber welchen Stellenwert hat heute die Religion, Monsieur Dschumblat?«

»Wenn alle Religionen der Welt heute eine große Krise durchmachen, so deshalb, weil der Mensch auf der Suche nach einem universalen Credo ist.

Die Kirche flüchtet sich, um modern zu sein, zu den Massen: an die Stelle der göttlichen Gnade setzt sie die Gnade der Massen. Aber es ist eine Utopie zu glauben, die Massen könnten sich der schweren Probleme, die sie bedrohen, bewußt werden. Ebenso wie es utopisch ist, an eine Herrschaft des Volkes zu glauben, an eine demokratische Vertretung, alles Dinge, die eine wirksame Unterscheidung zwischen Gut und Böse voraussetzten – wozu die Massen überhaupt nicht in der Lage sind.

Die Massen wollen gut essen, sie wollen Radio, Fernseher, Auto und jeden anderen Komfort haben; sie wollen den Reichtum, und wie die Reichen sind sie nur armselige Sklaven des Geldes. Nur eine wahrhaftige Elite kann die Welt erneuern: Individuen, die den hohen Auftrag der Evolution erkennen und sich nicht vom Mythos des Geldes, des Fortschritts, der Demokratie und des Sozialismus blenden lassen; Menschen mit einem scharfen Verstand, die sich zu einer uneigennützigen Sicht der Dinge emporschwingen, in dem Wissen, daß Glück etwas Innerliches ist und nichts mit der Anhäufung von Gegenständen zu tun hat und daß die Gesellschaft für den Menschen geschaffen werden muß und nicht der Mensch für die Gesellschaft. Ach, wer wird wohl der Held sein, der sich eines Tages erheben und die Umkehr einleiten wird?«

»Und wie müßte dieser Mann sein?«

»Nötig wäre ein Mann, der Gerechtigkeitsempfinden, Nächstenliebe und Mut besitzt. Er müßte Diktator sein, um Reformen durchzusetzen, die demokratischen Systeme bieten keinerlei Hoffnung mehr. Die Massen setzen sich aus Individuen zusammen, die sich aufgrund ihres vergangenen Karmas voneinander unterscheiden; vielen fällt das Denken schwer, und nur wenige verstehen den tiefen Sinn des Lebens. Die Gleichheit ist eine Absurdidät.«

»Könnten Sie nicht dieser Mann sein, Monsieur Dschumblat?«

»Mich interessiert es nicht, das System zu beinflussen. In meinen Büchern und Schriften, in meinem Alltagsleben und in meinem Verhalten versuche ich, den Geist des Verzichts in den Vordergrund zu stellen, die Fähigkeit, mitten im Wohlstand Verzicht zu üben und sich so über die Dinge, die man besitzt, zu erheben. Einige Seelen folgen meinem Aufruf, aber die großen Massen folgen gar nichts.«

»Aber Sie sind doch der Führer der libanesischen Linken?«

»Mein Streben richtet sich auf die Gleichheit in der Armut. Wenn alle reich würden, wäre das eine schreckliche Katastrophe. Wie Jesus Christus sagte, kann man nicht gleichzeitig Gott und dem Geld huldigen. Wofür ich eintrete, ist ein wirklich menschlicher Kommunismus, der einzige, der diesem teuflischen Prozeß Einhalt gebieten kann, der die Welt zugrunde richtet. Marx hat nicht begriffen, daß der Mensch, da seine Bedürfnisse begrenzt sind, auch nur über begrenzte Mittel verfügen soll, um sie zu befriedigen. Mein Modell weist keine allzu großen Unterschiede auf zwischen den Massen und den wenigen Induviduen, die sich durch persönlichen Verdienst ein kleines Vermögen erworben haben.«

»Aber wie mir gesagt wurde, besitzen Sie, Kamal Bey, ein sehr großes Vermögen.«

»Der Titel Bey korrespondiert nicht mit einer adeligen, auf Privilegien gegründeten Wirklichkeit. Der demokratische Geist ist bei den Arabern ausgeprägter als bei den Europäern. Denken Sie nur daran: Während der Papst sogar den König zwang, ihm die Schuhe zu küssen, erwidert das religiöse Oberhaupt der Drusen sogar den Frauen den Handkuß zum Zeichen der Gleichheit und Brüderlichkeit.«

»Aber im Libanon herrschen Spannung und Haß, Monsieur Dschumblat; der ganze Mittlere Osten wird von gegensätzlichen Leidenschaften erschüttert, von alten und neuen Ungerechtigkeiten. Wittern Sie keine Kriegsluft, Kamal Bey?«

»Ja, das stimmt. Schon beginnen die Jungen, vor allem die aus guten Familien, zu begreifen, daß das Geld, wenn es sich ihrer bemächtigt, sie einem echten Leben für die Familie und die Kultur entzieht. Schon erklärt die Wissenschaft in den Vereinigten Staaten und in der Sowjetunion, daß die Leere hinter den Dingen nicht leer sei; daß sie potentiell alle Phänomene und alle Energien des sichtbaren Universums enthalte. Jenseits der Korpuskeln eine Art Protomaterie und dahinter etwas fast nicht mehr Vorstellbares, das das All umschließt. Schon haben die parapsychologischen Studien in der UdSSR einen großen Sprung nach vorne getan und die interpretative Armut des historischen Materialismus verringert . . .«

»Während man in Palästina stirbt, Monsieur Dschumblat.«

»*Ahimè*, der Mensch hat ein Bedürfnis nach Trost und Hoffnung, denn er ist unfähig, dem Leben einen Sinn zu geben, unfähig, sich jenes Hohen Organon zu bedienen, von dem Sokrates sprach, jenes Mikroskops, das es jedem ermöglichen würde, den ursprünglichen Punkt wiederzugewinnen, aus dem unser Ich entstanden ist und der ihm, wie ein Lichtgesetz, die Wahrheit der Weisheit, die Wahrheit des Absoluten entdecken würde.«

Der Anführer der libanesischen Linken schwieg. Ich versuchte, Folgerungen zu ziehen, die mir entgangen sein mochten, Fragen zu formulieren, die zwischen seinen Lippen nicht wie Hefeteig aufgehen würden. Die Männer um uns herum lauschten: Das Schweigen war für sie vielleicht verständlicher als das Französisch. Wer war Kamal Dschumblat wirklich? Ein Reaktionär, ein Messias, ein gefährlicher Umstürzler, ein Agent (des CIA oder des KGB?), ein Mann, der wie Fakhr el-Din den Dialog zwischen den Kulturen suchte, ein Erleuchteter auf der Rückkehr von den Göttern der Unterwelt, ein Verrückter, ein Vorbote? Wie viele andere Propheten verbargen sich wohl in dieser unendlich weiten islamischen Welt,

47

zwischen den Dünen Arabiens oder den Bergen Afghanistans, in irgendeiner entlegenen Moschee des Iran oder Mesopotamiens? Wie viele würden noch von ihren Zelten, ihren Minaretten aus das Wort ergreifen, um die Welt, diese von uns, den westlichen Völkern erbaute Welt, zu verdammen? Nasser, Arafat, Dschumblat: drei so verschiedene Stimmen schrien einstimmig unsere Schuld hinaus; drei Männer, für die das Volk zu sterben bereit schien.

Ich versuchte, mich an unsere soliden bürgerlichen Ideale zu klammern, an unser gewissenhaftes marxistisches Engagement und das Geschrei derer zu verdrängen, die nicht so sein wollten wie wir. »Es ist kein Platz auf der Welt für die, die anders sind, aber wir werden ihn uns erfinden«, hatte Musa Sadr, der religiöse Führer der libanesischen Schiiten, zu mir gesagt, und seine Opalaugen hatten Funken gesprüht. Auch sie, die »Fanatiker des Südens«, um mit den Christen des Libanon zu sprechen, die »Schismatiker« des Islam, die Entrechteten an den Grenzen zu Israel, die jeden Tag die Einfälle der Jagdbomber mit dem Leben bezahlten, auch sie hatten ihren Propheten: einen Iraner mit großem schwarzen Turban, einen charismatischen und so unbequemen Anführer, daß er viele Jahre später während einer Reise von Tripolis nach Rom auf mysteriöse Weise verschwand. Aber damals war er noch ein Niemand und sprach nicht einmal arabisch. Damals war alles, was man sich fragen konnte, ob die Schiiten die Bomben und die Verspottung weiterhin mit Geduld ertragen würden. Und wie lange noch.

Damals sprach man noch nicht von islamischer Revolution.

6

> »Es glüht der ruhmreiche Orient, die Dämmerung herausfordernd. Unsere düsteren Lande zittern.«

A. C. Swinburne

Abu Dhabi: Als ich den Namen hörte, kam er mir wie ein Zauberwort vor. Ich sah bereits leuchtende Sandwüsten vor mir, Dolche aus getriebenem Silber, die unbeweglichen Wasser des Golfs, die Perlenfischer und die mit Datteln beladenen Karawanen. Ich hörte schon den Klang der Laute in einem schwarzen Zelt, das Wiehern der Vollblutpferde zwischen den Dünen und das rhythmische Geräusch des Messingstößels im Mörser. Ich roch den Wohlgeruch der Aloe, und auf der Haut spürte ich die dörrende Hitze eines immerwährenden Sommers, wo »der Schatten keinen Schatten spendet« und die Sonne unnachgiebig bleibt. Dabei wußte ich nicht, daß ich ausgerechnet in jener bescheidenen kleinen Villa an den Hängen von Beirut, in die ich fast aus Versehen gekommen war, Arabien finden sollte.

Abu Dhabi bedeutet »Vater der Gazelle«. Es ist der Name eines tausend Meilen weit entfernten Reiches, halb so groß wie Sizilien. Im Westen nannten es die wenigen, die von seiner Existenz wußten, Piratenküste. Dort, am äußersten Sporn Arabiens, lebt der stolzeste Stamm der Wüste. Über ihn herrschte einmal ein weiser und kluger Emir, der von den Feinden wegen seiner Härte und von den Untertanen wegen seiner Gelassenheit geachtet wurde. In fast vierzigjähriger Regierungszeit hatte er es verstanden, die Stammesfehden zu befrieden, das Land gegen die Absichten mächtiger Nachbarn zu verteidigen und sogar die Engländer, unter deren Protektorat Abu Dhabi stand, in Schach zu halten.

Dann fand man eines Tages das Öl. Aber Scheich Schakh-

49

but, denn das war der Name des Emirs, ließ sich davon nicht beeindrucken. Öl, sagte er, bedeute nichts anderes als Geld: Geld, das weder durch Anstrengung erworben noch durch Mut erobert wurde, Geld, das man durch Zufall unter der Erde findet, wie einen vergrabenen Schatz – oder wie einen Lottogewinn. Schakhbut liebte das Geld nicht. Die wenigen silbernen Maria-Theresia-Taler, die ihm die Stämme der Bani Yas, der Awamir, der Manasir und Dhawahir nach einem alten Beduinenbrauch zukommen ließen, der die Oberherrschaft des »Anführers« bestätigte, genügten ihm, um seine Tage in dem aus Lehmziegeln erbauten Fort bei der Lektüre des Korans in Frieden zu beschließen. Außerdem hatte Scheich Schakhbut in den vielen Jahren seiner Regierung die schädliche Wirkung des Geldes auf die Beduinen feststellen können. Jetzt, nach so großer Armut, ein solcher Reichtum? Das wäre das Ende für sein Volk.

»Nein«, sagte Schakhbut, »meine Leute sollen nicht verdorben werden«, und er schloß die Goldbarren weg. Umsonst flehten ihn die Ölgesellschaften an, umsonst klopften Politiker und Unternehmer an seine Tür. Schakhbut fixierte sie aus seinen anthrazitumschatteten Augen und wiederholte unermüdlich: »Nein.« Bis die Engländer, die begierig darauf warteten, ihre Technologie abzusetzen, es eines Tages leid wurden und beschlossen, diesen unbequemen Untertan loszuwerden. Selbstverständlich ohne Blutvergießen und natürlich auch ohne die Beduinengesetze zu verletzen: Es genügte ein Familienrat, ein bißchen opportun geschürte Unzufriedenheit und Schakhbut befand sich auf dem Weg ins Exil. Sein Nachfolger, Scheich Zayed, Schakhbuts Lieblingsbruder und der großzügigste Mann des Reiches, würde sicher nicht zögern, Rolls Royce und Tiefkühltruhen an seine Untertanen zu verteilen. So dachten die Engländer, während Schakhbut in Beirut landete.

Die fortschrittlichen Libanesen lachten über den geizigen Scheich, der die Klimaanlagen als Sünde ansah. Sie verspotteten seinen Namen, der Gekritzel bedeutet, und erzählten, daß er den Bankkonten nicht getraut und darauf bestanden habe, sich täglich selbst vom Vorhandensein seines Geldes zu vergewissern. Ja, man behauptete sogar, er habe eines Tages, zornig, daß ihm die Bank das Geld nicht sofort vorlegte, die Scheine in eine Kiste gepackt, in der sie dann von den Mäusen gefressen worden seien. »Er ist ein Snob«, sagte man, denn nur ein Lord konnte ihn je so weit bringen, einen Vertrag zu unterzeichnen. »Und er ist so unmenschlich, daß er seinen Sohn, der am Alkohol starb, nicht einmal im Krankenhaus besuchte.«

An jenem Tag lernte ich Schakhbut kennen. »Wie weit liegt der Krater des Ätna von dem des Vesuv entfernt?« fragte er mich als erstes, nachdem er erfahren hatte, daß ich Sizilianerin war. Und als ich antwortete: »ich weiß es nicht«, nannte er mir die genaue Kilometerzahl. Er fragte mich, warum ich über Arabien schreiben wolle. »Das haben schon Lawrence und Doughty, Philby und Palgrave getan: Was kannst du noch entdecken, was sie nicht gekannt haben?« – »Die Frauen«, antwortete ich, »ich will eure Frauen kennenlernen, von denen man bei uns behauptet, sie seien Sklavinnen.« Schakhbut brach in Lachen aus: »Wenn dir das gelingt, wirst du allein Arabien verstanden haben«, sagte er und stellte mir Gut, seine Tochter, vor, die erste Autofahrerin Arabiens; und Sebha, die Schwiegertochter, Witwe des am Alkohol gestorbenen Sohnes; und Miriam, seine einzige Frau, die mir eine Diamantenkette schenkte.

Mein Arabisch, das ich mit Sondererlaubnis bei den Weißen Vätern im Koster Sant'Apollinare studierte, war zu armselig und meine Verlegenheit angesichts ihrer Masken aus braunviolettem Leinen so evident, daß sie mir Mut machen mußten. Mit Verwunderung betrachtete ich das Stäbchen, das die Leinwand von der Stirn bis zum Kinn gespannt hält, die wie Möwenflügel geschnittenen Löcher für die Augen und die dünnen goldenen Schnüre, mit denen die Maske am Kopf befestigt ist; und von dahinter hörte ich das seltsame Hallen ihrer lippenlosen Stimmen. Ich war so verwundert, erstarrt, daß ich das Außerordentlichste gar nicht sofort bemerkte: ihre riesigen Augen, schwarzumrändert, dunkel und zugleich leuchtend, träumend und leidenschaftlich.

»Wir werden dich nach Abu Dhabi bringen, *Inschaallah!*« sagte Sebha zu mir. Und während die anderen Stimmen weich und ergeben wiederholten: »Wenn Gott es will«, blitzten die Augen mit so viel hartnäckiger Resolutheit, daß ich daran keinen Zweifel hatte. Ich würde nach Abu Dhabi kommen.

7

*»Sind auch nur zwanzig Standhafte unter euch,
sie überwinden zweihundert, und so unter euch
hundert sind, so überwinden sie tausend der
Ungläubigen, weil diese ein Volk ohne Einsicht
sind.«*

Koran

Es war der 11. Juni 1967, und der Westen freute sich über
den Sieg Israels, »einen Sieg der Demokratie über den religiösen Fanatismus der Muselmanen«, wie die BBC sagte.

Und doch war es der Islam gewesen, der jahrhundertelang
den Juden Zuflucht geboten hatte, während sie im Westen
verfolgt wurden. Minister, Ärzte, Wissenschaftler und Kaufleute jüdischen Glaubens hatten in der ganzen muselmanischen Welt Stellungen von großem Ansehen errungen, während sie im mittelalterlichen Europa nur ganz wenige Tätig-
keiten ausüben durften. Damals hatte der »Resch Galutha«,
der Vertreter der jüdischen Gemeinden beim Kalifen, sogar
Vorrang vor den christlichen Würdenträgern und lebte in einem solchen Prunk, daß der jüdisch-spanische Reisende Ben-
jamin von Tudela zahlreiche Seiten seines Tagebuches dem
wöchentlichen Empfang widmete, den der Kalif von Bagdad
jenem zu Ehren gab.

Während in Europa der Antisemitismus Konzentrationslager und Massaker hervorbrachte, lebten die Juden Palästinas
und der ganzen arabischen Welt als normale Bürger, und die
ernsthaftesten und objektivsten Abhandlungen, die im Westen über den Islam und die Araber entstanden, stammten
von jüdischen Autoren: Goldzieher, Rosenthal, Wellhausen,
Rodinson und Daniel.

Dann beschlossen eines Tages vier imperialistische Nationen, ihr eigenes schlechtes Gewissen dadurch zu beruhigen,
daß sie einen Rassismus durch einen anderen ersetzten. Man
habe, hatte Alfred Balfour gesagt, nicht die Absicht, in Palä-

stina die Wünsche der siebenhunderttausend Araber zu erkunden, die dort lebten. Im Zeitalter der Demokratie und im Namen der Gerechtigkeit legte man so die Grundlage zu einem Dritten Weltkrieg.

Aber in London schien in diesem ungewöhnlich heißen Monat Juni Nassers Niederlage den Schlußpunkt einer fernen, weit zurückliegenden Fehde zu bilden.

Ich war in England zur Hochzeit von Marc und Hala, der Erfüllung eines Liebestraums unter dem Geraune der Kassandren. Niemand gab dieser Ehe eine lange Zeit. Niemand konnte sich vorstellen, wie sich diese scheue Muselmanin gegen die Großsultanin behaupten und der Mißbilligung ihrer eigenen Glaubensgenossen begegnen sollte.

Im Hotel Dorchester, in dem Schakhbut, der aus gesundheitlichen Gründen nach London gereist war, ein ganzes Stockwerk gemietet hatte, verbrachte ich meine Tage mit der Schwiegertochter Sebha und lernte, daß die Zähigkeit der bestimmende Wesenszug der muselmanischen Frauen ist. Ich bewunderte ihren stolzen Gang, den eines Beduinenmädchens, das in seiner Kindheit das Wasser für eine ganze Familie die Sanddünen hinauf- und hinuntergetragen hatte; ihre weiten Baumwollgewänder, auf denen nie ein Schmuckstück funkelte; den endlos langen Schleier aus schwarzem Musselin, den sie unter dem Arm leicht gerafft trug, wie eine Madonna von Raffael.

Sebha war die Heldin eines Märchens, aber eines traurigen Märchens: der Geschichte eines wunderschönen kleinen Mädchens, das zwischen Sanddünen, so hoch wie Gebirge, aufwuchs, zwanzig Kamelritt-Tage von Abu Dhabi entfernt. Eines Beduinenmädchens, das alle Tage im Morgengrauen aufstand, um trockene Arfadsch-Zweige zu sammeln und die Ziegen zu versorgen. Bis eines Tages die Eltern zu ihr sagten: »Du wirst den Sohn des Emirs heiraten.« Sie war dreizehn Jahre alt. Auch damals trug sie die langen Haare in sechs dicke, feste Zöpfe unterteilt, über den Ohren gerollt und immer vom schwarzen *scheel* bedeckt; und über dem Gesicht den *burqa*, die Maske aus indigofarbenem Leinen, die die Mädchen nach der Pubertät tragen. Und doch war das Gerücht über ihre große Schönheit sogar bis zu den entferntesten Stämmen gedrungen. Die beduinischen Dichter besangen, »ihre Lippen, die Zähne wie Kamillenblüten enthüllen; ihre Augen, deren Lider alles Weiß und alles Schwarz der Welt verbergen«.

An einem Morgen, der wie jeder andere war, sah Sebha im Osten zusammen mit der Sonne einen Cadillac auftauchen. Ein Automobil und einen Ehemann: beide unbekannt, beide voller Versprechungen, Geheimnisse, Träume. Wer weiß, was Sebha an jenem Tag dachte, während alle Gleichaltrigen sie beneideten. Träumte auch sie davon, daß dieser Märchenprinz sie mit sich nähme in seinen prächtigen, kühlen Palast? Daß sie sich auf immer lieben würden, unter einem wolkenlosen Himmel, in einem Reich ohne Sünde? Ich bezweifle das. Die Mädchen der Wüste wissen zuviel vom Leben. Sie sind klug, und Sebha war die klügste von allen. So klug und so gelassen, daß sie auch nicht außer sich geriet, als der Cadillac wenige Tage später wie eine Fata Morgana in einer Staubwolke verschwand. Sie blieb zurück, mit ihrem Brautgeschenk, das dazu diente, weitere Ziegen zu kaufen, und mit dem kleinen Mädchen, das sie zur Welt bringen sollte.

Nichts änderte sich in ihrem Leben. Weder das ausgedörrte Rohrgeflecht der Hütte noch das Gewicht des Wasserschlauchs im Ziehbrunnen und auch nicht die Mahlzeit aus bloßen Datteln. Und doch war sie nicht unglücklich. Am Fuße der höchsten weißen Düne fühlte sie sich seltsam frei. Sie konnte stundenlang draußen sein, um die weidenden Ziegen zu hüten, sie konnte mit ihrem Vetter einem verirrten Kamel nachlaufen oder mit der Mutter weben und sticken. Außerdem gab es immer wieder Besuch: Beduinen, die von weit her kamen und nach Abu Dhabi wollten, Kamelherden, die für den Winter ins Rub al-Khali zogen, und ein paar seltene Male auch der Ehemann in immer luxuriöseren Limousinen. Doch eines Tages befahl ihr Said, so hieß der Sohn des Emirs, ihr Bündel zu schnüren. Es sei an der Zeit, daß sie und die Kleine bei ihm in Abu Dhabi lebten.

In Abu Dhabi entdeckte Sebha, daß Said noch drei andere Frauen hatte, alle jung, schön und außerdem noch Prinzessinnen. Da war Salamah, die Kusine ersten Grades, dann Metha, eine weitere Kusine, und Aischa, die Tochter eines mächtigen Stammesoberhauptes. Wer weiß, ob Sebha weinte. Auch daran zweifle ich: Wie konnte sie, das arme Beduinenmädchen, den Sohn des Emirs für sich allein beanspruchen? Ich glaube, daß sie auch damals entschlossen den Kopf hob und sich nach etwas zu tun umsah.

Sie fand einen Radioapparat und einen Koran und beschloß, Arabisch zu lernen, jenes klassische Arabisch, das so anders war als ihr Beduinendialekt, doch unerläßlich, um das Heilige Buch zu verstehen. Sie lernte Stunden um Stunden unter den skeptischen Blicken der anderen Frauen des Hauses. Und immer, wenn sie einen Vers gelernt hatte, lehrte sie ihn der Tochter, die gerade drei Jahre alt war.

Wenn sie etwas nicht verstand, zögerte sie nicht, den Emir Scheich Schakhbut zu fragen, der den Koran auswendig konnte. Auf diese Weise lernte Sebha allein Lesen und Schreiben in der schwierigsten Sprache der Welt.

Das Leben in Abu Dhabi war für sie ganz anders. Nicht daß Abu Dhabi eine große Stadt gewesen wäre; um das Sand-Fort herum, in dem Schakhbut mit seiner Familie lebte, gab es nur Palmhütten und ein paar niedere quadratische Häuser. Alle wohnten dort, Fischer, Händler, Herren und Sklaven. Aber die Stadt sah Sebha nie: Eine Scheichin, wurde ihr gesagt, zeigt sich nicht in der Öffentlichkeit, läuft nicht auf der Straße herum, geht nicht auf den Markt, kurz: sie bleibt im Haus und sonst nichts. Zwar dürfen Freundinnen kommen und sie besuchen, aber Sebha hatte keine Freundinnen. Wer weiß, ob sie Gut, ihre Schwägerin, beneidete, die sich unbekümmert um Anstandsregeln und böse Zungen jede Nacht in ihr Auto setzte und verschwand. Ich bezweifle es. Das war es nicht, was Sebha unter Freiheit verstand. Und welches Gefühl mochte sie für ihren trunksüchtigen Ehemann empfunden haben? Wünschte sie sich vielleicht manchmal, daß nicht sie die »glückliche Beduinin« gewesen wäre, die vom Schicksal zur Gemahlin des Thronerben von Abu Dhabi auserwählt wurde? Wenn das der Fall war, so konnte es sich nur um eine kurze Verwirrung handeln: So stand es in ihrem Schicksal geschrieben, Gott würde ihr den Weg weisen.

Als sie die Nachricht vom Staatsstreich erfuhr, begriff Sebha sofort, daß sie mit dem Ehemann ins Exil gehen müsse. Von den anderen Frauen würde ihm keine folgen. Nicht Metha, die Kusine des neuen Emirs, ebensowenig Salamah, deren Vater nun regieren würde, und auch nicht Aischa, deren Familie sie lieber bei sich haben wollte. Woran mochte Sebha wohl im Flugzeug, das sie nach Bahrain brachte, gedacht haben? An ihre Eltern, die sie vielleicht nie wiedersehen würde? An die ungewisse Zukunft in einer Welt, die sie nur aus dem Radio kannte? An die seltsame Fügung, daß jede Wende in ihrem Leben mit einer neuen Errungenschaft der Technik gekoppelt war? Wenn sie in Schakhbuts Gesicht forschte, konnte sie keine Spur von Gram oder Bedauern feststellen. Sie selbst hatte gehört, wie er auf die Nachricht, daß ihn sein Lieblingsbruder vom Thron vertrieben habe, geantwortet hatte: »Gott segne ihn. Seine Aufgabe wird nicht leicht sein.« An der Seite dieses Mannes, das wußte Sebha, würde sie nie den Mut verlieren.

London murmelte: »*Dirty Arabs*!«, dreckige, barfüßige Araber, Faulpelze, die von einem knickerigen Analphabetenscheich angeführt werden. Was wollen die bei uns? Sollen sie doch bei ihren Ziegen bleiben, zusammen mir ihren wie Krähen vermummten Frauen und mit ihren Negersklaven, die sie in Sansibar gekauft haben. »Weißt du nicht«, sagte man mir,

»daß Schakhbuts Sohn seine eigene Schwester getötet hat? Und zwar zusammen mit ihrer besten Freundin, weil sie gewagt hatten, sich fotografieren zu lassen. Dann ist er am Whisky gestorben, gefolgt vom Bruder, der sich selbst umgebracht hat. Und die andere Schwester, Gut, weißt du nicht, daß die am Tag drei Flaschen Bourbon trinkt, daß sie lesbisch ist, es aber auch mit den Matrosen treibt? Eine Besessene, die in Beirut mit Hafenarbeitern und Huren durch die übelsten Lokale zog? Und weißt du nicht, daß sie sogar in Abu Dhabi die Soldaten geködert hat? Und daß sie unter ihrer schwarzen Aba immer eine geladene Pistole trägt? Was machst du nur bei diesem Gesindel?«

Ich erlebte im vierten Stock eines Grandhotels eine Fata Morgana. Weihrauch brannte, Seide raschelte, und Mekka lag gleich hinter dem Kandelaber. Die Möbel hatten jedes Prestige verloren, waren in den Ecken zusammengestellt worden, verdeckt von riesigen Perserteppichen, von kleineren, die zum Gebet ausgerollt wurden, und noch einmal anderen, die als Diwan, als Kredenz, als Nachttisch dienten. Von woher kam dieser gutturale Gesang, dieses heisere Geheul, so nah und doch so fern? Wer waren diese völlig gleich aussehenden Männer, die in ihren blütenweißen Tuniken wie zwischen den Wolken eines Paradieses segelten? Waren es Engel? Oder Sklaven? Oder Scheiche, die mit ihren Schonern aus Tamariskenholz und ihren in die Turbane aus weißer Gaze gewickelten Träumen hier gelandet waren? Oder Piraten, deren von den Feuern der *kaschabat* markierte Route die Untiefen des Golfs durchschneidet? Waren sie es vielleicht, die Trajan besiegt hatten, während er die reichen Lager an Zinnober und grauem Amber plündern ließ? Waren sie es, die den Großen Khan mit Korallen, Karneolen und dattelgroßen Perlen beliefert hatten? Und jene Masken, die ich nach und nach mit einem weiblichen Namen zu bezeichnen lernte, entstammten sie einem venezianischen Menuett, einem Karneval oder einem Kerker?

An Schakhbut, diesem hageren Scheich, der wie ein Asket lebte und seine Tochter weder für nymphoman noch für eine Hure hielt, liebte ich die Gleichgültigkeit, im Ruhm wie im Exil, im Reichtum wie in der Katastrophe. In Arabien nennt man das nicht Zynismus, sondern Islam, was die Unterwerfung unter den Willen des über alle Dinge befehlenden Gottes bedeutet. Glauben und Ironie waren die Waffen Schakhbuts, des einzigen von vierzehn Scheichen der Banu Yas, den kein Verwandter umzubringen gewagt hatte. Sein geringes Bedauern über den Tod der beiden männlichen Erben, die zu labil gewesen waren, um die Niedertracht des Exils auszuhalten, zu machtgierig, um mit Würde überleben zu können, faszinierte mich ebenso wie seine geheimnisvollen Lektüren und die tausend Anekdoten über ein Volk, das er vielleicht nie mehr wiedersehen würde. So waren die Araber zur Zeit der Propheten gewesen. Deshalb hatten sie sich die Welt in fünfzig Jahren erobert. Nichts zu verlieren und nichts zu gewinnen: nur Allahs Wille, dem man zu gehorchen hat, ohne zu zögern.

8

In Beirut schrieb ich am 20. November 1968, unter dem kalten Blick der pompejanischen Nymphen, das Wort »Ende« unter meine Doktorarbeit.

Ich hatte Hunderte von Kilometern an Weg und Tonbändern absolvieren müssen; ich hatte mich zwischen den Tuniken und Amtstrachten der Patriarchen, der Mufti, der Bischöfe, der Imamen, der Advokaten, der politischen Führer mit religiösem Einschlag und der Religionsführer, die in die Politik verwickelt waren, hindurchlavieren müssen; ich mußte mich durch dicke Bände über allgemeine, vergleichende und kontroverse Theologie durchkämpfen (in den Unterabteilungen: maronitische, griechisch-katholische, griechisch-orthodoxe, protestantische, lateinische, armenisch-gregorianische, armenisch-katholisch-jakobitische, syrisch-katholische, kaldäisch-katholische, sunnitische, schiitische, drusische und jüdische); und ich mußte auch als Ablageplatz für die gegenseitigen Beschimpfungen, Vorwürfe, Fehden, juristischen Spitzfindigkeiten und vergeblichen Interpellationen herhalten.

Die Klöster waren zu militärischen Ausbildungslagern geworden, die sozialen Forderungen nahmen die Merkmale eines Heiligen Krieges an, Waffen kamen von so ziemlich überall her, aber dennoch änderte sich nach außen hin gar nichts: »Der Libanon ist die Schweiz des Mittleren Ostens«, schrieb das »Time Magazin«.

Als man an der Universität Rom nach Polemiken und Weigerungen endlich meine Doktorarbeit annahm, bezichtigte mich ein prominenter Jurist, politische Science-fiction zu schreiben. Im Westen »verkaufte sich« die arabische Welt nicht. Ich finanzierte meine Reisen in den Vorderen Orient durch Artikel über die Documenta in Kassel oder die Biennale in Venedig. Meine Position war ungewöhnlich: einerseits auf die Avantgarde ausgerichtet, andererseits eingetaucht in die Tradition. Wer mich nach dem Grund meiner Reisen fragte, dem antwortete ich mit Montaigne: » Ich weiß genau, was ich fliehe, aber nicht, was ich suche; doch das, was ich fliehe, weiß ich genau.« Das Bedürfnis nach Übereinstimmung belastete mich nicht mehr. Außerdem war Arabien nun nicht länger eine Fata Morgana.

Schakhbut war aus dem Exil heimgekehrt. Sebha hatte mich in Beirut angerufen und zu sich nach Abu Dhabi eingeladen.

9

*»Die Erde ist flach, da sich die Berge, die von
Gott hingesetzt wurden, im Gleichgewicht halten und nicht umfallen.«*

Zitat aus einer saudiarabischen Zeitung

Ein Archipel aus weißem Sand in einem blassen Meer, auf
dem die Öltanker wie wartende Möwen schaukeln. Aber der
Sand ist kein Sand, sondern Muschelstaub, in Tausenden von
Sommern zermahlen und gebleicht. Eine Wüste aus Perlmutt
und Salz, die sich, phosphoreszierend, blendend, unter einem
ausgedunsteten blauen Himmel von Unendlichkeit zu Unendlichkeit erstreckt: Das war Abu Dhabi.

Ein Mann, ein mittelalterlicher Krieger, Schnurrbart und
Backenbart wie Onyx glänzend und über der langen weißen
Tunika einen mit Goldbordüren verzierten Kamelhaarum-
hang. Er saß auf einem Plüschsofa, am äußersten Ende eines
riesigen Saales, der mit arabeskenverziertem Teppichboden
ausgelegt war und von fünfzig Kronleuchtern erhellt wurde.
Den Wänden entlang zog sich, parallel zur leeren Reihe eben-
solcher Sofas, eine Reihe mit weißem Batist bedeckter Köpfe.
Im Schneidersitz auf dem Boden, den Rücken gegen die Beine
der Sofas gelehnt, warteten die Männer von Abu Dhabi. Aber
worauf warteten sie? Was murmelten sie? Und warum trugen
viele von ihnen auf dem Handgelenk einen lebenden Falken
mit einer Kapuze? Woher kamen diese Wolken, die auf halber
Höhe schwebten und einen berauschenden Duft verströmten?

Der einzige, der stand, war ein junger Neger, der aus einer
Thermosflasche eine bernsteinfarbene Flüssigkeit eingoß: wenige Tropfen in ein henkelloses Täßchen von der Größe einer
halben Eischale und mit goldenen Palmzweigen bemalt. Die
Männer tranken im Turnus, einer nach dem anderen, lang-

sam und mit Genuß. Alle aus demselben Täßchen, das niemals gespült wurde.

Ich befand mich im *madjlis* von Scheich Zayed. *Madjlis* heißt soviel wie Versammlung und ist ein Mittelding zwischen Party und Tribunal: Jeden Vormittag empfängt der Scheich in diesem Saal sein Volk, Männer und Frauen, Beduinen und Unternehmer, jeden, der eine Bitte, eine Beschwerde oder einen Rat vorzubringen hat. Ein uralter Beduinenbrauch, den Scheich Zayed bin Sultan al-Nahayyan, Emir von Abu Dhabi und Stammesoberhaupt der Banu Yas, von der Wüste in eine Umgebung aus Samt und Alabaster verpflanzt hatte.

Wie anders er doch ist als Scheich Schakhbut, dachte ich. Auch hager, aber nicht dürr und auch nicht schmächtig. Eine blendende Erscheinung, wie ein Kavalier der Wüste. Auch seine Tugenden, die das ganze Volk besingt, sind Tugenden wie aus einem Roman: Großherzigkeit, Gerechtigkeit, Stolz, Gastfreundschaft, Mut, Weitblick. Sogar sein Leben ist eine Heldensage: die langen Jahre, die er in der umkämpften Oase al-Ain zugebracht hatte, um zwischen Dutzenden von verfeindeten Sippen ein enges Netz von Bündnissen zu knüpfen; seine siegreichen Schlachten gegen einen wesentlich reicheren und zahlenmäßig überlegenen Nachbarstamm; seine Falkenjagden in der Wüste, die Oden im Wechselgesang, die er gern aus dem Stegreif dichtet, und seine Fähigkeit, allen alles zu geben, ohne lange zu fackeln.

Seit Schakhbuts Weggang hatte sich in Abu Dhabi vieles verändert: Zusammen mit dem Beton wuchsen auch Eukalyptuswälder aus dem Sand, die Projekte und Investitionen vervielfältigten sich, es kamen ausländische Unternehmer ins Land, und man schuf staatliche Strukturen. Aber die Piratenküste war immer noch britisches Protektorat. Die sieben Emirate am unteren Arabischen Golf hatten ihre Stammesfehden noch nicht beigelegt, und die Gründung eines souveränen Staates war nur ein Traum im Kopf von Scheich Zayed.

Schakhbut wohnte nicht in Abu Dhabi. In Wirklichkeit war

das nie die Hauptstadt der Banu Yas gewesen, eines Stammes, der seinen Lebensunterhalt aus den Dattelpflanzungen einer weit entfernt liegenden Oase bestritt. Nach Abu Dhabi ging man im Sommer, zur Perlensaison, wenn sich die Bebauer der Wüste in Reeder, Seeleute und Unterwasserfischer verwandelten. Doch am 15. September, sobald die Fangsaison beendet war, beeilten sich alle, ins Landesinnere, nach Liwa, zurückzukehren, zu ihren Familien und um der schwülen Feuchtigkeit dieses Salzarchipels zu entfliehen.

Das Haus, das Scheich Zayed für seinen Bruder hatte bauen lassen, ist ein großes flaches Quadrat, umgeben von einem Säulengang, dann vom Garten und schließlich von der Wüste; es liegt am Rande einer großen Oase. Das Quadrat, einschließlich des Innenhofes, ist in zwei Hälften aufgeteilt: eine für die Frauen und eine für Schakhbut. Ich wohnte natürlich im Harem.

Auf Arabisch bedeutet *harem* »verbotener, heiliger Ort« und in weiterem Sinn: »Heiligtum«. Die Frau ist heilig, unverletzlich, daher heißt der für sie reservierte Bereich »Harem«; und da dieses Heiligtum für gewöhnlich mehr als eine Frau beherbergt, gebraucht man den Ausdruck »Harem« auch als Synonym für »Frauen«. Das Wort »*mar'a*«, die genaue Übersetzung von »Frau«, wird in Arabien nie verwendet. Die Beduinen haben sogar aus dem nur im Plural gebräuchlichen Wort *harem* den Singular *hurma* gebastelt, um eine einzelne Frau zu bezeichnen, »eine Verbotene«. Auch wenn es um mich geht, sagen Männer wie Frauen »die Verbotene«.

Der Harem von Scheich Schakhbut beherbergte außer meiner Wenigkeit die Ehefrau Miriam, die beiden Töchter Gut und Abla, die Schwiegertochter Sebha, die Enkelin Fakhra, zwei Negersklavinnen und drei pakistanische Dienerinnen. Es gab weder die legendären Eunuchen noch die Intrigen eines ottomanischen Harems. Eunuchen hat es in Arabien nie gegeben, und die Ehefrauen, wenn es mehrere sind, leben nicht unter demselben Dach. Tatsächlich verlangt ein alter Beduinenbrauch, daß jede Gattin ihr eigenes Zelt oder ihre eigene Hütte hat. All das erklärte mir Sebha lachend, denn wie jede Frau aus dem Westen sah ich mich schon als das Opfer einer Horde von Konkubinen, Odalisken und frustrierten Ehefrauen. »Du wirst viele Dinge entdecken«, sagte sie zu mir unter den Arkaden, während ein riesiges rundes Tablett voll Reis mit einem Kitz obendrauf auf eine Matte am Boden gestellt wurde. »Nimm Platz und verzeih unsere armseligen Beduinenbräuche, aber wir sind ungebildete und rückständige Wüstenbewohner.«

Mit den Händen zu essen ist nicht leicht, aber auch nicht unappetitlich. Zuerst muß man sich auf seiner Tablettseite ein Reisdreieck abteilen, von dem man sich dann ausschließlich bedient; danach versucht man, so gut es geht, ein Stück Fleisch von dem Tier zu reißen und legt es in die Mitte des Dreiecks. Schließlich geht es darum, mit der rechten Hand (und nur mit ihr, denn die linke ist unrein, da sie zu den Säuberungen gebraucht wird) Reis und Kitz bissenweise so zusammenzukneten, daß sie sich in den Mund schleudern lassen, ohne zu kleckern. Während des ganzen Vorgangs sitzt man natürlich mit verschränkten Beinen am Boden. Nach Beendigung des Mahls, das aus einem einzigen Gang besteht, kommen die pakistanischen Dienerinnen mit einem Messingkrug voll warmem Wasser, einer Camay-Seife, einem kleinen Becken für das schmutzige Wasser, das von den Händen abläuft, und farbigen Papiertaschentüchern. Letztere sind große Mode in Abu Dhabi; auch die Beduinen beim *madjlis* von Scheich Zayes benutzten sie, um die Exkremente der Falken vom Teppichboden zu wischen.

Der Kaffee war eine Entdeckung: würzig und leicht, ein Aroma und keine Asche. Die Gastgeberin wollte mir zum Zeichen der Ehrerbietung eine eigene Tasse geben, aber das lehnte ich ab. Diese Frauen waren so sauber, so gepflegt, so ganz anders als das Bild von den verdreckten und zerlumpten

Nomaden, und sie dufteten nach soviel geheimnisvollen Essenzen, daß ich mit Vergnügen auch die Unterhosen mit ihnen geteilt hätte. Im übrigen waren die wunderschön: aus greller Baumwolle oder Popeline, am Knöchel mit Seiden- oder Silberfaden bestickt und mit den farbenprächtigsten Oberteilen kombiniert. Als ich diese Redingotes aus hochrotem Brokat, mit abstrakten Blattmustern in Türkis, Gold und Silber und an Handgelenk und Hals mit goldenen und silbernen Motiven bestickt, sah, fragte ich mich, warum wir uns nicht alle wie die Frauen von Abu Dhabi kleideten. Über der Redingote trägt man einen Schleier aus bedrucktem Musselin, aus Chiffon oder aus Gaze, mit Sternchen aus reinem Silber besetzt; und der Schleier, der in Wirklichkeit ein weiter, vom Hals bis zu den Füßen glitzernder Umhang ist, umwogt einen leicht beim Gehen und läßt den Brokat und die Hosenbeine darunter ahnen, einen Rausch aus absurden, doch perfekt aufeinander abgestimmten Farben. Und so wird der Laubengang zu einem Treffpunkt der Feen.

Die Dr.-Scholls-Holzpantinen fand ich jedoch nicht so passend dazu. Überflüssig zu sagen, daß Sebha weder Holzpantinen noch Feenschleier trug: Unverändert seit der Londoner Zeit, glitt sie majestätisch dahin, wie eine Eleonora von Aragon, maskiert für ein venezianisches Karnevalssouper.

Ich entdeckte, daß zwar die Negersklavinnen mit ihrer Herrschaft aßen, nicht aber die pakistanischen Dienerinnen; daß um das ganze Haus herum Hütten von Beduinen standen, die noch an Schakhbut hingen; daß im Harem auch ein blinder alter Mann wohnte, ein Koran-Rezitator, der in seiner Jugend Kindermädchen gespielt hatte; das Schakhbut für sich allein aß in der anderen Hälfte des Hauses; daß man die Zeit von der Morgenfrühe und nicht von Mitternacht an rechnete, daß es also um zwölf Uhr Mittag sechs Uhr und nachmittags um drei schon neun Uhr abends war; und ich entdeckte, daß sich die Männer, wenn sie einander begegneten, zur Begrüßung die Nasenspitzen küßten.

10

> »Bei einem Stamm sind die Männer die Wolle,
> aber die Frauen sind es, die daraus den Stoff
> weben.«

Sprichwort aus Abu Dhabi

Die Töchter des Scheichs sind nach einem uralten Beduinenbrauch verpflichtet, ihre Vettern ersten Grades zu heiraten,
und das sind auch die einzigen jungen Männer, mit denen sie
bis zur Pubertät zusammenkommen. Stehen keine solchen
Vettern zur Verfügung, dann bleiben sie alte Jungfern – ganz
im Widerspruch zu den Regeln des Korans, der nicht nur das
Ledigsein, die Askese und jede andere Form sexueller Enthalt-
samkeit mißbilligt, sondern im Gegenteil, frühzeitige, mehrfa-
che und wiederholte Ehen empfiehlt, nur um einem jeden die
legitime Befriedigung seines sexuellen Verlangens zu garantieren. Ja, ich glaube, es ist gerade diese gesunde Einstellung des
Korans – bei der die Sexualität als normales biologisches Bedürfnis und nicht als Sünde begriffen wird und das Unbefrie-
digtsein (des Mannes wie der Frau) genügt, um eine Scheidung zu rechtfertigen –, die den islamischen Frauen Komple-
xe, Schuldgefühle und Frigidität erspart.

»Wieviel wiegst du?« fragte mich eine schon etwas ältliche
und allzu üppige Scheichin, die über und über mit Gold be-
hängt war. »Ich weiß nicht genau, aber ich glaube, so um die
sechzig Kilo«, antwortete ich, sofort von Gewissensbissen
wegen der vielen Datteltörtchen geplagt. »Und du willst
abnehmen?« – »Nein, eigentlich nicht«, log ich frech. »Also
willst du zunehmen?« meinte sie und blickte mich forschend
hinter ihren glitzernden Kaskaden an. »Nein, auch nicht«,
antwortete ich mit gespielter Nonchalance, obwohl ich mich
schrecklich unbehaglich fühlte. »Aber warum fragst du mich
das?« – »Merkwürdig«, antwortete die volkstümliche Wo-

67

chenend-Gattin eines Emirs, der sich bei ihren Reizen von den im übrigen sehr gelegentlichen Falkenjagden erholte. »Merkwürdig«, wiederholte sie, »denn normalerweise seid ihr westlichen Frauen nie so recht, wie ihr eben seid: Entweder müßt ihr abnehmen, oder ihr müßt dicker werden, entweder müßt ihr euch die Haare färben, oder ihr müßt euch die Nase richten lassen. Eure Männer scheinen wirklich ziemlich blöd zu sein, daß sie euch immer mit dem Zentimetermaß messen, anstatt mit euch zu schlafen, wie und sooft es sich gehört.« Während sie das Goldgehänge hochhob, um sich noch eine Leckerei in den Mund zu stopfen, fing ich einen Blick echten Mitleids auf.

Die Heirat zwischen Geschwisterkindern ist nur unter einer Optik der Stammespolitik verständlich, bei der die Familie an Geschlossenheit und Macht verlöre, wenn die Mädchen fremde Männer heiraten würden. Und wenn man bedenkt, wie häufig schon die Kämpfe innerhalb der eigenen Familie sind (von den sieben Emiren der Piratenküste haben nicht weniger als drei Verwandte ersten Grades entmachtet), ist es ganz offensichtlich, daß die Töchter wie Blitzableiter eingesetzt werden: Wenn der Vater seine Tochter mit seinem Neffen verheiratet, denkt er im stillen: »Wenn dein Mann mich umbringt oder absetzt, werden du und deine Söhne deine Geschwister beschützen.« Auch die weniger Wohlhabenden und Aristokratischen ziehen es (wenngleich die Regel nicht so eisern ist wie bei den Scheichs) auf jeden Fall vor, die Tochter innerhalb der Familie zu verheiraten, »denn«, so sagte mir ein Kaufmann, »ich weiß, was die anderen für Gewohnheiten haben, ich weiß, wie man meine Tochter behandeln wird, und ich weiß, daß sich das, was aus dem Schnurrbart fällt, im Kinnbart wiederfindet.«

Sicher, unterdrückt in westlichem Sinn sind die Frauen: Sie verfügen über keine Bewegungsfreiheit, haben bis jetzt nur wenig Zugang zur Bildung, sie nehmen offiziell nicht an der Regierung teil, und sie können mit größter Leichtigkeit verstoßen werden. Von sexueller Freiheit ganz zu schweigen. Auf den ersten Blick also scheint es sich bei ihnen um eine Welt von Jungfrauen und Märtyrerinnen zu handeln – bedauerns- und beklagenswert.

In Wirklichkeit ist die Situation jedoch ganz anders. In den islamischen Ländern verfügt die Frau jeder gesellschaftlichen Schicht völlig selbständig über ihr Vermögen, über ihr Erbe wie über die Brautgabe, die sie vom Ehemann bei der Hochzeit bekommt. Über dieses Vermögen darf niemand außer ihr bestimmen. Das bedeutet, daß sie im Falle einer Scheidung außer auf die obligatorische Gastfreundschaft des Vaters oder der Brüder immer auf ihre finanzielle Unabhängigkeit zählen kann. Nicht schlecht, wenn man bedenkt, daß im Westen der »Law Reform Married Women Property Act« von 1875 das erste Dekret war, das den Frauen das Recht auf ihr Erbe zugestand. Und da Geld auch in Arabien Macht ist und viele Jahrhunderte umsichtiger Verwaltung der eigenen Güter die Frauen die ausgeklügeltsten Praktiken à la »Financial Times« gelehrt haben, ist es nicht übertrieben, wenn man behauptet, daß sie de facto fünfzig Prozent der wirtschaftlichen Macht des Landes innehaben. Sie üben sie direkt aus, als Händlerinnen, Grundstückspekulantinnen, Financiers, oder über Agenten, die im Vaterland oder im Ausland für sie tätig sind.

In Kuwait lernte ich eine Scheichin kennen, von der allgemein behauptet wird, sie besitze das größte Vermögen des Landes, dazu eine der bedeutendsten Handelsbanken der arabischen Welt. Als sie anfing, in den fünfziger Jahren, war sie keineswegs reich; sie war die Tochter einer Sklavin und verwitwet. Das hinderte sie jedoch nicht daran, den Gesundheitsdienst von Kuwait auf die Beine zu stellen, eines der ersten Handelsunternehmen zu organisieren, Englisch zu lernen, ihre Kinder aufzuziehen und sich eine solche Bildung und Kultur anzueignen, daß ihr Palast der einzig geschmackvolle in ganz Arabien ist. Niemandem würde es einfallen zu behaupten, Scheichin Badria sei schamlos oder eine schlechte

Muselmanin. Nun gut, man kann sagen, sie ist reich, und die Reichen sind immer frei. Aber in Arabien stimmt diese Behauptung nicht.

Zunächst sind die reichen Frauen – wegen ihres Ranges und Ansehens – sehr viel unterdrückter als die weniger reichen. Eine Scheichin läuft nicht auf der Straße herum, eine Frau aus dem Volke kann gehen, wohin sie will, und eine Sklavin besitzt eine Freiheit, die der westlichen Frau gleichkommt. Im übrigen sind dort fast alle reich. In Kuwait gibt es seit der Entdeckung des Öls nur noch die bürgerliche Klasse. Arm sind die anderen: der pakistanische oder jemenitische Hilfsarbeiter, der in den Wellblechbaracken am Stadtrand lebt und kein Recht auf Staatsbürgerschaft, auf Sozialhilfe, ja nicht einmal auf eine Wohnung hat. In den Emiraten ist die Situation anders: Der Wohlstand ist noch neu und auf Abu Dhabi konzentriert; man kennt dort weder die Ausländerfeindlichkeit wie in Kuwait noch die massive Einwanderung indischer Gastarbeiter wie in Saudi-Arabien. Es gibt ärmere Emirate wie Fujairah (was soviel heißt wie »die kleine Arme«) und Ras al-Khaima, Ajman und Umm al-Qawain, und reichere Emirate wie Dubai und Sharjah. In den weniger reichen Emiraten gab es auch vor den von Abu Dhabi geleisteten Finanzhilfen keine großen wirtschaftlichen Unterschiede zwischen der Familie des Scheichs und dem Rest der Bevölkerung: Es war der Unterschied zwischen Armut und Not. In diesen Emiraten trugen die Frauen immer ihr Teil zum Lebensunterhalt bei: durch Weben, Kochen oder Backen und Verkaufen von Brot. Dabei genossen sie jede Bewegungsfreiheit, die für ihre Tätigkeit notwendig war.

Und ging es denn um etwas anderes als um die »Aufbesserung der Haushaltskasse«, wenn die westlichen Frauen nach und nach zur Arbeitswelt zugelassen wurden? Es war bequem für den Mann, daß die Frau nicht nur als kostenloses Dienst- und Kindermädchen fungierte, sondern auch noch einen bezahlten Beruf außer Haus ausübte. Dagegen hat sich das Problem der Hausarbeit in Arabien nie gestellt: So arm die Frau auch sein mochte, sie rührte keinen Finger im Haus; dafür hatte man die Sklaven. Das Haus war nicht ihr Zwangsarbeitsfeld, sondern ihr Machtzentrum, ein Sektor, der allein ihr unterstand. Wenn es ihr der Ehemann darin an etwas fehlen ließ oder nicht, wie es seine Pflicht war, täglich für sie auf dem Markt einkaufte, hatte die Frau das Recht, ihr Bündel zu schnüren und wegzugehen; kein Richter hätte ihr die Scheidung verweigert. Eine Ehefrau, die im Haus schuftet, ist eine Schande; eine, die, wenn sie nicht wirtschaftliche Gründe dazu zwingen, sich außerhalb des Hauses abrackert, ist verrückt. Und warum »sich erniedrigen« und das Auto lenken, wenn es dafür Chauffeure gibt? Warum ins Kino gehen, wenn die Filme zu Hause gezeigt werden können? Warum auf der Straße, im Staub, zwischen den Autos laufen, wenn man einen schönen, duftenden Garten besitzt? Kurz, warum sich nicht das Paradies zu Hause schaffen und es mit den Freundinnen in Frieden genießen?

Was ist der Harem anderes als der jahrhundertealte Vorläufer feministischer Selbsterfahrungsgruppen? Eine feste Zelle, in der jede Frau das nötige Verständnis und die nötige Duldung findet, um sich gegen die Überheblichkeit der Männer zu wehren; in der Vertraulichkeiten und Ratschläge, Ängste und Leiden, über die man bei den nachmittäglichen Zusammenkünften debattiert, zum Gemeingut werden; in der die Macht der grauen Eminenz über das Schicksal der Minister, über die Höhe der Investitionen, über Krieg oder Frieden mit den benachbarten Stämmen entscheidet.

Die arabischen Frauen sind nicht zwischen romantischen Mythen und widerstreitenden Leidenschaften erzogen worden, sie träumen weder von der immerwährenden Liebe noch von einer Mannequin-Taille, und sie zerfleischen sich nicht gegenseitig, um sich zu behaupten. Der Mann, dessen erotische und heroische Qualitäten sie genau ergründen, wird – trotz seines Atavismus – auf ein recht bescheidenes Podest

erhoben: Respekt, natürlich, und auch Achtung und Unter-
würfigkeit, aber immer mit einem Hauch von Ironie, von
offenem Urteil und in der Überzeugung, daß alles in allem sie,
die Frauen, es sind, die den Stamm zusammenhalten und damit die Stabilität des Landes sichern.

11

Al-Ain, das Heimatdorf Scheich Zayeds, ist etwas Schweben-
des in der Zeit und in einem Raum zwischen Oman und dem
Arabischen Golf. Dort tragen die Frauen zwei oder drei Kilo
Armreifen, sprudelt das Wasser mit 60 Grad aus einem von
Allah gesegneten Untergrund, und die Pferde laufen frei herum. Eine endlos weite Oase mit granatapfelfarbenen Sonnenuntergängen, in der die Väter und Großväter der Emire noch
zwischen den Ziegen gelebt hatten, das Kamel im Hof stand
und man nicht einmal ein Sofa besaß. Ich verirrte mich zwischen Mäuerchen, Ziehbrunnen, Terrassen, winzigen Moscheen, Labyrinthen von kleinen Kanälen und Serails inmitten üppiger Palmen. Meine Tage verbrachte ich mit den Frau-
en des Dorfes, in ihren Lehmhäusern, in denen es nichts gab
als eine Matte auf dem Boden, eine Pfanne im Innenhof und
einen Koran in der Fensteröffnung.

Am Abend suchte ich Scheich Schakhbut in seinem *madjlis*
auf, zu dem sonst keine Frauen Zutritt hatten, denn der
Brauch schreibt vor, daß der Gatte sich in den Harem begibt,
den sämtliche nicht zur Familie gehörenden Besucherinnen
zuvor verlassen haben müssen. Den Frauen ist es untersagt,
sich »fremden« Männern zu zeigen, das heißt also allen, die
nicht Vater, Gatte, Bruder oder leiblicher Onkel sind.

Meine Position war zweifellos privilegiert, und ich sollte
ihre Vorzüge bei den späteren Reisen in Arabien immer mehr
zu würdigen wissen. Als Gast der Frauen wurde ich ohne
Mißtrauen in jedem Haus aufgenommen. Kein Geheimnis
blieb mir verborgen. Ich gehörte nicht nur zur Familie, son-

dern zum Stamm, dessen Intrigen und Leidenschaften, ja sogar dessen finanzielle Angelegenheiten ich mit der Zeit kennenlernte. Doch daß es mir möglich war, mich frei zwischen dem Harem und dem *madjlis* eines jedweden Scheichs zu bewegen, ohne Eifersucht oder Gerede hervorzurufen, verdankte ich ausschließlich den Frauen: Indem sie mich unter die »Verbotenen« aufnahmen, machten sie sich zu Garanten meiner Seriosität.

Sicher, damals im Jahre achtundsechzig, als die Emire noch nicht unser Schicksal in der Hand hatten und ich gerade achtzehn Jahre alt war, fühlte ich mich weniger als Journalistin und Zeugin außerordentlicher Ereignisse denn als Alice in einem Wunderland von Feen, altem Spielzeug, Zauber und glitzerndem Nippes. Jeden Abend erzählte mir Scheich Schakhbut ein Märchen.

»Eines Tages, zu Lebzeiten Zayed bin Khalifas, des Vaters meines Vaters (seit damals sind fast hundert Jahre vergangen), kam ein alter Beduine mit wutverzerrtem Gesicht in den *madjlis*. Ihm folgte ein junges, schönes Mädchen, in Tränen aufgelöst. Der Beduine sagte zu Zayed (dessen Seele Gott gnädig sei): ›Ich komme zu dir, weil meine Tochter hier einen schweren Leib hat und mir nicht sagen will, wer der Vater des Kindes ist, damit ich sie und ihn töten kann und unser Name wieder ehrbar wird.‹ So sprach der Beduine, während das Mädchen schluchzte.

›Khadidscha‹, sagte Zayed, denn das war der Name des Beduinenmädchens, ›was erwiderst du auf die Anklage deines Vaters?‹

›O Zayed!‹ sagte das Mädchen, ›es war in einer Winternacht, und ich ging, um Wasser zu holen; der Sand war eisig und die Finsternis kalt wie der Tod; ich lief zitternd vor Angst und Kälte, als ich auf dem Boden einen Männermantel liegen sah. Ich hob ihn auf und wickelte mich hinein, und mir wurde warm. Aber o weh! Durch den Geruch des Mantels kam in meinen Bauch ein Kind.‹

Zayed überlegte einen Augenblick. Dann zeigte er auf den Mantel, den der Beduine wütend schwenkte, und sagte: ›O Mantel, wahrlich, ich klage dich der Unzucht mit diesem unschuldigen Mädchen an. Hast du vielleicht nicht deine Wolle um ihre nackten Beine geschlungen, und ist dein schamloser Mannsgeruch etwa nicht in sie eingedrungen und hat ihr den schweren Leib gemacht, den wir alle hier sehen?‹ Danach wandte sich Zayed an die im *madjlis* versammelten Männer und sagte: ›Wer von euch wird für den Angeklagten sprechen? Da es sich um einen einfachen Mantel handelt, hat er keine Zunge und kann sich nicht rechtfertigen. Doch niemand darf ohne Verteidigung verurteilt werden, so will es die Gerechtigkeit. Wer also wird für den Mantel sprechen?‹

Da sagte ein Beduine, der für seine Weisheit bekannt war: ›Ich werde den Mantel verteidigen.‹ Und zur Versammlung gewandt, begann er sein Plädoyer: ›Wahrlich, der Mantel ist unschuldig. Haben wir denn nicht aus der Zeugenaussage des Mädchens gehört, daß es der Geruch war, der ihren Leib schwer gemacht hat? Der Geruch ist etwas anderes als der Mantel. Er reist im Mantel wie ein Reiter auf einem Pferd. Es kommt oft vor, daß ein Reiter aus der Wüste heimkehrt, sich zu seiner Gemahlin begibt und sie schweren Leibes werden läßt. Und doch habe ich noch nie gehört, daß das Pferd der eigentliche Vater des Kindes sei. Außerdem können in ein und demselben Mantel viele Gerüche reisen: der nach Tabak, der nach Parfüm, der nach Kaffee und viele andere, so wie ein Pferd verschiedene Reiter haben kann. Also ist es der Geruch, den man ausfindig machen und anklagen muß; der Mantel dagegen muß freigesprochen werden, denn er ist unschuldig.‹

Daraufhin sagte Zayed: ›O Mantel! Ich spreche dich frei von jeder Schuld. Du darfst weiterhin Mantel bleiben und derselbe Mantel sein, der du immer warst. Dagegen bringe man mir den Geruch, der dieses unschuldige Mädchen überfallen hat.‹

Der Weise sagte: ›O Zayed, der Geruch sitzt im Mantel,

und sicher befindet er sich schon vor deinem Angesicht; wenn du daran zweifelst, so komm und stecke deine Nase in den Mantel.‹

Zayed wies mit dem Finger auf den Geruch und sprach: ›O du schändlicher Geruch, der in einem unschuldigen Mantel reist, wahrlich, du hast den schweren Leib dieses Mädchens verursacht. Wer wird für dich sprechen? Wer wird einen so hinterhältigen und schändlichen Geruch verteidigen?‹

›Ich‹, sagte der Weise, ›ich werde ihn verteidigen, denn der Geruch ist unschuldig. Wahrlich, wie kann denn ein Geruch beschuldigt werden? Wen klagt ihr für gewöhnlich an, den Pfeil, der tötet, oder den Mann, der ihn abgeschossen hat?‹

Und Zayed wandte sich zu dem Geruch und sagte: ›O Geruch, du bist unschuldig verdächtigt worden. Bleibe nur Geruch und sei weiter der Geruch, der du immer gewesen bist.‹ Und indem er sich an die Männer des *madjlis* wandte, fragte er: ›Wer ist der Besitzer des Geruchs? Er soll herkommen und sich rechtfertigen.‹

Nach ein paar Stunden kehrten die Männer mit einem jungen Burschen zurück und sagten: ›Hier, Zayed, dieser Bursche ist der Besitzer des Mantels, also muß er auch der Besitzer des Geruchs sein, der zum Mantel gehört.‹

Und Zayed fragte den jungen Burschen: ›Weißt du, daß du angeklagt bist, einen gefährlichen Geruch zu besitzen, und daß dieser Geruch, weil du nicht auf ihn aufgepaßt hast, in dieses Mädchen geschlüpft ist und ihr den schweren Leib gemacht hat, den wir alle sehen? Wo warst du in jener Nacht, in der Khadischa den Mantel fand, und warum hast du nicht besser auf deinen Geruch aufgepaßt?‹

Und der junge Mann antwortete: ›In jener eisigen Nacht, als sich das Mädchen in meinen Mantel wickelte, um sich zu wärmen, war ich in meinem Mantel: Wo denn sonst sollte ein Mann in einer eisigen Winternacht sein, wenn nicht in seinem Mantel?‹

Daraufhin rief Zayed das Mädchen zu sich und sagte: ›Deine Zeugenaussage war unvollständig und wenig genau. Warum hast du nicht erzählt, daß damals, in jener eisigen Nacht, als du den Mantel am Boden fandest und dich hineingewikkelt hast, um dich zu wärmen, ein junger Mann in dem Mantel steckte?‹

Und Khadidscha antwortete: ›Wahrlich, das hatte ich vergessen. Es sind so viele Monate seit jener Nacht vergangen, und man vergißt leicht, was in den Sachen war. Wie oft, o Zayed, mußt du dir die Taschen abklopfen, um zu wissen, ob du dein Geld mitgenommen oder es vergessen hast? Deshalb konnte auch ich leicht vergessen, was in dem Mantel steckte, nach all den Monaten.‹

Zayed wandte sich darauf an den Burschen und fragte: ›Was erwiderst du auf die Anklage?‹

›Ich bin unschuldig, denn ich habe dem Mädchen nur erlaubt, sich in einer eisigen Winternacht in meinen Mantel zu flüchten. Willst du vielleicht die Schafe beschuldigen, daß sie sich im Wind und in der Kälte aneinanderdrängen? Wissen vielleicht nicht auch die Schafe, daß zwei Körper wärmer sind als einer allein? Sollen also wir, die Kinder Adams, in dieser Hinsicht den Schafen unterlegen sein?‹

Daraufhin verkündete Zayed das Urteil und sagte: ›Der Bursche ist unschuldig, und das Mädchen ist unschuldig, und der Vater hat weder das Recht, ihn, noch das Recht, sie zu töten. Aber es ist gerecht, daß noch heute dieser junge Mann und dieses junge Mädchen miteinander verheiratet werden, damit das Mädchen sich, wenn wieder der kalte Winterwind bläst, in den Mantel des Burschen flüchten kann und beide sich aneinanderdrängen und wärmen können.‹ «

12

>*Zu Beginn der Schöpfung hörte man in Dilmun nicht das Krächzen der Raben, der Todesvogel schleuderte nicht den Todesschrei, der Löwe verschlang, der Wolf zerriß nicht das Schaf, die Taube war nicht betrübt, und es gab keine Witwen, keine Krankheiten, weder Alter noch Klage.*«

Aus dem Gilgamesch-Zyklus

Bei der Rückkehr von Abu Dhabi machte ich in Bahrain halt, einer Insel des Arabischen Golfs, die Plinius als »eines der reichsten Länder der Welt« beschrieben hat, »wo Holz wächst, das im Wasser nicht fault, wo es Kupfer, Karneol, Elfenbein, Perlen und Lasursteine im Überfluß gibt«.

Sie war wie ein grauer, leergelöffelter Suppenteller. »Schauen Sie nicht auf diese Lehmhütten: die werden durch Wolkenkratzer ersetzt werden; und beschweren Sie sich nicht über unsere verlassenen Strände: die werden bald von Millionen von Touristen bevölkert sein«, deklamierte der Informationsminister und spielte dabei lässig mit seinem Cartier-Feuerzeug. Er musterte mich mißtrauisch, während er versuchte, mich mit Erdöl-Statistiken und Hotelbauprojekten, mit Plänen über die Trockenlegung von Lagunen und über ein riesiges Stahlwerk abzufertigen. Ein verwöhntes, kleines Mädchen, wird er sich gedacht haben; eine, die auf Journalismus macht und dann aber keine Minister treffen will, sondern Darbukaspielerinnen; eine aus dem Westen, die, anstatt ihre Beine und ihre roten Haare zur Schau zu stellen, ein Kopftuch umwickelt und sich schamhaft gibt wie eine Afghanin. Er dagegen, in seinem leicht ausgestellten Nadelstreifenanzug, hinter seinem gläsernen Schreibtisch, ließ den ganzen Stolz des Zivilisationsbewußten erkennen.

Nachdem er schließlich jede Hoffnung aufgegeben hatte, mich in die elektronischen Kühnheiten dessen einzuführen, was einmal der größte Flugplatz, das größte Trockendock und das größte Fernmeldezentrum des Mittleren Ostens werden sollte, schickte er mich auf eine Rundfahrt durch die Insel.

Dilmun, denn so hieß Bahrain im Altertum, war über ein Jahrtausend lang das größte Handelszentrum des Golfs gewesen und einer der bedeutendsten Absatzmärkte der Welt. Von hier ging das unverwüstliche Teakholz nach Urek und Babylonien, von hier kam der heilige Stein par excellence, der Lasurstein oder Lapislazuli. Von beiden Dingen fand ich keine Spur. Nur an die Perlen hatte man sich die Erinnerung bewahrt: In den Touristikprospekten, in den schleppenden Liedern, die irgendein melancholischer Fischer unter dem Brr-Brr der Klimaanlage vor sich hin sang, und natürlich auch bei den Juwelieren, die, um das Ansehen der Insel zu erhalten, die Perlen aus Japan einführten.

Und doch muß es noch irgendeine Spur geben, sagte ich mir, während mich mein Begleiter nötigte, das erste Lichtspielhaus zu besichtigen. Als es zu dämmern anfing, bekam die Steppe hinter den riesigen Pferdeställen von Scheich Isa bin Salman al-Khalifa, Emir von Bahrain, plötzlich lauter Beulen. »Was ist das?« fragte ich den Chauffeur. »Was?« fragte er finster hinter seiner *kafije* zurück. »Ja sehen Sie denn nicht diese hunderttausend gleichmäßigen Höcker, die sich von hier bis ins Unendliche erstrecken?«

»Ach das; das ist ein Friedhof, aber der wird nicht mehr benutzt.«

Er hätte präzisieren können: Der wird seit über fünftausend Jahren nicht mehr benutzt; seitdem Gilgamesch, König von Uruk, fünfter Herrscher nach der Sintflut, hierherkam, auf der Suche nach Utnapischtim, dem einzigen Sterblichen, dem die Götter das ewige Leben gewährt haben. »Auf daß ich käme zu Utnapischtim, durchirrte ich wandernd all die Lande, überschritt ich viele beschwerliche Berge, fuhr ich hin über all die Meere, erlabte ich mein Antlitz nicht an süßem Schlummer; ich tötete Bär, Hyäne, Löwe, Panther, Tiger, Hirsch, Steinbock, das Wild und der Steppe Getier; ich aß ihr

Fleisch, zog an ihre Felle. Doch was gewann ich zum Leben?« So sprach Gilgamesch zu dem Unsterblichen. Er fand keine Antwort auf seine Frage, er erfuhr das Geheimnis des ewigen Lebens nicht, aber er lernte Weisheit: »Nicht ein ewiges Leben ist den Menschen bestimmt. Von der Tage Anbeginn gibt es keine Dauer. Gleichen sich nicht der Schlafende und der Tote? Sind sie nicht beide mit Zügen des Todes gezeichnet?« antwortete der Unsterbliche jenem, der ausgerechnet auf Dilmun versuchte, in die Geheimnisse des Jenseits einzudringen.

Der Chauffeur weigerte sich, die Nacht auf dem Friedhof zu verbringen, und so endete mein mythisches Abenteuer, ohne daß ich Weinberge voll von Karneolen und Büsche mit Achatdornen erblickt hätte. In der zukunftsträchtigen Dumpfheit meines Hotelzimmers las ich – im Banne einer Fata Morgana von Karawanen, die den Lapislazuli, den Stein der Götter, von den Bergen Afghanistans durch das Tal des Indus und über den Persischen Golf bis nach Babylonien brachten –, was einer meiner Lieblingshistoriker über Bahrain erzählt, der Perser Nasr-i-Khusraw, der im Jahr 1051 auf der Heimkehr von seiner Pilgerfahrt nach Mekka die Insel besucht hatte.

Damals war Lhasa die Hauptstadt, und es scheint, daß sie wenige Kilometer von der jetzigen, Manama, entfernt lag. Die islamischen Dissidenten, die im Jahr 899 dort die Macht ergriffen hatten, sind unter dem Namen Karmaten bekannt. Das von ihnen errichtete politische Regime war eines der ungewöhnlichsten in der muselmanischen Geschichte, wahrscheinlich die erste Regierung »kommunistischer« Prägung.

»Mit dem Namen Lhasa werden die Stadt, die Vorstädte, das umliegende Land und das Kastell bezeichnet. Vier Mauerringe, aus festem Lehm erbaut, umgeben die Stadt. Es gibt unzählige Wasserquellen, und jede von ihnen ist in der Lage, vier Mühlen zu betreiben, und das Wasser wird so gut genutzt, daß auch nicht ein Tropfen aus den Mauern hinausfließt. In ihrem Innern ist die Stadt sehr schön und mit allen

Annehmlichkeiten einer Metropole ausgestattet. Sie zählt mehr als zwanzigtausend wehrfähige Männer. Lhasa wurde in der Vergangenheit von einem Monarchen namens Abu Said regiert, der sein Volk von den Gesetzen des Islam abbrachte; er entband die Menschen vom Gebet und vom Fasten und redete ihnen ein, daß in ihm allein das Heil sei.

Trotzdem fuhr das Volk fort, Mohammed als Propheten anzuerkennen. Abu Said überzeugte seine Anhänger davon, daß er ihnen nach dem Tod wiedererscheinen würde. Sein Grab, über dem ein schönes *meschsched* (Mausoleum) errichtet wurde, befindet sich innerhalb der Stadtmauern. Er traf die letzte Verfügung, daß von nun an sechs seiner Nachfahren an seiner Stelle regieren und das Volk mit Gerechtigkeit und Billigkeit führen sollten. Den ersten sechs trug er außerdem auf, immer vereint zu bleiben, bis zu seiner Rückkehr. Die Nachkommen Abu Saids leben auch heute noch in einem großen Palast, welcher der Sitz der Regierung ist. In seinem Innern gibt es eine Plattform, auf der die sechs zu Rate sitzen und Befehle und Anordnungen erlassen. Sie werden von sechs Wesiren unterstützt, deren Platz hinter ihnen ist. Jede Frage wird von dieser Versammlung beraten und entschieden.

Als ich Lhasa besuchte, besaßen diese Fürsten dreißigtausend Neger- und Abessiniersklaven, die sie mit Geld gekauft hatten und die in der Landwirtschaft und im Gartenbau beschäftigt wurden. Das Volk zahlte keinerlei Steuern oder Abgaben. Wer in Not oder in Schulden geriet, erhielt vom Staat so lange ein Darlehen, bis sich seine Situation wieder gebessert hatte. Die Gläubiger verlangten von ihren Schuldnern nur die Rückerstattung des Kapitals. Jeder Fremde, der nach Lhasa kam, erhielt eine bestimmte Summe Geld und Mittel für den Lebensunterhalt. Er konnte sich so die für sein Handwerk notwendigen Materialien und Werkzeuge kaufen, und erst, wenn es ihm an der Zeit schien, zahlte er die genaue Summe, die ihm ausgehändigt worden war, wieder zurück. Wenn ein Haus oder eine Mühle baufällig wurden und der

Eigentümer nicht die Mittel hatte, sie zu reparieren, beauf-
tragten die Herrschenden Sklaven mit den Reparaturarbeiten,
ohne daß der Eigentümer die Kosten ersetzen mußte.

In Lhasa gehörten viele der Mühlen dem Staat. In ihnen
wurde Mehl gemahlen, das man dann kostenlos an die Bevölkerung verteilte. Instandhaltung und Löhne gingen zu Lasten
des Staates.

Es gibt keine Moscheen mehr in Lhasa, in denen man das
Freitagsgebet spricht. Doch hat ein frommer Perser, der allen
Pilgern hilft, die von Mekka heimkehren, eine erbauen lassen.
Die Handelsgeschäfte werden mit Hilfe von bleigefüllten
Säckchen ausgeführt, von denen jedes sechstausend *dirham*
wiegt. Die Ausfuhr dieses Geldes ist streng verboten. Zwar
wird niemand am Beten gehindert, aber die Einheimischen
befolgen die islamischen Riten nicht. Doch trinken die Bewohner von Lhasa nie Wein. Ein gesatteltes und aufgezäum-
tes Pferd steht immer, Tag und Nacht, am Eingang zum Mausoleum von Abu Said bereit, damit er sofort aufsitzen kann,
wenn er sich aus dem Grab erhebt.

Zur Zeit der Kalifen von Bagdad zog ein Herrscher von
Lhasa an der Spitze eines Heeres gegen Mekka. Er unterwarf
die Stadt, raubte den schwarzen Stein aus der Kaaba und
nahm ihn mit nach Lhasa. Seine Anhänger sagten, die Kaaba
sei der ›Magnet der Menschen‹, denn sie ziehe die Menge aus
jedem Winkel der Erde an; sie begriffen nicht, daß es das
Ansehen und der Ruhm Mohammeds waren, die die Leute
nach Mekka zogen. Tatsächlich blieb der schwarze Stein viele
Jahre lang in Lhasa*, aber niemand kam, um ihn zu sehen, so
daß er schließlich zurückgegeben und an seinem ursprünglichen Platz wieder aufgestellt wurde.

In Lhasa kann man jede Art von Fleisch kaufen: Katzen,
Hunde, Esel, Rinder, Schafe und so weiter; aber Kopf und
Fell des Tieres müssen neben dem Körper aufgehängt werden,

---

* zweiundzwanzig Jahre.

damit der Kunde weiß, was er kauft. Die Leute mästen die Hunde, so wie man das Vieh mästet; wenn sie so dick sind, daß sie nicht mehr gehen können, werden sie getötet und gegessen.

Alles, was ich hier berichte, ist das Ergebnis meiner persönlichen Beobachtungen, und meine Betrachtungen gründen sich nicht auf Gerede, denn ich habe neun Monate hintereinander bei diesen Menschen verbracht.«

Um zu begreifen, wer die Karmaten tatsächlich waren und welche Rolle sie in der islamischen Geschichte spielten, muß man bis auf die Zeit um das Jahr 600 zurückgehen, auf die Periode der großen Kriege zwischen dem byzantinischen und dem persischen Reich. Dieser Teil der arabischen Halbinsel stand damals unter der Herrschaft der Perser, denen es zudem gelungen war, die Abessinier aus dem fernen Jemen und die Christen nebst ihren Verbündeten aus Byzanz zu verjagen. Das übrige Arabien war – mit Ausnahme der byzantinischen Gebiete an den Grenzen mit Syrien – unabhängiges Territorium, aufgeteilt zwischen verschiedenen großen Stämmen.

Mekka war eine der blühendsten und hochstehendsten Städte Arabiens, da es das Monopol des Karawanenhandels zwischen dem Indischen Ozean und dem Mittelmeer besaß. Aber diesem plötzlichen Wohlstand folgten soziale Unruhen, hervorgerufen vor allem durch den Materialismus der reichen Bürger, die Anmaßung der Kaufleute und das geringe Verständnis für die ärmeren Schichten. Die Forderung nach Gerechtigkeit und existentieller Spiritualität verbreitete sich nicht nur unter den Armen, sondern auch unter der Jugend der besitzenden Klasse, von der sich viele von Anfang an dem Islam verschrieben.

Ich habe nicht die Absicht, die verschiedenen Stationen im Leben Mohammeds zu schildern, seine Flucht nach Medina, die Bündnisse mit einigen Beduinenstämmen, die verschiedenen kriegerischen Auseinandersetzungen und die beiden großen Schlachten, die es dem Propheten endlich ermöglichten,

83

Mekka zu erobern. Wer uns in diesem Zusammenhang jedoch interessiert, ist Abu Sufjan, der tüchtigste und glänzendste unter den Kaufleuten, außerdem Oberhaupt des mächtigen Clans der Omajjaden. Er blieb für lange Zeit einer der erbittertsten Gegner Mohammeds, gefolgt von seiner Sippe, die sich zum größten Teil erst nach dem endgültigen Fall Mekkas bekehrte. Das Merkwürdige ist jedoch, daß ausgerechnet dieser Abu Sufjan zum Stammvater der muselmanischen Kalifendynastie werden sollte, der »Omajjaden«.

Mohammed starb am 8. Juni 632, ohne Instruktionen darüber hinterlassen zu haben, wer die Gläubigen (inzwischen zwei Drittel Arabiens) leiten und wie die Nachfolge überhaupt geregelt werden sollte. In der vorislamischen Zeit hatten die Araber für gewöhnlich ihr Oberhaupt »gewählt«: Er mußte das Amt aufgrund persönlicher Verdienste einstimmig zugesprochen bekommen und stand dann der Versammlung der erwachsenen Männer des Stammes vor, aber nur als Primus inter pares. Das bedeutete auch, daß der Anführer abgesetzt werden konnte, wenn er nicht mehr die Zustimmung der Versammlung hatte – so wie es Scheich Schakhbut ergangen war, den eine Versammlung der Banu Yas seines Amtes enthoben hatte. Da dies also Landesbrauch war, wurde er von Mohammeds Anhängern auch für die Ernennung des ersten »Kalifen«, des »Nachfolgers« des Propheten angewandt.

Auch die Wahl des zweiten Kalifen fiel leicht und war sicher sehr weise, denn bei seinem Tod umfaßte der islamische Staat bereits das westliche Persien, den ganzen Irak, Syrien, Unterägypten und einen Teil der nordafrikanischen Küste bis zur Cyrenaika. Es waren knapp zwanzig Jahre vergangen seit dem ersten großen Sieg Mohammeds und seiner dreihundert Anhänger.

Der dritte Kalif war einer der ersten Jünger des Propheten gewesen, und das einzige, was man ihm vorwerfen konnte, war seine Zugehörigkeit zum Clan der Omajjaden, denen

gegenüber er sich, wie seine Gegner behaupteten, immer ne-
potistischer verhielt, indem er sie mit den wichtigsten Ämtern
betraute. Daß gerade die ältesten und erbittertsten Gegner des
Propheten die Geschicke des neuen Reiches lenken sollten,
war vielen ein Dorn im Auge. Der Kalif wurde ermordet: Sein
Tod und seine Nachfolge waren der Ursprung fast aller Streitigkeiten, Schismen und »Häresien«, die sich bis auf die heuti-
ge Zeit in der islamischen Welt entwickelten.

Tatsächlich wurde der vierte Kalif, der nach Meinung vieler
noch von Mohammed selbst vorgeschlagen worden und mit
dem Propheten doppelt verwandt war (Vetter ersten Grades
und Schwiegersohn), von manchen nie anerkannt: Aischa, die
Lieblingsfrau des Propheten, erklärte ihm regelrecht den
Krieg; Moawija, Statthalter Syriens und Sohn des berühmten
Abu Sufjan, Oberhaupt der Omajjaden, rief sich nach einer
Reihe militärischer Siege in Jerusalem zum Kalifen aus. Bevor
Ali, der amtierende Kalif, etwas unternehmen konnte, wurde
er im südlichen Irak, wohin er seinen Regierungssitz verlegt
hatte, ermordet. Rasch wurde auch sein Sohn von Moawija
überredet, jedem Recht auf das Kalifat zu entsagen.

Aber die Partei (auf arabisch *schia*) der Gefolgsleute Alis
sollte durch die Jahrhunderte weiter um die ihrer Ansicht
nach legitime Nachfolge des Propheten kämpfen. Ihre Anhänger fand sie dabei vor allem bei den weniger wohlhabenden
Gemeinden, bei den unterworfenen fremden Völkern und bei
all jenen, die sich aus dem einen oder anderen Grund der
»Usurpatoren« entledigen wollten. Die von den Schiiten geschürte Unzufriedenheit war mit ein Grund, daß die Dynastie
der Omajjaden, trotz der Gebietseroberungen, dem wirtschaftlichen Wohlstand, der weisen Verwaltung und dem kulturellen Glanz, neunzig Jahre nach der Einsetzung ihres ersten Kalifen, Moawija, blutig gestürzt wurde. Einer der wenigen Überlebenden, der sich nach Nordafrika gerettet hatte,
sollte wenige Jahre später das große omajjadische Kalifat in
Spanien gründen.

Im Mittleren Orient dagegen war das 9. Jahrhundert die Glanzzeit der Schiiten. In diesen Jahren definierten sie ihr religionspolitisches Konzept und gaben sich, indem sie sich von der Strategie der Manichäer inspirieren ließen, die Verfassung eines Geheimbundes. Wissenschaftler, Philosophen, Literaten und sogar viele Staatsmänner traten der Sekte bei, die von den Orthodoxen, den sogenannten »Sunniten«, sehr ungern gesehen wurde. *Feda'i* (Aufrührer), *Assassinen* (Haschischesser) und *Renegaten* lauteten die Namen, mit denen man verschiedene, systematisch verfolgte schiitische Gruppen bezeichnete. Anderen dagegen gelang es, in kleineren Gebieten oder sogar fast über ganze Kalifate die Macht zu ergreifen. Zu diesen gehörten neben den Saiditen, den Ismailiten, den Fatimiden und den Bujiden auch die Karmaten, die während der Zeit unseres Augenzeugen auf Bahrain herrschten.

Ihre Sekte stellte die erste revolutionäre Bewegung des Islam dar; sie war um 850 in Mesopotamien von einem Perser gegründet worden und blieb in Bahrain fast achtzig Jahre lang an der Macht. Als Geheimbund organisiert, zählte sie viele heimliche Anhänger unter den Intellektuellen aller islamischen Städte und vor allem in Bagdad, dem Sitz des abbasidischen Kalifen, der zwar die Omajjaden abgelöst hatte, aber ebenfalls »orthodox« war.

Die Karmaten besaßen Geheimschriften und Initiationsriten. Unter ihrer beständigen bewaffneten Drohung (es gelang ihnen im Jahr 900, sich für wenige Jahre Syriens zu bemächtigen) und ihrer verborgenen Infiltration war das abbasidische Kalifat zu zahlreichen sozialen und finanziellen Reformen und zur Einführung liberalerer Regierungsmethoden gezwungen. Das ging so weit, daß al-Mutakki, als er 940 für das Kalifat kandidierte, dazu die Stimmen der aristokratischen Partei benötigte, das Votum der Senatoren, die die Staatsbeamten repräsentierten, das der »Probi Viri«, das der Tribunen des Bürgertums und schließlich die einstimmige Billigung des gesamten Volkes. Während solcher »Wahlen«, die wochenlang dauerten, konnte jeder Bürger zum Fürsten gehen, ihn über sein Programm befragen und, wie der Geschichtsschreiber Suli hinzufügt, »ihm eigene Ratschläge erteilen«. Auf diese Weise wurde unter dem Druck der Karmaten und der Schiiten ganz allgemein das theokratische abbasidische Kalifat in einer Art »Präsidentiale islamische Republik« verwandelt.

Heute steht in Bahrain von der Hauptstadt der Karmaten keine einzige Mauer, Mühle oder Burg mehr. Was die Türken nicht zerstörten, wurde von den Portugiesen, den Engländern, den Holländern und den Iranern niedergerissen, die sich nacheinander der Inselgruppe bemächtigten. Bei der Bevölkerung hatte ich jedoch das Gefühl, daß die karmatische Herrschaft nicht wenige Spuren hinterlassen habe: vor allem eine große kulturelle Aufgeschlossenheit, die in Bahrain zahlreichen Schriftstellern, Dichtern, Musikern von Rang und in den letzten zwanzig Jahren auch Theatergruppen zugute gekommen ist; und dann ein gewisser Unabhängigkeits- und Rebellionsgeist, der in diesem Jahrhundert durch eine Serie von Streiks und Demonstrationen und sogar durch die Schaffung einer Progressiven Front marxistischer Prägung während der sechziger Jahre zum Ausdruck kam. Auch die Frauen, so wurde mir gesagt, hätten 1963 bei einer Demonstration zur Unterstützung der Vereinigung Bahrains mit dem Ägypten Nassers mitgewirkt.

87

13

Ich weiß nicht, ob der 13. November 1974 ein schrecklicher oder ein großartiger Tag war. Ich befand mich in New York und hatte mir bei den Vereinten Nationen Arafats historisch gewordene Rede angehört.

Ich selbst hatte einen längeren Aufenthalt in den Vereinigten Staaten gesucht; ich mußte begreifen, wohin der Fortschritt führte, welche neuen Horizonte uns die Kultur eröffnete, kurz, was eigentlich das Glaubensbekenntnis war, um dessentwillen sich der Westen schlug. Aber es wurden fast zwei Jahre daraus, und das war zu lange.

Wie weit weg doch Arabien war! Kein Bericht, keine Nachricht viele Monate lang: ein Kontinent, verdeckt von der Gleichgültigkeit oder der Feindseligkeit dessen, der überzeugt davon ist, recht zu haben. Jeder in Kalifornien regte sich über die Ausrottung der Walfische auf, aber was da unten in Afrika, in Arabien, in Asien passierte, das gehörte nicht zur Welt, es sei denn in Form von Reiseprospekten. Plötzlich aber bemerkten die Amerikaner, daß sie Benzin sparen, an den Tankstellen Schlange stehen, nachts die Lichter im Büro ausmachen mußten und daß es in Ägypten außer den Pyramiden auch Krieg gab.

Während Arafat deklamierte – im gleichen Ton wie vor acht Jahren, mit den gleichen Worten und mit der gleichen Pistolentasche im Gürtel –, dachte ich für einen Augenblick: »Dieser Mann wird es schaffen.« Im Grunde hatten die Niederlagen, die Spaltung in der palästinensischen Bewegung, die Blutbäder, die Kehrtwendungen der arabischen Anführer nichts gegen seine Starrköpfigkeit vermocht. Arafat schlief nicht, er hatte weder ein Haus noch materielle Bedürfnisse, und seine Familie in Kairo sah er so gut wie nie; er lebte nur für die palästinensische Sache. Wahnsinniger Ehrgeiz? Kreuzritterfanatismus? Vielleicht. Aber das allein genügt noch nicht, um unbekannt und verspottet aus einem Büro an der Beiruter Peripherie aufzutauchen und als Staatsoberhaupt in den Vereinten Nationen aufzutreten – vielleicht immer noch verspottet, aber berühmt.

Was ich mich jedoch fragte, war: Genügt es vielleicht schon, als Staatsoberhaupt zu »reden«, um ein Staatsoberhaupt zu werden? Konnte seine Stimme, die aus einer unverständlichen Welt eine unentzifferbare Botschaft brachte, Bündnisse einfach auf den Kopf stellen, konnte sie überzeugen, erobern? Noch nie in all den Jahrhunderten – nicht, als sie in Spanien herrschten, nicht, als sie Minister am Hof der normannischen Könige in Sizilien waren, und auch nicht, als sie in Palästina Seite an Seite mit den Kreuzrittern lebten – sind die Araber von uns Okzidentalen verstanden worden. Ihr Glauben war »Heidentum«, ihre Moscheen waren »Götzentempel«, ihre Kultur »barbarischte« und ihr Prophet »ein verrückter, unwissender Mensch von niederer Herkunft«.

Um gegen die religiöse Toleranz der Muselmanen, die es den anderen Religionen nicht ermöglichte, sich als unterdrückt zu bezeichnen, zu protestieren, opferten sich Dutzende von Christen in Cordoba selbst wie Märtyrer, in der Hoffnung, so zu beweisen, daß die Invasoren auch Sadisten, Mörder und Gottlose seien. Hat nicht sogar der Normannenkönig Roger, obwohl er den Belagerten von Palermo »Unversehrtheit und Großmut« zugestanden hatte, alle dreihundert Moscheen zerstören lassen, »damit die darin wohnenden Dämonen Gott und den Engeln Platz machen«? Wie sagt doch der Historiker Norman Daniel: »Das Äußerste an Verständnis, das Europa für die Araber aufzubringen wußte, war die Zerstörung ihrer Religion und ihrer Identität.« Das Zusammenleben mit ihnen, als Sieger oder als Besiegte, in Europa oder im Orient, führte zu nichts; auch Handelsbeziehungen, Botschaften, Reisen, Bündnisverträge blieben ohne Einfluß. Nie hat der Westen wirklich versucht, die Araber zu verstehen.

Sie zu benützen, ja: ihre wissenschaftlichen Entdeckungen, einige Texte, aber nur, soweit es sich um Übersetzungen und Kommentare griechischer Philosophen handelte, oder um bestimmte landwirtschaftliche Produkte wie die Zitrusfrüchte, bestimmte handwerkliche Techniken wie die Herstellung von Papier, Seide, Brokat – praktische, brauchbare, kapitalisierbare Dinge. Aber die Kultur, die dahinter stand, blieb für immer mißverstanden, wenn sie nicht sogar bewußt beiseite geschoben wurde.

Was hatte sich an jenem Tag in New York geändert? An der Botschaft der Araber, am Glaubensbekenntnis des Islam, an ihrem Anderssein absolut nichts. Ein rückständiges, fernes Volk erhob seine Stimme für ein veraltetes, mit Fortschritt und Zivilisation unvereinbares Ideal. Fatalisten, Fanatiker, Faulpelze, Schmutzfinken und was noch alles – ach ja, ich vergaß: Sexprotze und Diebe –, wie konnten diese Männer danach trachten, eine Rolle in der modernen Welt zu spielen, es sei denn, sie gingen in sich und änderten sich von Grund auf?

»Daß die Historiker die große kulturelle Schuld des Westens gegenüber den Arabern verschwiegen haben«, schrieb Sergio Caruso in einem Aufsatz über das »westliche Klischee von den Arabern«, »erweist sich als eine ebenso große Verdrängung jenes Teils der Geschichte, der in gewisser Hinsicht dem abendländischen Selbstgefühl abträglich werden konnte. Wahrscheinlich lassen sich das lange Schweigen der europäischen Geschichtsschreibung über das Mittelalter, die bis vor nicht allzulanger Zeit gültige Tendenz, es als eine Art bedeutungsloser Pause zu betrachten, und auch der Gemeinplatz von den ›dunklen Jahrhunderten‹ nur so verstehen. Europa wollte die Bedeutung des Mittelalters aus dem einfachen

Grund nicht anerkennen, weil zumindest im Mittelmeerraum nicht Europa sein Protagonist war, sondern ausgerechnet die Araber.«

In Bagdad fertigte man im 9. Jahrhundert Übersetzungen literarischer und wissenschaftlicher Werke aus dem Chinesischen, dem Sanskrit, dem Persischen, Syrischen, Byzantinischen, Koptischen und Abessinischen an, die in den zahlreichen öffentlichen und privaten Bibliotheken der Stadt aufbewahrt wurden. Die von dem zoroastrischen Minister Sapor Ibn Artaschir gegründete Bibliothek umfaßte 12 000 Bände; die »kosmopolitische«, die Texte in allen damals bekannten Sprachen enthielt, war mit einem Budget von umgerechnet einer Million Pfund Sterling in Gold versehen; in jeder Bibliothek spielte man, wie in einem englischen Club, Schach und trank ungehindert Alkohol.

Najaf, eine kleine Stadt im Irak, besaß eine Bibliothek von 400 000 Bänden; in einer der dreißig Bibliotheken von Aleppo in Syrien wurden nicht weniger als 1470 Manuskripte aufbewahrt, von denen es auf der Welt keine zweite Abschrift gab; in der Bibliothek des Abul-Fide, eines kurdischen Fürsten aus Hama in Syrien, waren 70 000 Bände untergebracht, und zweihundert Gelehrte arbeiteten dort jeden Tag. Die Bibliothek von Zebid im Jemen zählte 100 000 äußerst seltene Texte, an deren Abschriften täglich zehn Amanuenses arbeiteten. Marw im Iran besaß zehn öffentliche Bibliotheken, eine davon mit über 12 000 Büchern. Die Bibliothek von Maragha, gegründet von dem berühmten Astronom und Minister Nasr al-Din al-Tusi, zählte 400 000 Schriften in Chinesisch, Türkisch, Persisch, Arabisch und Syrisch; die Nationalbibliothek von Ray war auf Philosophie und Dialektik spezialisiert und besaß 100 000 Bände; die von Bukhara, in der Avicenna studierte, füllte einen fünfstöckigen Palast, der in dreißig Abteilungen unterteilt war. Fast alle diese Institutionen liehen die Manuskripte aus, ohne vom Leser eine andere Garantie zu fordern als Namen und Adresse.

Die großartigste war jedoch die Bibliothek des fatimidischen Kalifen al-Aziz in Kairo. Sie enthielt 1 600 000 Bände und außerdem astronomische Instrumente, Himmelsgloben und eine riesige Weltkarte aus blauer Seide. Al-Aziz verfügte über eine Schar von Einkäufern in der ganzen Welt, die seine Sammlungen von Autographen und Manuskripten vervollständigten. Und als ob das nicht schon genügt hätte, gründete sein Nachfolger al-Hakim noch eine neue Bibliothek mit 600 000 Schriften, genannt »Der Palast des Wissens«. In Andalusien gab es zur Zeit der »Märtyrer von Cordoba« 70 öffentliche Bibliotheken und einige hundert private.

Da es weder Buchdruck noch Fotokopie gab, fanden arme Gelehrte immer ihr Auskommen durch das Abschreiben von Manuskripten. Selbst Averroes kopierte über zehntausend Seiten; einer der größten Optiker der Geschichte lebte vom Abschreiben mathematischer Werke; der altislamische Historiker Tabari kopierte vierzig Jahre lang jeweils vierzig Seiten am Tag. Ein Bücherfreund, der die achtzig Bände der »Annalen« von Damaskus besitzen wollte, beschäftigte zehn berühmte Kopisten, die zwei Jahre lang daran arbeiteten. In diesem Beruf arbeiteten vor allem auch Frauen, allein in Cordoba einhundertsechzig. Viele der Abschreiber waren berühmte Gelehrte, so der Geograph Yaqut und der Physiker Ibn el-Nadim, fast alle perfekte Kenner des Türkischen, Persischen, Mongolischen und Griechischen, neben dem Arabischen natürlich.

Der Unterricht war in allen Ländern des Islam kostenlos; neben der eigentlichen Schule gab es technische Institute, Stätten der Berufausbildung und chemische, physikalische und biologische Laboratorien. Auf Universitätsniveau gab es juristische Lehranstalten, Institute der Theologie, eine berühmte Akademie der Wissenschaften und eine internationale Universität, etwa im Sinne der UNESCO. Außerdem gab es in Bagdad die berühmte *Nisamija*-Akademie, ausgestattet mit Bibliotheken, Gärten, Kongreß- und Vortragssälen, Wohnräumen für die Studenten, Läden, Thermen, Schwimmbädern und riesigen Küchen, in die das Wasser des Flusses Tigris durch einen eigenen Kanal geleitet wurde.

Das alles in den »dunklen Jahrhunderten« des Mittelalters. Und nun erschien in New York, während die iranischen Studenten den Verkehr blockierten und die Petrodollars ganze Stadtviertel aufkauften, »Newsweek« mit einer Titelgeschichte folgender Überschrift: »Wird es den Arabern gelingen, aus dem Mittelalter aufzutauchen?« Ich wurde den Vernissagen von Soho abtrünnig, um die Wahlkampfveranstaltungen zu besuchen, und dabei suchte ich unter den teigigen Gesichtern derer, die den Ehrgeiz hatten, den Westen zu regieren, nach einem, den ich für meine Sache gewinnen konnte. Unter der Gummilinse von Andy Warhol bemühte ich mich, den Mittleren Osten aus der Sicht der Araber zu erklären. Aber ich machte mir keine Illusionen. Die Geschichte der *ententes cordiales* zwischen westlichen Politikern und arabischen Staatsoberhäuptern beginnt und endet mit einem Brief, datiert 905 und unterschrieben von einer Frau.

In ihm schrieb Berta, Tochter Lothars II., Königs von Frankreich, und Gemahlin von Adalbert dem Reichen, Marquis der Toskana, an den »Fürsten der Gläubigen«, den abbasidischen Kalifen al-Muktafi: »Im Namen des gütigen und barmherzigen Gottes. Gott bewahre Dich, o König, vor allen Deinen Feinden, er sichere Dir die Herrschaft, erhalte Dir Deine Gesundheit an Leib und Seele. Ich, Berta*, Tochter Lothars, Königin aller Franken, grüße Dich, mein König ... Durch meinen Eunuchen Ali sende ich Dir Dinge zum Geschenk, die sich in meinem Lande finden, um Dir Ehre zu erweisen und Deine Zuneigung zu erhalten: es sind fünfzig Schwerter, fünfzig Schilder und fünfzig Lanzen, wie sie bei den Franken in Gebrauch stehen; zwanzig goldgewirkte Ge-

---

* Der Name wurde von den Kopisten durch die Verwendung falscher diakritischer Punkte entstellt zu »Turna«, einem ausgefallenen Wort für Hure – vielleicht nicht ohne boshafte Absicht.

wänder, zwanzig Eunuchen-Sklaven und zwanzig schöne und anmutige Sklavinnen, zehn große Hunde, gegen die weder Raubtiere noch andere Bestien etwas vermögen, sieben Falken und sieben Sperber; ein Baldachin aus Seide mit dem zugehörigen Aufbau, zwanzig Gewänder aus einer Wolle, die aus einer Muschel vom Meeresgrund gewonnen wird, in schillernden Regenbogenfarben, die sich zu jeder Stunde des Tages verändern; drei Vögel, die, wenn sie vergiftete Speisen und Getränke sehen, einen schrecklichen Schrei ausstoßen und mit den Flügeln schlagen; Glasperlen, die ohne Schmerz Pfeile und Lanzenspitzen herausziehen, auch wenn schon Fleisch darüber gewachsen ist.

Der Eunuch Ali hat mich davon unterrichtet, daß zwischen Dir und dem Herrn der Byzantiner, der in Konstantinopel residiert, Freundschaft besteht. Aber ich besitze ein viel größeres Reich und mehr Heere, denn meine Herrschaft umfaßt vierundzwanzig Ländern, von denen jedes eine andere Sprache als seine Nachbarn spricht, und in meinem Reich liegt die große Stadt Rom. Gott sei gelobt. Der Eunuch hat mir von Dir erzählt, daß Deine Angelegenheiten gut vorangehen; das hat mein Herz mit Freude erfüllt, und ich bitte Gott, mir zu helfen, Deine Freundschaft und Eintracht zwischen uns zu erlangen, solange ich am Leben bleibe. Daß das geschieht, hängt von Dir ab. Jetzt also, beim Herrn, möge Dir die beste Gesundheit verliehen sein; schreib mir über Deine Gesundheit und über alles, was Du aus meinem Reich und meinem Land benötigen könntest, durch diesen Eunuchen Ali. Ich habe ihm auch ein Geheimnis anvertraut, das er Dir verraten wird, wenn er Dein Gesicht sieht und Deine Worte hört.

Das Heil des größten Gottes sei über Dir und den Deinen, und Gott möge Deinen Feind erniedrigen und ihn von Deinen Füßen zermalmen lassen.«

Der arabische Geschichtsschreiber des 10. Jahrhunderts, der den Text des Sendschreibens überliefert, fügt mit eigener Hand noch hinzu: »Die Königin der Franken erbat die

Freundschaft von al-Muktafi und verlangte, ihn zu heiraten.«
Das war das Geheimnis gewesen, das dem Eunuchen von der
schwärmerischen, größenwahnsinnigen, aber sicher vorur-
teilslosen Enkelin Karls des Großen aufgetragen worden war.
Leider starb jedoch der Bote, der Berta die zustimmende Antwort des Kalifen überbringen sollte, auf dem Weg und machte damit einen so weitsichtigen Antrag zunichte.

14

Wer hat bloß behauptet, Doktorarbeiten seien unnütz? Die meine hat mir das Leben gerettet.

In Beirut war im Mai 1975 Krieg ausgebrochen. Jedes Stadtviertel eine Festung, niemand hatte die Erlaubnis, von den christlichen Gebieten in die muselmanischen zu wechseln, die Umgebung der Palästinenserlager glich Szenen aus »Panzerkreuzer Potemkin«: Überall Leichen, Blut, Bomben und Terror.

Dabei hatten noch bis vor wenigen Wochen Neffen des Königs Idris, Vettern Haile Selassies und die Mischpoche von Sultanen in Betonbungalows kampiert und waren zwischen dem Schwimmbad des Saint Georges und den stroboskopischen Lichtern des Tramp's hin- und hergependelt. Die Intellektuellen stellten sich im Café de la Gondole in Kordanzügen und mit der Pfeife im Mund zur Schau. Banken, Bordelle und Holiday Inns konnten sich nicht retten vor Kunden und Dollars.

Ich war in Mukhtara bei Kamal Dschumblat, der inzwischen zum mächtigsten Mann des Landes geworden war: zum Anführer der Progressiven Front, zu dem Mann, dem Palästinenser und Moslems die Aufgabe, sie zu vertreten, anvertraut hatten. So sehe ich ihn noch vor mir: versunken in einen hypnotischen Trancezustand, im Hintergrund Sitar-Musik. Wenn ich geahnt hätte, daß er ermordet werden würde, hätte ich ihn vielleicht als Propheten angesehen. Aber seine Wahrheiten, die er mit der keimfreien Stimme eines Gurus von sich gab, während die Stadt zusammenstürzte,

96

langweilten mich damals nur. Ich beschloß, zu Yvonne zurückzukehren.

Das bedeutete, drusische, schiitische und christliche Stadtviertel zu durchqueren, die Flüchtlingslager zu streifen, mich ins Stadtzentrum – eine Art Niemandsland, wo jeder auf jeden schoß – zu wagen und schließlich bis zum Aschrafia, der Festung der Falangisten, der bewaffneten christlichen Milizen, vorzudringen. Ein unmögliches Unterfangen nach Ansicht aller. Doch jetzt kommt die entscheidene Bedeutung meiner Dissertation: Die Oberhäupter, politischen Führer, Kommandanten und Verantwortlichen jedes Viertels kannte ich alle. Wir hatten vor sechs Jahren Stunden, manchmal Tage zusammen verbracht. Und da ich die erste Person gewesen war, die sich intensiv mit ihnen und dem libanesischen Problem beschäftigt hatte, erinnerten sie sich alle an mich, und alle halfen mir, eskortierten und beschützten mich innerhalb ihres Territoriums.

Ich sah Monsignore Grégoire Haddad wieder, den griechisch-katholischen Metropoliten von Beirut, einen Mann, der wegen seines sozialen Engagements bekannt und damals beim Vatikan sehr schlecht angeschrieben war. Er sprach mit harten Worten gegen das, was er als den »libanesischen Zionismus« bezeichnete. »Die Haltung vieler Christen im Libanon«, sagte er, »wird vor allem von der Angst und den persönlichen Interessen bestimmt. Es ist schlimm, wie sie ›Libanon‹ und ›christlicher Glaube‹ miteinander verquicken; für sie wird die Gefahr, die dem Libanon durch die Vergeltungsakte der Entrechteten droht, zu einer Gefahr für den Glauben: in ihrem Gehirn vermischen sich Territorium und Religion.«

Im Gebäude der Zeitschrift »Afaq«, einem der allerersten Organe des christlich-islamischen Dialogs, versuchte der katholische Philosoph Paul Khoury seinen eigenen Glaubensbrüdern zu erklären, daß die Spannungen in der arabischen Welt nicht als Gegensätzlichkeit religiöser Natur interpretiert werden dürften. Zu der Gesprächsrunde gehörten Studenten der Amerikanischen Universität, ein junger Schiite, der mit dem Imam Mousa Sadr zusammenarbeitete, und zwei Melchiten-Priester, die ich beim Erzbischof Capucci kennengelernt hatte. Kein einziger Maronit, nicht einer der Christen vom Aschrafia nahmen an der Diskussion teil. Zwei Drittel der Anwesenden waren Moslems.

»Angesichts der modernen Welt, der verführerischen und zugleich widerwärtigen Zeit, fühlt sich die arabische Welt wieder auf den Plan gerufen«, sagte Khoury. »Ihr Grundproblem kann man als Zivilisationsproblem bezeichen: Was soll man von der Tradition bewahren? Was von der Moderne übernehmen? Die Unterentwicklung wird als eine untermenschliche Situation erlebt. Die Ausbeutung und die Verachtung durch den, dem man sich unterworfen hat, und das Gefühl der Ohnmacht und Bedeutungslosigkeit lassen den Fortschritt geradezu als existentielle Behinderung erscheinen.

Angesichts einer Provokation besteht die erste Reaktion darin, sich irgendwie den vom Provokateur auferlegten Spielregeln zu beugen. Und doch wäre es die wirksamste Art, einer Herausforderung dadurch zu begegnen, daß man auf die Motive des Herausforderers einwirkt. Warum sollte sich auch die arabische Welt dem Weg der Ausschweifung und der Logik von Habgier und Gewalt verschreiben? Ein Christ, ein Muselmane dürfen hier ihre ethische Position nicht aufgeben. Welchen Beitrag können der Islam und das Christentum für die moderne Welt leisten? Jenseits ihrer dogmatischen und institutionellen Form, die beide zu überholten Ideologien macht, liegt in ihnen eine tiefe Übereinstimmung und eine reale Botschaft, die die Erwartung der modernen Welt erfüllen kann. Der Glaube an das Absolute – der Islam – birgt den Glauben an den Menschen, die Nächstenliebe des Christentums eine Alternative zur Gewalt.«

Die Nächstenliebe des Christentums! Ich dachte an eine Liebesgeschichte, an die Heirat von Marc und Hala, die ein reales Beispiel für diesen »Dialog« hätte sein können. Statt dessen stand Marc, der mit einer Muselmanin verheiratet und Vater von halb palästinensischen Kindern war, an vorderster Front der christlichen Milizen. »Meine Söhne sind Patrioten«, sagte Yvonne und hätte noch hinzufügen können: »Helden«. Mit der Waffe in der Hand verteidigten sie unter den Bomben die Integrität des Aschrafia.

Doch wer die Botschaft des Glaubens verteidigte, wer mit stiller Hartnäckigkeit fortfuhr, an die Möglichkeit einer Verständigung zu glauben, das war Hala. Unbeeinflußt von den Anklagen der einen und der Heftigkeit der anderen Seite, begegnete sie jedem schweigend, allein mit der Festigkeit ihres Blicks.

15

Kuwait kam mir vor wie der häßlichste Platz der Welt. Vom Islam war nur noch die Maske übrig – die vor dem Gesicht der Frauen, die der falschen Höflichkeit, des falschen Reichtums, des sogenannten Fortschritts. Die Wirklichkeit ist ein Spiel, also existiert das wahre Spiel nicht. Alle arbeiteten, die *masbaha,* fiebrig zwischen den Fingern (aber sicher nicht, um die neunundneunzig Namen Allahs herzusagen) oder durch eine Marlboro ersetzt, die es zudem erlaubte, das goldene Feuerzeug sehen zu lassen. Offiziell gibt es keine Nachtclubs, keine Bordelle, keinen Whisky; nur Banken, Raffinerien und unzählige Autos – mit Telefon, mit Plüsch auf dem Armaturenbrett, Plüsch über der Heckscheibe, Pompons an den aluminiumfarbenen, spiegelnd-schillernden oder rosaroten Fenstern.

Und dann die Betonhäuschen! Betonhäuschen mit Kacheln, mit Schmiedeeisen, mit Marmor, mit Mahagoni; Betonhäuschen mit Rasen; mit Swimming-pool; zweistöckig mit Spitzbogenfenstern, mit Leuchtintarsien, mit glitzernden Murano-Einschüben. Am häufigsten ist jedoch der Betonwürfel mit Eisengittern, überragt von einer Antenne in Eiffelturm-Form und gebettet zwischen Rasen und Rocaille-Lampen. Daneben gibt es auch den Chalet-Typ mit Dolomitenziegeln und dem Kamin auf dem Dach; oder den Mittelmeer-Typ mit Pseudoziegeln und weiß gekalkt; oder aber den palladianischen Typ mit cremefarben angemalten Säulen, coca-cola-braun gelacktem Haustor und schieferfarben gestrichenen Stufen.

Gegenüber die Straße: mindestens vier Fahrbahnen, Verkehrsinseln, grüne Welle, Lampen, die Tag und Nacht brennen. Zwischen den Betonhäuschen und der Straße, anstelle des Gehsteigs, Sand zum Parken, klumpig und grau wie Mörtel. Hinter dem Haus die Wüste, eine Wüste, verziert mit Autowracks, Reklametafeln, rostigen Kanistern und etwas weiter weg den verrotteten Baracken der Pakistani, der Inder und der Bengalesen.

Emire, die noch vor fünfzehn Jahren mit Würde magere Kamele geweidet hatten, sprühten nun nach dem Mittagessen »Violet Spray« auf die Hände ihrer Gäste. Sie verbargen die Frauen im Haus und den Whisky in den Teekannen. Bis zum Jahr davor hatten sie jedes zweite Wochenende in Beirut verbracht, in der Yankee-Pracht des Phoenicia übernachtet und in Spielhöllen und Freudenhäusern Hunderttausende von Dinaren ausgegeben. Die Libanesen verachteten und liebten diese Kuwaitis. Ihnen zuliebe hatten sie die Palästinenser bei sich geduldet, und durch ihr Verdienst waren sie dem wirtschaftlichen Ruin entgangen, doch jedesmal, wenn sie an der Botschaft vorbeigingen, rümpften sie ihre eingebildete levantinische Nase.

Von der noch nahen Vergangenheit bewahrte Kuwaits Ministerial-Bourgeoisie nur die Äußerlichkeit der Riten und die Illusion der Symbole. Mißtrauische, aber feierlich höfliche Gastfreundschaft, eilfertige Frauen, gelegentliches Gebet; die Gazellenherde wurde durch Konsumgüter ersetzt, der Trödel der Beduinen vom westlichen Kitsch überrundet, der Bänkelsänger durch das Fernsehen verdrängt. Heute wie gestern ist es der Besitz, der zählt, nicht so sehr wegen seines Gebrauchs und Genusses, sondern wegen des realen oder symbolischen Werts, mit dem die Gegenstände versehen werden.

Die alte Beduinenarmut war die Armut von Nomaden, von Umherziehenden, bei denen die Unfreundlichkeit des Klimas und die Trockenheit des Bodens wenig Anhänglichkeit an die Scholle aufkommen ließ. Die Besitzträume der Beduinen waren erfüllt von kleinen Dingen: Satteln, Mörsern, Ketten aus Halbedelsteinen, Kaffeebohnen, Teekannen, Weihrauchgefäßen, Alltagsgütern, die aufgrund ihrer Seltenheit und Nützlichkeit Rang und Wert von Kamelen und Reitpferden erreichten.

Jahre und Jahrhunderte folgten gleichmäßig aufeinander, das ewige Verlangen war von Allah bestimmt, das zeitliche vom Stamm und das alltägliche von der Wüste und den unumstößlichen Gewohnheiten. Der Krieg war die einzige Unterhaltung, eine kurze Unterbrechung, die zugleich als Zeitmesser und als Fest diente, bei dem die Schätze des Besiegten – die ebenso gering und armselig waren wie die des Siegers – zwar keinen Reichtum verliehen, aber Ruhm und Macht. Auch für die Händler aus der Stadt, die bei ihren alljährlichen Besuchen den Nomaden einen Hauch von Konsumwelt verkauften (für diese Bestätigung des Überlebens) und mit ihren Frauen eingepfercht in den niedrigen Lehmhäusern, umgeben von Mauern, so uneinnehmbar wie ihr wahabitischer Glaube, hausten, wurde die Begierde zum Inhalt des Lebens.

Fast zehn Jahre waren seit meiner ersten Reise nach Kuwait vergangen. Das Land hatte sich den Ruf des »ersten Wohlstandsstaates der Dritten Welt« erworben. Schulen, Universitäten, ärztliche Versorgung und Telefonanschlüsse waren für alle Einwohner kostenlos. Die Presse war die bestinformierte und demokratischste der arabischen Welt, und auf den avantgardistischen Festivals wurden die Filme der jungen Regisseure prämiert. Die Palästinenser stellten eine intellektuelle Elite dar, die für das Funktionieren des Staates unerläßlich war. Sie hatte die Presse, das Unterrichtswesen und die Krankenhäuser in der Hand; es waren integrierte, manchmal sehr reiche Bürger, eine Lobby, die bei der Finanzierung des Guerillakrieges und beim Boykott der Israelis ins Gewicht fiel.

Aber unter den lasziven Brokaten des Gult Hotel Cabaret fiel mir wieder ein, was mir 1967 der Emir von Kuwait bei einem Gespräch über den Schah gesagt hatte: »Wenn der Hausherr das Tamburin schlägt, darf man es den Dienern nicht vorwerfen, daß sie tanzen.«

16

Ich reiste im Auftrag einer großen amerikanischen Zeitschrift. Ich hatte nur wenig Zeit und einen überheblichen Modefotografen am Hals. Er verlangte jede halbe Stunde eine andere Verabredung, und wenn es sich um kein Staatsoberhaupt handelte, weigerte er sich zu fotografieren. Als ich ihm sagte, daß in Arabien Zeit keine Rolle spiele, antwortete er: »Ich koste hundert Dollar in der Stunde.«

Bei jeder Etappe wurde das Verhältnis gespannter. Seine Ruhelosigkeit lähmte mich und verstimmte auch die gelassensten Gesprächspartner. Als wir schließlich in Sharjah, einem der sieben arabischen Emirate, landeten, telefonierte ich sofort nach Abu Dhabi: Scheich Zayed, der Emir, war auf der Jagd in der Wüste, und niemand wußte, wann er wiederkäme. Schakhbut und seine gesamte Familie befanden sich an einem unverständlichen Ort an irgendeinem Meer für wer weiß wie lange Zeit.

Um uns herum tobte ein schrecklicher Sandsturm, dessen Heulen nur von der Stimme des Staatssekretärs für Information aus Dubai (dem benachbarten Scheichtum) unterbrochen wurde, der mich, nachdem er im Lift zudringlich geworden war, nun per Telefon zu vergewaltigen suchte. Ich hatte mich in meinem Zimmer verbarrikadiert, denn sobald ich in die Halle hinunterging, klebte er an mir wie ein alter Kaugummi. Dabei konnte ich ohne seine Hilfe nichts unternehmen: Ich hatte weder Auto noch Termine; doch da die Bedingungen für seine Hilfe eindeutig und unannehmbar waren, lief ich Gefahr, den ganzen Rest der Reise aufs Spiel zu setzen.

103

Der Fotograf zeigte bereits bedrohliche Anzeichen einer handgreiflichen Aggressivität. Ich wartete, im Vertrauen auf Allah und ein paar Rudimente von Karate.

Das Wunder geschah. Beim Durchblättern des Telefonbuchs stellte ich zu meiner Verblüffung fest, daß die Privatnummer des Emirs darin stand wie die irgendeines beliebigen Teilnehmers. Ich rief an. Ich bat um eine Verabredung. Nach einer Stunde saß ich mit Scheich Sultan beim Abendessen, bei Kerzenschein auf einem englischen Rasen.

Dieser Mann – achtunddreißig, promoviert in Landwirtschaft in Kairo, fließend Englisch, Urdu und Farsi, eine Mischung aus Gentleman-Farmer und Universitätsprofessor –, dieser Mann empfing mich nicht nur, sondern stellte mich auch unter seinen Schutz: Auto, Chauffeur, Motorboot, ein Ausflug an die Küste des Indischen Ozeans, wo eine Enklave Sharjahs liegt, und gleich für den nächsten Tag eine Zusammenkunft mit den Damen des Scheichtums, organisiert von Scheichin Musa, seiner Frau.

»Mein Großvater war Pirat und auch mein Urgroßvater und mein Onkel und alle meine Vorfahren«, begann der Scheich, und die kleinen Augen in seinem ruhigen Gesicht funkelten vor Stolz. »Sie waren Piraten, weil sie ihre Meere verteidigten; sie waren Piraten, weil sie gegen andere Piraten – Holländer, Portugiesen, Engländer – kämpften; sie waren Piraten, weil sie ihre Frauen, ihre Häuser, ihre Städte beschützten; sie waren Piraten, weil sie für die Freiheit kämpften. Sehen Sie sich diese Drucke an: Das ist eine Serie von zwölf Blättern, die anderen sechs sind im Britischen Museum. Auf ihnen ist die ›Eroberung von Ras al-Khaima‹ dargestellt, einem Hafen auf halbem Weg zwischen Sharjah und der Spitze der arabischen Halbinsel. Er wurde am 13. November 1809 von der britischen Flotte angegriffen, bombardiert, niedergebrannt und dem Erdboden gleichgemacht. Sie sind stolz darauf, daß sie uns unterjocht haben. Dürfen wir da nicht auch stolz sein auf den Mut unserer Piratengroßväter?« Er erzählte mir vom alten Sharjah, aus der Zeit, als die Perlenfischer bis zu vierzig Meter tief tauchten und es nur mit dem Sauerstoff ihrer Lungen sechs oder gar sieben Minuten unter Wasser aushielten.

»Das alte Sharjah war aus Koralle erbaut: einer weißen, manchmal porösen Koralle, die sich in Blöcke schneiden ließ; manchmal war sie auch kompakt, und dann machte man Platten daraus. Alle Häuser waren damit gebaut, so daß man, wenn man mit dem Schiff ankam, den Eindruck hatte, in der Wüste habe es gerade geschneit.« Später zerstörte die japanische Zuchtperlenproduktion die Wirtschaft von Sharjah und den anderen Emiraten am Golf, die während der letzten achtzig Jahre buchstäblich am Hungertuch nagten – nicht zuletzt auch dank der britischen Besatzung, die nie einen Finger gerührt hat, um die Lebensbedingungen ihrer »Schützlinge« zu verbessern. Keine einzige Schule, kein Krankenhaus, keine Straße bis 1971. In dem Jahr sorgten die Engländer auch in Sharjah – wie in Abu Dhabi – dafür, daß ein unzugänglicher Scheich durch einen willfährigeren ersetzt wurde, aber die Geschichte ging nicht so glatt wie mit Schakhbut, und es gab einen Toten, den älteren Bruder von Scheich Sultan. Heute prangen in dem winzigen Emirat zwischen Dünen und Baugerüsten riesige Plakate, auf denen geschrieben steht: »Lächle, denn du bist in Sharjah.«

Scheichin Musa saß auf der Wiese und ergriff meine beiden Hände: »Du darfst dich nicht ärgern, Vittoria. Sei nicht enttäuscht. Sei nicht auch du wie all die Westler, die sagen: ›Die arabische Welt hat im fünfzehnten Jahrhundert aufgehört zu existieren: Die heutigen Araber sind nicht mehr die gleichen wie früher, sie schaffen nichts Eigenständiges mehr, sie kopieren den Westen und haben nichts anderes im Kopf, als Geld auszugeben und sich zu besaufen.‹ Da ist natürlich etwas Wahres dran, du brauchst nicht zu glauben, daß wir das nicht sehen und bedauern. Aber du, die du uns schon vorher gekannt hast, bemüh du dich, uns zu verstehen; versetz dich in

105

die Lage dessen, der zusammen mit dem Geld die Intrigen, die Macht, die Zwielichtigkeit entdeckt, zur selben Zeit aber auch das warme Wasser, die klimatisierte Luft und die frische Bettwäsche. Gut und Böse liegen inzwischen so nahe beisammen, der Fortschritt ist so unheilvoll und doch so unerläßlich, daß wir noch nicht fähig sind, zu wählen. Wir wollen alles, denn wir glauben, das sei das Glück. Schließlich sagt uns der Westen: ›Wir bringen euch Wohlstand und Glück.‹ Dann entdecken wir, daß das gar nicht stimmt, also werden wir mißtrauisch und neidisch, in jedem Ausländer sehen wir einen Feind, der wieder einmal gekommen ist, um uns auszunehmen.

Unsere wahre Natur ist das nicht, aber wir haben gelernt, uns unserer wahren Natur zu schämen, unserer Vergangenheit als Nomaden und Analphabeten und unserer Armut. Der Westen hat uns entweder verspottet oder idealisiert; wir sind weder Wilde noch Heroen. Wir sind menschliche Wesen, vielleicht mit anderen Fehlern und Tugenden als ihr, aber ebenso voller Träume, Wünsche und Leiden. Wir sollten einander die Hand reichen.«

Die Zusammenkunft mit den Frauen von Sharjah im Gebäude des Frauenvereins wirkte wie eine normale Party, allerdings mit erstaunlich großem Gedränge, wenn man bedachte, daß man das Ganze in nur zwei Stunden improvisiert hatte. Wie immer wurde ich mit Fragen und Geschenken überschüttet, mit tausend Wohlgerüchen parfümiert und zu meinem mäßigen Arabisch beglückwünscht. Dann begann man, Kleidungsstücke jeder Art auszupacken, bestickte Hosen, Schleier und Brokate, Kissen mit außergewöhnlichen Mustern, Dutzende von Juwelen in Gold, Gold mit Perlen, Gold mit Email, Gold mit Türkisen, Gold mit geblasenem Glas; danach kamen Kamelgeschirre, Pferdezaumzeug, geflochtene Strohkörbe, Lederflaschen mit Perlmutt bestickt. Bei jedem Gegenstand nannte man mir den Namen und erklärte mir, woher er kam, wozu er diente und wieviel er wert war.

106

»Es fehlen noch ein paar Dinge«, sagte schließlich Scheichin Musa, »aber du mußt entschuldigen, daß wir in der
kurzen Zeit nicht alles zusammenbringen konnten. Da es dich
jedoch interessiert, alte Kostüme und Schmuckstücke zu fotografieren, haben wir gedacht, diese Sachen hier könnten
schon einen ersten Eindruck vermitteln von den Frauen in
Sharjah, von unserer Geschichte, von unseren Überlieferungen und von dem, was wir können. Wir sind doch tüchtig,
oder?« fügte sie hinzu, während die anderen lachten. Dann
kam die Küchenlektion und schließlich sogar noch Unterricht
im Tanzen: Ich lernte den *na'ashat,* einen Tanz, bei dem die
Beduinenmädchen ihre langen schwarzen, merkwürdig po-
madisierten und gelockten Haare im Wind rotieren lassen, in
einem rhythmischen Kreisen vom Sand zum Himmel, das an
einen dichten Schwarm Schwalben erinnert. Die Männer
imitieren unterdessen ein Duell mit dem Schwert.

Am anderen Tag im Morgengrauen stand schon der Hubschrauber bereit, um mich nach Khor Fakkan zu bringen, wo
mich im äußerst bescheidenen Haus des Emirs wieder ein
Riesenbankett erwartete, begleitet von Liedern der Fischer
und gefolgt von einem Besuch der neuen »Modelldörfer«, die
Scheich Sultan in verschiedenen Gebieten des Emirats errichten ließ. Auch wenn ihre Bauweise (niedere Vierzimmerhäu-
ser mit Innenhof) einige maurische Kitschelemente aufwies
(verantwortlich dafür war eine englische Baufirma), taten sie
dem Auge nicht weh und garantierten den Bewohnern die
nötige islamische Privacy. Diese Häuser werden, nach dem
Vorbild von Scheich Zayed in Abu Dhabi, den einzelnen Fa-
miliengruppen geschenkt.

Am nächsten Tag präsentierte ich mich, auf Anraten von
Scheichin Musa, im *madjlis* des Emirs von Dubai, ohne mich
vorher telefonisch anzumelden. Zwischen Sharjah und Dubai
herrscht kein gutes Einvernehmen, obwohl (oder vielleicht
gerade weil) die beiden Städte nur wenige Kilometer ausein-
anderliegen. Der Scheich von Dubai war ein Freund des persi-

schen Schahs, der zwei zu Sharjah gehörende Ölinseln militärisch besetzt hatte. Scheich Sultan konnte mich daher nicht bei seinem Kollegen von Dubai einführen. Doch Scheichin Musa hatte zu mir gesagt: »Auch Scheich Raschid, der Emir von Dubai, empfängt vormittags in seinem *madjlis,* wie alle Stammeshäuptlinge. Warum gehst du nicht einfach hin? Wahrscheinlich wird er dich warten lassen, aber sicher wird er sich nicht weigern, mit dir zu sprechen. Außerdem ist Scheich Raschid der Sohn einer der großartigsten Frauen des Golfs: Seine Mutter, Scheichin Hussah, hielt täglich in ihrem eigenen *madjlis* öffentlich Audienz, in Konkurrenz zu ihrem Ehemann, dem Emir, und in offenem Widerspruch zu den herkömmlichen Normen. Ihr *madjlis* wurde fast ausschließlich von Männern besucht, und da Scheichin Hussah wirklich etwas von Politik und Wirtschaft verstand, scheinen ihre Versammlungen sehr viel mehr Anklang gefunden zu haben als die ihres Gemahls.«

Eine echte Matriarchin, dachte ich mir bei den Worten des Chauffeurs, der mich nach Dubai brachte. »Denken Sie sich, als vor fünfundzwanzig Jahren ein junger Scheich vorschlug, so etwas wie eine beratende Versammlung und andere gemäßigte Reformen im Land einzuführen, entfesselte Scheichin Hussah einen wahren Bürgerkrieg und erreichte den Ausschluß der Reformpartei. Der Fortschritt«, murmelte der Chauffeur, »mußte weitere zwanzig Jahre warten. In der Zwischenzeit jedoch kümmerte sich Scheichin Hussah, deren Mann regelrecht in Armut geraten war, darum, das Familienvermögen wiederaufzubauen: Sie entwickelte den Handel, spekulierte im Bauwesen und belebte die seit jeher größte Einnahmequelle von Dubai: den Goldschmuggel nach Indien und Persien. Es ist einfach wahr, daß die Frauen sehr viel schlauer sind als wir, sie können in der Seele lesen. Eigentlich solltet ihr regieren«, schloß er und setzte mich vor dem *madjlis* von Scheich Raschid ab.

Ich wurde sofort empfangen, ohne auch nur einen Augenblick warten zu müssen. Wir unterhielten uns in einem kleinen Salon, fern von den lauten Reden der Besucher, die von Soldaten mit Maschinengewehr und *kafije* überwacht wurden. Der Blick ging auf den berühmten Creek, den natürlichen Hafen von Dubai, das immer weniger Venedig glich, auch wenn die Prospekte das Gegenteil behaupteten. Der Creek ist zwar tatsächlich sehr tief, und eine Art »Gondolieri« durchfuhren ihn rudernd und singend, aber ob ein Sheraton-Hotel wirklich der Ca' d'Oro ähnlich sieht, das kann nur der Allmächtige entscheiden.

Scheich Raschid stellte mich seinem Sohn, Kommandant des Heeres von Dubai, vor. Er saß in einem Marmorsalon hinter einem Boulle-Schreibtisch, ihm gegenüber ein gewaltiger ausgestopfter Tiger. Sofort stellte er mir einen Militärhubschrauber zur Verfügung, nicht nur um Dubai zu besichtigen, sondern alles, was ich sonst in den Emiraten zu sehen wünschte. Meine Verlegenheit war groß: Ich wollte nicht die Gastfreundschaft von Scheich Sultan verraten, indem ich die seines Nachbarn annahm. Ich erwiderte daher, daß ich sehr gern Fudjaira kennenlernen würde, ein Emirat am Indischen Ozean, hinter der Wüste und den Bergen und ohne Straßen- und Telefonverbindung. Da er das nicht organisieren kann, sagte ich mir – denn es ist unmöglich, mit Fudjaira in Kontakt zu treten –, hat er einen guten Eindruck gemacht, und ich habe seine Gastfreundschaft nicht ausgeschlagen. Stolz auf meinen salomonischen Einfall, wandte ich mich dem achatäugigen Raubtier zu, um es zu streicheln.

»Ausgezeichnet! Heute werden Sie unser Gast hier in Dubai sein, und morgen früh um fünf brechen Sie dann nach Fudjaira auf. Wollen Sie auch über Nacht dort bleiben, oder möchten Sie lieber nach Ras al-Khaima weiter?« Mir verschlug es die Sprache. Der junge Kommandant warf mir ein Lächeln zu, wie es mir in Kuwait so abgegangen war, und sagte: »Mögen Sie die Jagd? Ich gehe am Freitag auf die Jagd, wollen Sie mitkommen? Aber wir verwenden keine Falken wie Scheich

Zayed, wir verlassen uns mehr aufs Gewehr«, fügte er hinzu, während ich mich bereits in Bengalen auf dem Rücken eines Elefanten sah.

Beim Spaziergang zwischen den wenigen übriggebliebenen alten Häusern von Dubai – so ganz anders als die Korallenhütten Sharjahs und die Lehmziegelhäuser Abu Dhabis; so luxuriös mit ihren Schnörkeln aus Stuck und ihren majestätischen Windtürmen, die wie Kampanile aufragen und in Wirklichkeit nichts anderes sind als uralte Klimaanlagen; soviel näher Persien und Indien als Arabien – dachte ich über die Worte von Scheichin Musa nach: »Unsere wahre Natur ist die Gastfreundschaft, unsere höchste Tugend die Großherzigkeit: das ist die beduinische Ethik. Auch der Mörder deines Bruders oder deines Vaters hat für drei Tage Recht auf deinen Schutz, wenn er in deinem Zelt oder deinem Haus Zuflucht sucht. Und es ist Pflicht, jedem Fremden, der vorbeikommt, Unterkunft und Speise anzubieten, auch wenn der andere sehr reich ist und du so arm, daß du für ihn dein einziges Böcklein schlachten mußt.«

Ich begann zu begreifen, warum Kuwait so anders war als Sharjah, als Dubai, als Abu Dhabi. Der Reichtum der Emirate ist so neu, daß ihn noch kein Ausländer ausgebeutet hat; keiner hatte sich ihrer Gastfreundschaft bedient, um sie zu kritisieren. Diese Menschen glaubten noch, trotz Boulle-Schreibtisch und Promotion, daß der Fortschritt nicht im Gegensatz zur Wüstenethik steht, daß Kapitalismus und Großherzigkeit sich nicht ausschließen, daß der Fremde ein Gast ist, nicht ein Hai. »Denkt in erster Linie immer daran, daß wir alle Gäste Allahs sind«, pflegte Scheichin Hussah ihre Untertanen zu ermahnen, wenn sie stritten.

Ein früher Morgen Ende Mai, ein Hubschrauber mit sudanesischem Piloten und jordanischem Kopiloten. Wir überfliegen die Wüste, vom Arabischen Golf bis zum Indischen Ozean. Sand und vereinzelt Hütten, keine Dünen, sondern amarantene Erhebungen, wie von blühenden Geranien überwachsen. Dann plötzlich hoch und violett die Berge: die Wirbelsäule eines Dinosauriers in Lava eingedrückt. Und dahinter das Meer, von einem so absoluten Blau – wie in einem Disney-Film. Ich hatte das Gefühl, als sei der Hubschrauber ein fliegender Teppich.

Wir landeten mitten auf dem großen Platz vor einem schillernden Marmorpalast, während der Wind der Propeller außer viel Sand auch die Tuniken und die äußerst lässigen Sonnentücher der Würdenträger hochwirbelte. Ein Dorf aus Lehmziegeln und bizarr behauenen Türen, mit der Ruine eines kleinen Forts, die zwischen Nomadenzelten und Fischernetzen langsam verfiel, ein hibiskusüberwucherter Innenhof, ein Salon von der Größe hundert auf vierzig, mit Lamé ausgelegt, mit Brokat tapeziert und mit einer Decke aus bemaltem Stuck, wie eine Eistorte – und eine umwerfende Begegnung.

Nicht wegen seines Charmes, der Scheich Hamed keineswegs fehlte; nicht wegen seiner Jugend, obwohl er damals erst sechsundzwanzig Jahre alt war; nicht wegen seiner weltmännischen Bildung und der Lektüre von Marx und Kant; auch nicht wegen seiner Zuvorkommenheit, obwohl er – einmalig unter den Männern Arabiens – sich bei der Ankunft einer Frau erhob und auch alle Anwesenden zum Aufstehen bewog; und nicht einmal wegen seiner Bescheidenheit, die weder im Westen noch in den arabischen Ländern eine Tugend ist, dafür aber einer der großen Vorzüge von Scheich Hamed.

»Es gibt kein Erdöl in Fudjaira, es gibt kein elektrisches Licht, es gibt kein Telefon, und es gibt keine Straßen«, begann der Scheich und reichte mir eigenhändig eine Tasse Tee. »Die Finanzierung der notwendigen Vorhaben übernimmt Abu Dhabi, bis aus den Bergen das Uran herausgeholt wird. Die Zementfabrik werden wir jedoch in einem Felsental bauen, damit die Luft nicht zu sehr verschmutzt wird; kein Haus der neuen Stadt wird mehr als vier Stockwerke haben; das alte Dorf wird nicht zerstört, sondern renoviert werden; das

111

verfallende Fort wird Museum; Hotels und Villen werden nicht den Strand verbauen, der jetzt und auch in Zukunft allen gehört und von allen genutzt werden soll; die einfachen Wohnhäuser werden genauso aussehen wie früher, nur daß sie natürlich fließend Wasser, Licht, Bad und WC haben werden; und ich«, setzte er lächelnd hinzu, »werde mir keine zweite Frau nehmen, denn meine erste ist die beste Mitarbeiterin und Gefährtin.«

Während wir am mandarinfarbenen Strand spazierten, fiel mir wieder eine Geschichte ein, die man mir in Dubai erzählt hatte. Eines Tages, wenige Monate nach dem Tod von Scheich Hameds Vater, war der Sohn eines Fischers in seinen *madjlis* gekommen. »Scheich Hamed«, sagte er, »vor einer Woche war ich in Dubai und bin zu deiner Mutter gegangen; ich habe ihr gesagt, daß mich dein Bruder Saleh schickt und ich seine Möbel holen soll, die er mir zur Hochzeit schenkt. Deine Mutter hat sie mir gegeben, und ich habe sie in das neue Haus gebracht. Ich wollte sie gerade aufstellen, da kam dein Bruder Saleh und verlangte die Möbel zurück, die ich ihm gestohlen hätte. Daher komme ich nun und sage dir: In drei Tagen heirate ich, und ich bin der Ansicht, daß meine Frau ein anständiges Heim verdient; aber ich bin arm, und ich habe nicht die Absicht, einen umzubringen, um mich zu bereichern, oder aber wie ein Gauner zu leben. Darum hole ich mir eure Sachen, denn die sind mit dem Geld von uns allen gekauft worden, und wenn sie Saleh zurückhaben will, soll er ruhig kommen und sie holen, aber bringen werde ich sie ihm bestimmt nicht.«

Der Fischer behielt die Möbel, und Saleh wurde wegen seines Geizes verspottet. Seither bedient sich nun die Gemeinschaft des Schneiders und des Krämers von Scheich Hamed (im übrigen die einzigen im Dorf) und überläßt dem Emir die Rechnung, der sie natürlich bezahlt. Paternalismus, Demagogie, Sozialfeudalismus – so sieht es vielleicht ein Westlicher. Aber für mich, die ich bei vierzig Grad im Schatten an der äußersten Spitze Arabiens in einem Palmenhain wandelte und mit einem Emir, der Swift und Ibn Khaldun zitierte, über Revolution diskutierte, für mich, die ich Kuwait kannte und die Bedrohung, die hinter jedem Ölbrunnen lauert, ging es nicht um Definitionen. »Das wahre Vaterland«, hat, glaube ich, Stendhal einmal gesagt, »ist das, in dem wir Menschen treffen, die uns ähnlich sind.«

Der Emir von Ras al-Khaima war ein ganz anderer Typ. Ich hatte einige Mühe, seinen »Palast« zu finden, ein graues, heruntergekommenes Haus in der schlammigen Peripherie der kleinen Stadt. »Er ist nicht nur ein Geizhals, sondern auch noch ein Wahhabit«, sagte man von ihm in den anderen Emiraten. »Wahhabit« war kaum weniger als eine Beleidigung: Das Wort hat einen unangenehmen saudischen Beigeschmack, und die Saudis haben mehrmals versucht, sich der Emirate zu bemächtigen. Heiliger Eifer, sagen sie, die sich für die einzigen Besitzer der Wahrheiten des Korans halten, seit zu Beginn des achtzehnten Jahrhunderts Muhammed ibn Abd el-Wahhab beschlossen hatte, in Arabien den Islam in seiner alten Reinheit wiederherzustellen. Damit war er zunächst auf Widerstand gestoßen, vor allem, da sein Kampf gegen den Aberglauben, gegen die animistischen Riten, die hier und da in der Wüste wiederaufgeflammt waren, und gegen die Gräber der Heiligen (»man soll nur Gott verehren«) Hand in Hand ging mit einem erbitterten Kampf gegen den Tabak, die Verwendung von Seide für die Kleidung und von Gold beim Schmuck – alles heißersehnte Dinge bei den Beduinen.

Dennoch gelang es Abd el-Wahhab eines schönen Tages, einen kleinen Scheich aus dem Nedschd für seine Sache zu gewinnen, indem er ihm versprach, ganz Arabien mit den Waffen der neuen »Reform« zu erobern. Er erklärte »alle anderen« für ungläubig und bestimmte, daß der Heilige Krieg wörtlich genommen werden und man die Reinheit der Lehre mit Waffengewalt wiederherstellen müsse. Ende des achtzehnten Jahrhunderts hatte die Familie des kleinen Scheichs den ganzen Nedschd unter Kontrolle, bedrohte das Reich Nadjran, trug den Aufruhr bis nach Basra in Mesopotamien, griff Damaskus an, zerstörte die schiitischen Moscheen am Arabischen Golf und erklärte dem Scherif von Mekka, dem Abkömmling des Propheten und Hüter der Heiligen Stätten, den Krieg.

Es währte nicht lang, und das Treiben der Wahhabiten verstimmte den osmanischen Sultan, der nicht nur der rechtmäßige Kalif war, sondern auch ein Drittel Arabiens beherrschte. Die Strafe folgte in Gestalt eines Vizekönigs von Ägypten, albanesischer Herkunft, den der Sultan nötigte, die Wahhabiten zu bekämpfen. Mohammed Ali (so lautete der Name des Vizekönigs, Begründer der letzten ägyptischen Dynastie, die mit König Faruk endete) schlug den Wahhabiten-Scheich und brachte ihn als Gefangenen nach Kairo. Aber dem gelang es zu fliehen, nach Riad zurückzukehren, sein Reich wieder auf die Beine zu stellen und erst an Altersschwäche zu sterben. Seine Söhne dagegen verstanden es nicht, den Türken standzuhalten: 1891 schien es, als sei die Dynastie der Saud endgültig entmachtet. Der Scheich und seine Familie befanden sich im Exil in Kuwait, während ein anderer Stamm den Nedschd regierte.

Aber da – wie der Engländer Palgrave berichtet, der den alten Feisal während seiner zweiten Regierung in Riad besuchte –, »der Stamm der Banu Tamiim, zu dem die Familie der Saud gehört, ausdauernder, geschlossener und klüger ist als der größte Teil der anderen arabischen Stämme, wortkarg, wenig gefühlvoll, wenig durchschaubar, dafür aber zäh, furchtbar in der Rache, tief und unversöhnlich im Haß und mißtrauisch in der Freundschaft«, dauerte es nicht lange, bis er sich das ihm Weggenommene wiedergeholt hatte. Ein zwanzigjähriger Scheich namens Abdal Asis nahm Riad mit nur vierzig Reitern. Kurz darauf eroberte er mit Hilfe seiner »Ichwan«, Kriegern, deren Greueltaten heute noch alle rühmen, den Nedschd zurück, gewann Mekka und Medina und zwang den Nachfahren des Propheten zur Abdankung. Schließlich maßte er sich selbst den Titel eines Sultans und dann den eines Königs an, so ungewöhnlich dieser auch in einem muselmanischen Land war. Und dieser Abdal Asis Ibn Saud war kein anderer als der Vater des jetzigen saudischen Königs.

In Ras al-Khaima regierte zu jener Zeit der Stamm der Qawàsim, deren Raubzüge im Golf, im Iran und in Persien ebenso legendär wurden wie ihre Unternehmungen gegen die britische Marine. Nur gegen die Wahhabiten konnten sie nichts ausrichten: sie wurden geschlagen und – offensichtlich – bekehrt. Von da an, so erzählt Sir John Malcolm in seinem Buch über den Arabischen Golf, säte dieser Stamm auch unter seinen arabischen Brüdern Schrecken: »Gott schütze uns vor ihnen: das sind Ungeheuer«, soll ein Beduine aus benachbartem Gebiet zu ihm gesagt haben. »Die einzige Beschäftigung der Qawàsim ist die Seeräuberei, ihre einzige Freude das Gemetzel. Und was das Schlimmste ist: für jede Gemeinheit, die sie begehen, liefern sie dir die frömmsten Motive. Wenn du ihr Gefangener bist und ihnen dein ganzes Hab und Gut für dein Leben bietest, antworten sie dir: ›Nein! Im Koran steht geschrieben, es ist Unrecht, die Lebenden zu berauben, aber das Heilige Buch verbietet uns nicht, die Toten auszunehmen‹ – und damit bringen sie dich um.«

Heute haben sich die Dinge geändert, und Scheich Sakr hat trotz seines Wahhabismus in seinem eigenen Emirat jenen Ort der Perversion eingerichtet, an dem ich wohnte: eine richtige Spielhölle, voll von Rouletts und grünen Tischen.

Meine Reise schloß mit einem Besuch der Marmorsteinbrüche von Adjman. »Viel schöner als die von Carrara«, hatte mir der betagte Emir von Adjman gesagt, während er sich seinen nicht enden wollenden weißen Bart strich. Und ich, neugierig auf dieses Wunder der Wüste, wagte mich durch die

115

Dünen bis zur Fabrik: eine große Wellblechbaracke, vier Pfeiler und tatsächlich Marmorplatten. Weiß, gelb und auch grünlich, gerade so viel, um zwei Badezimmer damit zu kacheln. Aber für den Scheich von Adjman, der mit einem Jahresbudget von etwa sechzigtausend Dollar über sechstausend Seelen regierte, waren diese paar Platten der Staatsschatz. »Jeder Schimpanse ist in den Augen seiner Mutter eine Gazelle«, sagt ein altes arabisches Sprichwort.

17

Den Herbst verbrachte ich in Arabien. Es ging um eine Art Wahrheitsspiel: Sich als Frau, Ausländerin und Journalistin allein in einem Land aufzuhalten, in dem jede dieser Rollen ein alkalisches Gemisch von Macht und Ohnmacht darstellt, bedeutet, sich schon um sechs Uhr morgens einem Heer von Psychoanalytikern zu stellen. Das Wahrheitsspiel zwischen dir und dem Bild von dir – dem, das du selbst von dir hast, und dem, das die anderen von dir haben. Pirandello war ein Anfänger. Dort ist die Persönlichkeit ein unbekanntes Phänomen. Sie ist nichts anderes als die Summe deiner Aspekte, dessen, was du bist und bedeutest, und vor allem dessen, wie du der Gesamtheit der Menschen, die dich kennen, erscheinst. Die psychologische Dimension fehlt völlig; die Düne weiß nichts vom Eisberg, die Kutte macht den Mönch.

Das Wahrheitsspiel spielt man allein in den vier Wänden eines Hotelzimmers, das zuerst über deine Reputation und dann über deine persönlichen Habseligkeiten wacht. Es ist eine beständige, pausenlose Gegenüberstellung, bei der der größte Teil der Westler vom ersten Tag an unterliegt, wie jene Finanzmagnaten aus den USA, die sich trostlos an der Bar vollaufen lassen. Es ist eine Herausforderung an das Über-Ich, an unsere Kontrollsysteme, an unsere sozusagen methodischen und programmatischen Gewohnheiten, an ihrer Effizienz und Organisation; vor allem aber bedeutet es, unseren moralischen und materiellen Wortschatz in der Konfrontation mit einer Realität – und mit einer Sprache – in Frage zu stellen, in der die Begriffe Besitz, Ruhm, Reichtum, Macht,

Ehre und Würde ein völlig anderes Gewicht, manchmal sogar einen anderen Inhalt haben. Und es bedeutet auch, mit der unerträglichen Vorstellung leben zu können, daß du dein äußeres Verhalten mit deinem inneren Ich völlig in Einklang bringen mußt, wenn du verstanden werden willst, denn niemand kann hier hinter die Bilder schauen.

Es war, als hätte ich, von Quadrat zu Quadrat nach den bekannten Regeln fortschreitend, das Element einer mathematischen Gleichung gefunden und als würden nun mysteriöse und immer wieder neue Tricks bald die Daten der Gleichung, bald mein eigenes Vorangehen abändern, Subtraktionen und Multiplikationen, Konstanten und Variable durcheinanderbringen und dabei doch immer zu einem durchaus möglichen, wenngleich unwahrscheinlichen Resultat führen.

Gegen Abend fuhr ich in einem grünen Jeep, ausgerüstet mit einem sudanesischen Vorführer, einem Plaid und einem Mikrophon, in die Beduinensiedlungen. Und während wir zwischen den um einen Kamelabstellplatz liegenden Häuschen, die Scheich Zayed eigens für jene völlig benommenen Neoseßhaften entworfen hatte, herumkurvten, verkündete der Lautsprecher im makellosesten Arabisch, daß sich das Ministerium für Kultur und Information freue, nach dem *maghreb*-Gebet die Vorführung einiger Filme anbieten zu können, und zwar auf dem für gewöhnlich dafür vorgesehenen Platz, das heißt dort, wo sich die nunmehr müßigen Dromedare die Beine vertraten, um wenigstens das bißchen Bewegung zu haben, die das Tier von der Pflanze unterscheidet. Nun eilen Kinder herbei, die wie überall wenig fürs Lernen übrig haben, alte Mütterchen, die uns zu einem Dattelimbiß einladen wollen, und die dröhnenden Pontiacs und Mercedes derer, die für das Drive-in-Kino sind, genauer gesagt, für das »Drive-out«. Nun wird die Leinwand in den Sand gesteckt, den Strom liefert der Jeep, Kissen bringt sich jeder von zu Hause mit, und in der Pause leuchtet der Mond.

Bei dem Film handelt es sich nicht – wie man vielleicht vermuten könnte – um einen erbaulichen Kulturfilm vom Typ »Hygiene und Gesundheit« oder »Die Straßenverkehrsordnung«. Nein, die hier im Dunkel der Nacht hockenden Beduinen sehen auf der Leinwand in ihren Zelten hockende Beduinen, den Kamelen auf dem Vorführplatz entsprechen die Kamele auf den Dünen, und den Kaffee, den die anwesenden Beduinen aus Thermosflaschen trinken, gießen sich die Filmbeduinen aus Kupferkannen ein. Der Film sind sie selbst, gestern, heute und morgen: Sie sind die Schauspieler, die Kameraleute, die Regisseure, die Produzenten und das Publikum.

Man überlege, wie überall auf der ganzen Welt eine Straße gebaut wird: Verkehrsministerium, Ingenieure, Auftragsvergebung, Darlehen und so weiter. An einem klaren Dezembermorgen fuhr ich fünfhundert Kilometer durch die unfreundlichste Wüste der Welt: riesige abgetragene Dünen lagen da wie zahllose rosa Seehunde auf dem Schnee, ab und zu der Hinweis auf einen Brunnen, aber nicht mit Wasser, sondern mit Öl; das Wasser kam per Leitung aus der Entsalzungsanlage von Abu Dhabi und bewässerte fruchtbare Salatfelder, die auf eingeebneten Dünen gepflanzt worden waren; die Straße, zuerst aus Asphalt, später aus einer Verbindung von Salz und Sand, führte wie einst die Karawanenwege über gefährliche Abhänge, von denen aus die Salztümpel wirkten, als lägen sie in den Schlünden erloschender Krater. Wir fuhren und fuhren und rechtfertigten unsere gelegentlichen Pausen mit dem Vorwand des Gebets. Und in der Stille zwischen den Caterpillars wirkte es fast überzeugend: diese gekrümmten Rücken auf den Rücken des Sandes, als ob die Menschen tatsächlich demütig und fromm wären und alle demokratisch gleich in ihren Gewändern aus weißem Popeline.

Doch zurück zum Straßenbau: Diese innere Wüstenstraße, die kein anderes Ziel hatte, als die sowieso schon habgierigen omanitischen und saudischen Nachbarn näherrücken zu lassen, war vom »Hausverwalter« Scheich Zayeds gebaut worden, das heißt von dem Mann, der alles Private zu organisieren hat, vom Essen bis zum Schlafen, einschließlich der Straßen, Brunnen, Pferdeställe und der Häuser für das Volk.

»Hier pflanz mir einen Palmenhain, hier zieh mir einen Graben, hier bau mir Viehfutter an, hier errichte mir ein Dorf«, trägt ihm Scheich Zayed auf und schaut zu, überlegt, kommt wieder, beobachtet, informiert sich, und wenn alles fertig ist – schenkt er. Einmal hat jemand zu mir gesagt: »Ich bitte Gott, daß er mich vor Zayed sterben läßt«, und merkwürdigerweise habe auch ich, die ich den charismatischen Mächten eher mißtraue, mir wiederholt gesagt, daß er – Aladin und Salomon zugleich – es war, der mit einfühlsamen Schritten das unwahrscheinliche Gleichgewicht der Irrtümer korrigierte.

Auf dem Staub aus Perlmutt und Sand ein tiefschwarzes Zelt, ausgestattet mit Plüschsofas, Alabastertischchen, Teppichen wie aus Ministervorzimmern und Aschenbechern wie aus Flughafenhallen. Die Transams und die Rolls Royce der reichsten Männer der Welt fahren, um zu dem Zelt zu gelangen, über zwei Kilometer Asphaltstraße, die gestern abend noch nicht existiert haben, wie es auch das Wäldchen, Typ *instant-forest,* noch nicht gab, unter dem sie ihre Wagen parken, und auch dieser kleine pseudo-maurische Palast, umgeben von Sonnendächern aus gewölbtem grünen Zement und von steinernen Falken, die ein Maler gerade noch vergoldet, hatte vor vierzehn Tagen noch nicht gestanden. Heute eröffnet Scheich Zayed das Erste Internationale Festival der Falkenzucht.

Vor einer halben Stunde krochen die Direktoren der angesehensten Museen der Welt noch auf allen vieren herum, fegten, nagelten und klebten Etiketten an, in Erwartung, daß die Wächter mit ihren leopardenfellgepolsterten Jeeps die »Sachen« zum Ausstellungszelt brächten. Die »Sachen«, das sind mameluckische Bronzestatuen, fatimidische Keramiken, abbasidische Seiden, Mogul-Miniaturen und andere Meisterwerke von unübertrefflichem Pedigree, jahrhundertelang bewahrt, bewacht im klimatisierten Halbdunkel der großen Kunstgalerien und jetzt vor erstaunten Falkenzüchtern in den Sand Arabiens gebreitet. Hier, unter dem verwaschenen Blau des Himmels, zwischen den Dünen, den Kappen, den Maulkörben, den Jagdhandbüchern und der ausgestopften Beute, stellt die islamische Kunst ihre Falken im Wert von Hunderttausenden Pfund Sterling der unwahrscheinlichsten Anhängerschaft von der Welt zur Schau.

In dem schwarzen Zelt sitzen neben den Stammeshäuptlingen der Wüste, neben den Ölministern, den Piratenenkeln Falkenzüchter aus Ohio und Veterinäre aus Brandenburg, belgische Ökologen, Wiener Anthropologen, Großgrundbesitzer aus Ostafrika, Spezialisten für islamische Kunst, Tiroler in Tracht mit Falken, Japaner im Samurai-Gewand mit Falken, beduinische Dichter und Herzoginnen. Stumme Diener schenken ihnen Kaffee mit Kardamon ein und reichen Räucherbecken, aus denen aphrodisierende Düfte steigen. Um das Zelt herum regnet es Fürsten aus den entferntesten arabischen Ländern, die mit Hubschraubern landen, während die Beduinen singen, mit gezückten Säbeln, die Kameltreiberstecken zum Himmel erhoben, und die Mädchen aus al-Ain ihre schwarzen Schöpfe unter der gleißenden Sonne kreisen lassen.

In Wirklichkeit geschieht gar nichts Besonderes: Es ist eine einfache Konferenz, gekoppelt mit einer Kunstausstellung. Das Ungewöhnliche ist nur, *wie* es geschieht: Es gibt weder Anmaßung noch Prunkentfaltung; Bernhard von Holland und der Emir von Bahrain bewohnen wie ich ein Zimmer im Hilton und essen an der Snack-Bar, ohne eine Verbeugung mehr und ohne Leibwache; Veterinäre und Herzoginnen schmausen Seite an Seite mit Königen und Sklaven, und zum Schluß sitzen alle im Haus von Scheich Zayed auf dem Fußboden, um drei Stunden lang auf einer improvisierten Leinwand einen Dokumentarfilm in Arabisch über die Kühnheit des Falken anzuschauen.

Diese Beziehung des arabischen Jägers zum Falken ist auch etwas Ungewöhnliches. Zwischen den beiden Partnern herrscht weder Zuneigung noch Freundschaft oder Unterordnung. Mensch und Falke begegnen einander wie zwei Duellanten: Im Gegensatz zum Hund ist der Vogel für den Wettstreit bestimmt, nicht zum Gehorsam. Das Risiko des Falkners bleibt bis zum Schluß offen, bis zu dem Augenblick, in dem das Tier vielleicht mit der Beute verschwindet oder sich die Freiheit nimmt, sie vor den Augen des Jägers zu verschlingen. Die beiden Partner respektieren sich und fürchten einander, rechnen gegenseitig mit dem Scharfsinn und der Gewandtheit, der Gutgläubigkeit und der Intoleranz des anderen. Wie ein Idol – bewacht und beschützt, aber nicht Gefangener – nimmt der Falke für den Beduinen eine doppelte Natur an: Göttlich, übernatürlich und magisch ist seine ungebändigte Wildheit und Grausamkeit; fast menschlich dagegen die aristokratische Schwäche seiner Gedärme, die Empfindlichkeit seines scharfsichtigen Auges und das Aufbrausende seines Temperaments. Im Gegensatz zu den Falknern des Westens spielt der arabische Jäger nicht mit dem Vogel. Ihn abzurichten und einzuschüchtern hieße einen Mythos zerstören, der auf den Wappen und Fahnen der ganzen Nation thront, der Tapeten und Aschenbecher ziert, der auf den Perserteppichen des königlichen Palastes und auf jeder von den Emiraten geprägten Münze die Flügel breitet.

Im übrigen sind, wie schon vor über einem Jahrhundert eine gescheite italienische Reisende, Cristina di Belgiojoso, bemerkte, »allgemein die Tiere in Asien denen in Europa weit überlegen ... und das hängt mit dem Verhalten zusammen, das man ihnen gegenüber an den Tag legt. Ein Araber würde nie sein Pferd schlecht behandeln, auch nicht, um es zu korrigieren. Er spricht zu ihm, versucht, es auf den rechten Weg zurückzuführen, aber wenn ihm das nicht gelingt, resigniert er: ›Allah karim!‹ (Gott ist barmherzig). Einmal, als sich mein schönes Pferd während eines Ritts durch eine Furt unbedingt in den Fluß hatte legen wollen, erlaubte ich mir, sobald ich mein unfreiwilliges Bad verlassen hatte, ihm eine saftige Lektion zu erteilen ... Alle gingen zu ihm hin, um ihm zu schmeicheln und es zu streicheln und es so meine Grobheit vergessen zu lassen. Das gleiche gilt für die Tiere, die zur Feldbestellung bestimmt sind. Die Büffel arbeiten nur, solange sie Lust dazu haben, und nur auf die Weise, die sie für richtig halten. Der Hirte leitet nie seine Herde, sondern folgt ihr und beschützt sie, wenn es nötig ist. Für uns klingt es merkwürdig, wie all diese Leute mit den Tieren reden, mit jedem in einer eigenen Sprache; das heißt, sie wenden sich an jede Tiergattung mit einer bestimmten Anzahl von Worten, die für den Menschen ohne Sinn sind, von den Tieren jedoch genau verstanden werden. Es gibt ein Wort und einen besonderen Tonfall, der den Ziegen sagt, daß der Wolf im Anzug ist, und die gleiche Warnung wird dem Hund mit anderen Worten und anderen Lauten gegeben. ›Nach links, nach rechts, stehenbleiben, weitergehen‹, all das sagt man auf verschiedene Weise zu einem Hammel und zu einem Pferd, zu einem Maulesel und zu einem Büffel. Nichts ist merkwürdiger als die lauten Melodien der Bauern, der Jäger, der Maultiertreiber und der Hirten in Asien, die von einem Berg zum anderen getragen werden und auf die die Tiere in ihrer Weise antworten. Man könnte ein kurioses Wörterbuch zusammenstellen mit der Sprache, die die Tiere dort verstehen, auch wenn sie sie nicht sprechen.«

Auf einer Robinsoninsel – mit Schwefel- und Salzbergwerk, mit Bäumen bepflanzt, durch eine Berieselungsanlage bewässert und in einen Nationalpark mit Kolibris und Möwen verwandelt – landete ich mit drei Königen, die mir die Türen des Hubschraubers offenhielten, damit ich besser fotografieren konnte. Hier erkletterten Anthropologen und Herzoginnen im Gefolge eines zwanzigjährigen Scheichs, der in Sandalen über Felsspalten sprang, den Berggipfel. Dann: ein Leintuch über den Teppichboden einer Hütte, Teller darauf und als Besteck die Finger, Falken mit Kapuzen, feierlich auf den Kleenexschachteln sitzend, die Herzogin von Saint Alban's mit einem Diamantenanhänger (in Falkenform), aber barfuß.

Oder: Eine Arena, die das Freilichtkino von Bagheria sein könnte. Ich als einzige Frau, rechts von mir der Emir, links sein Sohn, zu meinen Füßen die Falkenzüchter und hinter mir Hunderte von Männern mit Mineralwasserflaschen: Diese Männer sind der iranische Außenminister, der jemenitische Vizepräsident, der Bruder von König Khalid, ihre Chauffeure, Gassenjungen und Hausdiener. Das Schauspiel dauert von acht Uhr abends bis acht Uhr früh und besteht aus militärischen Tänzen, begleitet von revolutionären Liedern, hüftenwackelnden Beduinen, kleinen Konzerten für Violine und Tamtam, Koran-Rezitationen und Nationalhymnen.

Ich lebte zwischen hypnotischem Trancezustand und sinnlicher Lust, keusch, aber berauscht. Ich glaubte den anderen nicht, paßte mich ihnen nicht an, ich ließ mich nicht von ihrem Mythos vom Paradies erobern, manchmal hielt ich sie nicht mehr aus – und doch fühlte ich mich in völliger Harmonie. Vielleicht ist es ihr totaler Mangel an Scheinheiligkeit, ihre Weigerung, die gesellschaftlichen Mätzchen mitzuspielen, Tiefen vorzutäuschen, die gar nicht da sind, ihre unmittelbare Sympathie oder Antipathie, denen ebenso unmittelbares Vergessen folgt – kurz: vielleicht verkörpern sie das Ich ohne Überbau, die brutale, nackte Natur: Söhne des Epikur in einem Pionierland. Ich fühlte, daß es hier zu lernen und zu lehren galt, blutig zu leben, gegen die Vergangenheit und gegen die Zukunft zu kämpfen, gegen die Armut und gegen den Reichtum; daß man sich hier entweder eine Neurose holt oder aber zum Frieden in Kriegszeiten und zur Gelassenheit in der Katastrophe findet. Und daß der Tod wie der Piratengroßvater ist: etwas Würdevolles und Vertrautes, das dich verteidigt gegen grausamere Übel – wie das Leben.

18

Am Weihnachtstag des Jahres 1975 war ich ganz allein im luxuriösesten und teuersten Hotel der Welt und tanzte Tango mit einem englischen Gentleman. In einem Salon mit Gold-mosaiksäulen lagen zwischen silbernen Kandelabern vier le-bendige Kamele wiederkäuend auf den Pseudo-Bucharas. Girlanden aus farbigen Glühbirnen erleuchteten wechselwei-se ihre friedlichen Hinterteile. Mein Kavalier, schneeweißes Haar und Frack, war der letzte britische Berater in Abu Dha-bi gewesen. Jedes Weihnachten kehrt er zurück, eingeladen von Scheich Schakhbut, der zwar täglich mit ihm streitet, aber dennoch so etwas wie Freundschaft für ihn empfindet – soweit die Araber dieses Gefühl überhaupt kennen.

Ich durchritt die Oase von einer Seite zur anderen, galop-pierend zwischen Palmen und Dünen von venezianischem Rot. Ich hätte mein ganzes Leben hier verbringen mögen. Nicht im Hilton natürlich, und auch nicht in den sogenannten »Palästen«, die in Wirklichkeit Betonbunker sind, etwas auf-gelockert durch ein paar Schnörkel und mit Neonröhren ver-ziert, die wie Lichtsignale durch die Wüste leuchten. Und hinter den Mauern Archipele von Schuppen mit marmornen Vordächern, untereinander durch teppichbelegte Gäßchen verbunden und von goldenen Pagoden überragt.

Nichts ist je ganz fertig in Arabien: Ruinen von nichtvollen-deten Neubauten, von Schlössern aus Glasbeton und von Ar-kaden, über die Wüste verstreut wie die Spuren unerzogener Camper, verkünden jedem, der die Grenzen überschreitet: das ist das Reich des Provisoriums. Als Nomaden, die sie auch in ihren Palästen geblieben sind, wie sie es in den Zelten und Palmhütten waren, gestalten die Scheichs ihren Alltag in absurder und märchenhafter Weise. Sie gurken im Mercedes auf dem Sand herum, lassen ihre Häuser offen und mit brennendem Licht ganze Wochen lang allein, sie fahren mit Zelt, Kamel und Datteln ins Wochenende und kampieren mit der Familie in zweihundert Meter Entfernung auf den Dünen.

Der Erdölminister lud mich – nachdem er mir in einem *madjlis* ganz aus Spiegel und alique wahre Trophäen von Strudel angeboten hatte – ein, den Kaffee in seinem *fumoir* zu nehmen: einem Zelt, das im Hof, zwischen den vom Bau des Palastes noch herumstehenden Betonmischmaschinen und Materialresten, aufgeschlagen worden war.

Nein, ich hätte nicht so leben wollen wie Metha, die achtzehnjährige, diamantenbedeckte Prinzessin, die in einem bayerischen Lehnstuhl kauernd Milch mit Safran schlürft, während ihr Negermädchen mit Henna Blümchen auf die Fußsohlen malen. Ihre Welt ist – trotz der Sklavinnen, dem Eingesperrtsein, der Maske – die Welt von morgen, und die wird für die Frauen Arabiens dramatisch werden.

Schon sah ich, wie sie sich in die Gemächer der Scheichin Nura, der Lieblingsfrau des Emirs, einschlich: Zusammen mit dem Schmiedeeisen und den drei Fernsehapparaten, die Tag und Nacht auf drei verschiedenen Programmen laufen, zusammen mit dem Teppich, der das Ebenbild des Gatten trägt, und mit den Bergeren »Louis-quarante« ist die Welt von morgen in Nuras Leben in Gestalt von ägyptischen Sekretärinnen eingedrungen, die sie wie eine Pharaonin preisen, wie eine Sultanin verwöhnen und ihr täglich einreden, daß eine Königin Distanz halten muß, daß sie die Gäste mit Hochmut und die Dienerinnen mit Verachtung zu behandeln hat, und vor allem: kein Reis mit Hammel mehr, kein Wüstenkaffee, nur noch Sèvres und Törtchen mit Schlagsahne. Schluß auch mit diesen Schleiern, diesen Schabracken. Was haben diese Folklorefetzen auf den blühenden Formen Ihrer Majestät verloren?

Auch in Methas laschen Nachmittagen, in ihren Launen eines verwöhnten kleinen Mädchens, in der verrückten Art, wie sie den immer abwesenden Ehemann mit Gedanken und Eifersucht verfolgte, entdeckte ich bereits die Schäden von Reichtum und Macht. Mit dem Fortschritt kam für diese Frauen eine neue Art von absurder, unvorstellbarer Sklaverei: die Sklaverei des Prestiges. Wie vor eintausendvierhundert Jahren, als die Beduinenscheichs von den Byzantinern gelernt hatten, die Frauen im Haus einzuschließen und ihre Gesichter mit einem Schleier zu verdecken, damit sie besser von den Frauen aus dem Volk unterschieden werden können, bauen die Ölscheichs heute goldene Festungen, in der Überzeugung, daß die Ehre durch Mauern geschützt werden muß. Dabei sind sie es, die die Familie zerrütten, die ihre jungen Frauen ganze Wochen lang allein lassen, die sich in jeder Saison eine neue nehmen, die den Ausländerinnen nachlaufen, die die Bordelle von London und Kairo frequentieren. Sie vergessen, daß diese Frauen vor zwanzig Jahren in der Wüste frei waren und die Geschicke des Stammes gelenkt hatten; sie vergessen, daß eine patriarchalische Gesellschaftsstruktur für beide Seiten eiserne Regeln hat. Der Unverfrorenheit der Männer und ihrer Überzeugung, man könne die Treue mit Geld erkaufen, wird es zuzuschreiben sein, wenn eine Gesellschaft, die sie unbedingt erhalten möchten, radikal verändert wird. Gerade deshalb hätte ich dort leben wollen, in der unsinnigen Anmaßung, zu retten, was noch zu retten ist, und allen meinen Freundinnen ständig zu wiederholen: »Ändert euch nicht, begeht nicht die gleichen Fehler wie wir, der Harem ist wirksamer als der Feminismus, der Supermarkt ist nicht Freiheit, die Liebe ist eine Erfindung des Westens, erhaltet euch eure gesunde Sexualität!«

Ich sprach mit Sebha darüber, Schakhbuts Schwiegertochter und meine erste Freundin in Abu Dhabi. Sie ist am wenigsten gefährdet. Wie sie in Beirut und London sie selbst geblieben ist, wird sie auch in Abu Dhabi nicht untergehen, obwohl sie sich absurderweise hier als Gefangene einer Welt wiederfindet, die sie nicht kennt, die nicht der Westen ist, aber auch nicht mehr das Arabien ihrer Kindheit. Sie möchte einen Ehemann, und früher wäre es für sie auch ein leichtes gewesen, sich einen zu verschaffen. Aber heute darf die Witwe eines Scheichs nur noch einen Scheich heiraten, und der Scheich zieht eine jungfräuliche Gattin vor, achtzehnjährig, Beduinin darf sie vielleicht noch sein, aber keineswegs »aus zweiter Hand«. So muß sich Sheba, die immer noch die schönste Frau ist, der ich je begegnet bin, mit dreißig Jahren mit dem Alleinsein abfinden, gerade weil sie das Privileg besitzt, eine Scheichin zu sein und keine Frau aus dem Volk. Zum Glück ist Scheich Schakhbut, der ein Beduine alten Schlages ist und als solcher offene Ansichten hat, froh, daß er sie auf Reisen schicken kann. Im übrigen hat er immer auch seinen eigenen Töchtern absolute Freiheit zugestanden. Aber das verhindert nicht, daß Sebha an schrecklicher, ganz offensichtlich psychosomatischer Migräne leidet, und sicher genügt es ihr nicht, sämtliche Museen in Deutschland zu besuchen, um sich in ihrer Haut wohl zu fühlen. Und doch, als ich mich über ihr Schicksal aufregte, antwortete sie mit einem Zitat des Propheten: »Überlaß es dem Schöpfer, sich um das Geschöpf zu kümmern.«

Nur Salamah, die Tochter Scheich Zayeds, kommentiert ironisch die moderne Blindheit. Sie ist eine verschlossene Frau, die, seit sie mit achtzehn Jahren Witwe wurde, zurückgezogen in einem abseits gelegenen Palast lebt. Auch sie war mit Said, Sebhas Mann und Schakhbuts Sohn, verheiratet gewesen, und es ist vielleicht kein Zufall, daß meine besten Freundinnen beide Frauen des unseligen Said gewesen waren. Die eine Scheichtochter, die andere Beduinin, verbunden miteinander durch ein bitteres Märchen, durch die Einsamkeit, die nutzlose Schönheit und eine verbissene Lust zu lernen.

Beide gleich zäh in ihrem Wesen, und doch richtige Frauen.

Salamah hatte mich nach und nach durch ihren leisen Sarkasmus und ihre rätselhaften Fragen erobert. Dann entdeckte ich, daß sie es gewesen war, die eine Reihe ägyptischer Mädchen, die für ein paar Dinare an reichgewordene Hirten verkauft worden waren, von denen sie wie Sklavinnen gehalten wurden, »loskaufte«. Sie hatte nicht nur die Ehemänner bezahlt, damit sie in die Scheidung einwilligten, sondern sich auch darum gekümmert, für jedes der Mädchen einen Platz oder einen neuen Ehemann zu finden. Nur bei mir konnte sie sich in wilden Beschimpfungen gegen die islamischen Männer ergehen und gegen das, was sie die »Selbstmordpolitik der arabischen Länder« nannte. Während all der Jahre und im Verlauf von endlosen, fast täglichen Telefongesprächen, die mich überall, wo ich mich befinde, erreichen, hat Salamah eine politische Scharfsicht an den Tag gelegt, die ebensogroß ist wie ihre Kenntnis muselmanischer Geschichte. Eingeschlossen in ihren Palast, verbringt sie die Nächte am Radio und hört die arabischen Sender. Sie lernt Persisch, um besser zu begreifen, was im Iran passiert. Sie hilft den Palästinensern, den Afghanen, und es gibt keinen feministischen Kongreß, dessen Berichte sie nicht kennt. Über jedes Ereignis hat sie eine Meinung, die sie leicht ironisch, gebildet, präzis und zugleich nonchalant zum Ausdruck bringt. Sie könnte über die Situation des Mittleren Ostens wesentlich bessere Bücher schreiben als die meisten, die veröffentlicht werden. Statt dessen schreibt sie Gedichte, lange Beduinenballaden, die eine Wüste besingen, in der sie nie gelebt hat.

Meinen Geburtstag feierten wir diesmal in einem der vornehmsten Harems von al-Ain. Der Teppichboden war rotgewürfelt mit weißen Tupfen. Kaninchen, winzige rosa Kaninchen mit ganz langen Ohren, hüpften quietschend darauf herum. Andere kletterten mit großer Anstrengung auf einen Schoß aus glänzendem grünem Lamé. Dieser Schoß gehörte Hussah: Scheichin Hussah Umm Khalifa, bint Mohammed bin Khalifa, der ersten Frau Zayeds, dem mächtigsten Monument am unteren Golf. Enormer Brustkorb, der einen mit echten und falschen Juwelen ungeheuren Ausmaßes blendet; ein Körper, geschaffen, um die Milchstraße zu beherrschen, und eingehüllt in die grellsten golddurchwirkten Seiden; der Blick verloren in eine zufällige Unwissenheit, in eine methodische Uninformiertheit; dazu jedoch die Aufrichtigkeit, es zuzugeben, und die Macht, die Kraft, die Zähigkeit, alle in die eigene Richtung zu zwingen. Sie ist alles auf einmal: neugierig und intrigant, töricht und gewitzt, anmaßend und liberal, großherzig und alterlos wie ein Buddha. Auch Männer sind in ihrem *madjlis* zugelassen, nicht nur Kaninchen. Sie offerierte mir ein üppiges Festmahl und zerteilte eigenhändig das Ziegenkitz, von dem ich das noch zuckende, aber – wie behauptet wurde – besonders köstliche Gehirn versuchen mußte.

Dann fuhren wir in einem mit Ozelot ausgelegten Range Rover los. Scheichin Hussah saß vorn mit dem Enkel, der dem Chauffeur befahl, mit größter Geschwindigkeit durch die Pfützen zu fahren, damit Polizisten und Passanten mit Schlamm vollgespritzt wurden. Wir fuhren, um die Schafe zu besichtigen: enorme Schafe auf der Weide um einen Swimming-pool, der mit Mosaiken der Venus und der Bacchantinnen ausgelegt war.

19

Im Frühjahr 1976 reiste ich in den Jemen als offizieller Gast der Regierung. Man lud mich ein, Marib zu besichtigen, die Hauptstadt der Königin von Saba, deren Restaurierung Scheich Zayed finanzierte.

Es war ein klarer, strahlender Morgen, als ich von Sanaa nach Marib flog. Das Militärflugzeug, das mir der Minister zur Verfügung gestellt hatte, startete mit knapp fünf Stunden Verspätung und dreißig Passagieren an Bord, einschließlich der Ziegen. Die zwei bis drei Gewehre und Dolche, die jeder Reisende als einziges Gepäck vorwies, wurden − trotz der Proteste − verstaut, und wir hoben zögernd, aber geräuschvoll ab. Wir strichen über ungezähmte Gipfel, die ihre bleifarbenen Felsen fletschten, überflogen düstere Abgründe und steile Schluchten; endlich erreichten wir die Wüste, eine seltsame Wüste, die von oben aussah wie ein gelbes Tuch, das über eine große Stadt gebreitet war.

Bei der Ankunft empfing mich die Garnison von Marib mit militärischen Ehren. Dann brachte man mich zum Gouverneur, der in den Trümmern eines Palastes wohnte, von dem nur die (unterirdischen) Gefängnisse unversehrt geblieben waren. In ihnen konnte ich drei richtige Sträflinge mit Bleikugeln am Fuß angekettet sehen. Als ich fragte, welche Strafe sie verbüßten, hieß es: »Das weiß Gott.«

Ich wurde zur einzigen noch bestehenden Herberge geführt, die einem alten, verwitterten Analphabeten gehörte, der mit einer Italienerin verheiratet war. Äußerst wortreich erzählte er mir im schönsten romagnolischen Dialekt von seinen Hel-

131

dentaten im Dienst des Duce und offerierte mir außer den
blutrünstigsten Flöhen des ganzen arabischen Kontinents
auch einen Teller Spaghetti mit Kamelragout. Die Spaghetti
natürlich hausgemacht von der Signora Caterina Yahya.

Die Tage gingen angenehm dahin, trotz dem Juckreiz, der
mich dazu trieb, im Sand Linderung zu suchen. Ich fühlte
mich als Forscherin auf den Spuren von Seetzen und Con-
stant. »Nur fünf Ausländer haben in den letzten zwanzig Jahren ihren Fuß auf diese Erde gesetzt«, beteuerte mir der Gouverneur, wobei er über die Tatsache, daß zwei davon erst vor
fünf Monaten nicht nur als Leichen, sondern auch noch ge-
köpft gefunden worden waren, taktvoll hinwegging. Man bot
mir eines der zwei Autos von Marib an: einen funkelnagel-
neuen Range Rover, zugelassen in Kuwait und illegal eingeführt, wie im übrigen auch alles andere, denn hier fährt man
viertausend Kilometer zum Shopping, nur um nicht die ver-
haßte Hauptstadt Sanaa betreten zu müssen. Am Steuer des
Geländewagens fuhr mich ein fünfzehnjähriger Beduine
durch den Sand, von einer sabäischen Säule zu einem ägyptischen Flugzeugwrack, während ich Strabon, Diodorus Siculus und Tabari las:

Marib, Königin der Städte, Diadem an der Stirn des Universums, ist die Hauptstadt eines Landes, das an Reichtum und
Überfluß keinem anderen gleicht. In ihr sind Gefäße und Tas-
sen aus Silber und Gold, die Betten und Dreifüße haben sil-
berne Beine, und alle Gegenstände sind über die Maßen
prachtvoll. So haben auch die Laubengänge goldene Säulen
mit Kapitellen aus silbernen Figuren, denn diese Menschen
geben sehr viel für den Bau ihrer Häuser aus und verzieren
alles kunstvoll mit Elfenbein und Juwelen. Hier werden die
Brüder mehr geehrt als die Söhne, da sie älter sind, und alles
gehört der ganzen Verwandtschaft gemeinsam. Eine einzige
Frau ist die Gattin aller, aber des Nachts schläft sie bei dem
Ältesten. Daher sind alle Brüder von allen und legen sich auch
zu den Müttern. Der König gibt ständig Gelage von großem

Gepränge. Keiner trinkt öfter als elfmal und immer aus verschiedenen goldenen Kelchen. Der Herrscher ist so volkstümlich, daß er nicht nur sich selbst bedient, sondern auch den anderen vorlegt. Häufig wird er vom Volk verurteilt, und manchmal stellt man auch Untersuchungen über sein Leben an.

Die Völker des Jemen verbrennen Amberbäume, um Weihrauch zu sammeln, denn die Bäume, die den Weihrauch hervorbringen, werden von kleinen, bunten geflügelten Schlangen bewacht, die in großer Zahl jeden Baum umgeben und die kein anderes Mittel vertreibt als der Rauch des Amberbaumes. Die Jemeniter sammeln auch den Safran, und dazu umwickeln sie ihren ganzen Körper und das Gesicht – ausgenommen die Augen – mit Tierfellen. So machen sie sich auf die Suche nach dem Safran, der in einem seichten See wächst. Aber um und in diesem See hausen geflügelte Tiere, ähnlich Fledermäusen, die ein schreckliches Gekreisch ausstoßen und heftig Widerstand leisten, so daß man sie, um den Safran sammeln zu können, von den Augen fernhalten muß. Aber noch wunderbarer ist die Ernte des Zimmets. Große Vögel tragen diese Rinden zu Lehmnestern, die an jähen, für den Menschen völlig unzugänglichen Felsen kleben. Die Araber schneiden nun die Gliedmaßen von Ochsen, Eseln und anderen Saumtieren in möglichst große Stücke, bringen sie in diese Gegenden, legen sie in die Nähe der Nester und verstecken sich. Die Vögel fliegen herunter und tragen die Stücke in ihre Nester hinauf, die unter der Last zerbrechen und herabstürzen, worauf die Araber herbeieilen und den Zimmet auflesen. Aber noch wunderbarer ist die Ernte des Ladanums, einer Substanz von lieblichem Duft, die an einem übelriechenden Ort wächst: es findet sich in den Bärten der Ziegenböcke, in die es sich wie die Mistel von den Büschen aus verwickelt und aus denen es die Araber dann mit großer Anstrengung herausreißen.

Und alle diese Reichtümer wurden von Yada Yafis geschaffen, dem ersten, über zwei Meter messenden Herrscher. Er ließ einen gläsernen Damm erbauen, der des Nachts heller leuchtete als der Mond; er lehrte seine Untertanen, daß das Licht der Sonne von ihrem Aufgang bis zum Mittag die Geister des Bösen beherbergt, er lehrte sie, die Fenster mit Platten aus durchsichtigem Alabaster zu bedecken, und er lehrte sie die Gesundheit, denn er selbst lebte dreihundertfünfzig Jahre. Er regierte, ohne Fleisch zu essen, und nahm fast überhaupt keine Speise zu sich – seine Untertanen brachten ihm Kornähren und Kräuter dar. Er besaß einen Herrscherstab, und wenn er einen Berg spaltete, wurde der Stab zu einem leuchtenden Blitz ohne Donner, und die Teilung war vollbracht. Und alle seine Nachfolger lebten zweihundert Jahre und länger und eroberten Babelistan, Ifirqiya, Indien, Tabaristan und fielen sogar in China ein.

Eines Tages wurde el-Hadhad geboren, der Gefürchtete und Geliebte, der fünfunddreißigste Herrscher der Dynastie des Sem, Noahs Sohn. Als er einmal bei der Jagd über die Grenzen seines Reiches hinausgeriet, stieß er auf eine Gazelle, die von einem Wolf verfolgt wurde. Hadhad tötete den Wolf und verfolgte die Gazelle, bis er in eine große Stadt ganz aus Metall kam, die auf vier riesenhaften Silbersäulen stand. Aus einer Säule trat ein Mann heraus und sprach: »O König, dies ist die Hauptstadt des Reiches der Dschinn, der Geister, über die ich herrsche. Und die Gazelle, der du nachläufst, ist meine Tochter.« Daraufhin erschien ein Mädchen von großer Schönheit, und ihr Name war Harura. El-Hadhad verliebte sich in sie und wollte sie heiraten. Er errichtete ein Schloß aus leuchtendem Metall, in dem die Speisen durch Zauberhand auf den Tischen erschienen, und nach drei Tagen üppiger Feste wurde die Hochzeit gefeiert. In diesem Schloß lebten König el-Hadhad und die Prinzessin der Geister; sie hatten eine einzige Tochter von ungewöhnlicher Schönheit und seltener Klugheit, und sie nannten sie Bilqis.

Aber als el-Hadhad starb, bemächtigte sich ein Rivale der

Hälfte des Reiches, regierte mit Grausamkeit und führte abscheuliche Menschenrassen in den Jemen. Über die andere Hälfte des Reiches regierte Bilqis, weise und geliebt, in der Achtung von Ilumquh, dem Mondkönig, dessen Strahlen jede Nacht durch ein anderes Fenster in ihren Palast drangen. Und als der tyrannische Rivale sie nötigte, ihn zu heiraten, stimmte sie zu, sich mit ihm zu vereinigen, und tötete ihn im Schlaf. Daraufhin riefen Minister und Höflinge sie zur Königin von Saba aus, und sie regierte mit Glanz und Gerechtigkeit, und ihr Volk lebte glücklich. Ihr Thron maß vierzig Fuß in der Länge und dreißig in der Höhe und war aus Gold und Silber, und seine Füße waren aus Rubinen und Smaragden.

Eines Tages fand Bilqis beim Erwachen eine Botschaft auf ihrem Kissen: »Im Namen des barmherzigen Gottes! Verherrliche dich nicht und sei nicht überheblich gegen mich, sondern sei meinem Glauben untertan: Ich bin Salomon, Davids Sohn.« Bilqis beriet sich mit ihren Ministern, was zu tun sei, und sie antworteten: »Wir sind stark und zum Krieg bereit, aber du bist es, die befiehlt.« – »Ach«, sagte Bilqis, »wenn ein König in ein Land einfällt, so verwüstet er es und schont weder die Besten noch die Unglücklichen. Ich werde ihm reiche Geschenke schicken, um ihn zu besänftigen.« Sie ließ die Kamele satteln und neuntausendneunhundertneunundneunzig goldene Fliesen anfertigen, mit denen sie die Wüste um König Salomon herum pflastern lassen wollte. Außerdem schickte sie ihm Perlen, Aloen und einen Kranz von Diamanten.

Aber Salomon war König der Menschen und der Dschinn, der Vögel und der anderen Tiere; sein Heer war unbegrenzt wie seine Weisheit, und nichts entging seinen Kundschaftern. Der Vogel, der Bilqis die Botschaft überbracht hatte, verfolgte die Reisevorbereitungen und zählte die Fliesen. Als die Gesandtschaft dann bei Salomon ankam, fand sie die Wüste in der ganzen Umgebung bereits mit Goldfliesen gepflastert, nur da und dort waren noch leere Stellen, und ihre Anzahl ent-

sprach genau der Anzahl der von der Königin von Saba ge-
schickten Fliesen. Salomon wies die Geschenke zurück und
schickte die Botschafter wieder zu Bilqis, die der Königin von
dem außerordentlichen Ereignis und vom Ruhme Salomons
berichteten. »Ich werde selbst gehen, um ihn zu empfangen«,
sagte daraufhin die Königin und machte sich an der Spitze
ihres Heeres mit all ihren Würdenträgern auf den Weg.

Sie fand den Sohn Davids in einem großen Palast mit glä-
sernem Fußboden, bei dessen Anblick sie dachte, es sei ein
See. Um dem König entgegenzugehen, raffte sie ihre Röcke
und ließ ihre Beine sehen. Daraufhin sagte Salomon: »Das ist
kein Wasser, wodurch du gehen mußt, sondern Glas, Bilqis«,
und die Königin begriff, daß sie sich im Palast der Göttlichen
Erkenntnis befand, wo das durchsichtige Kristall der Wahrheit den gewöhnlichen Sterblichen wie der Fluß der menschlichen Nichtigkeiten erscheinen kann. Und sie bat Gott um
Vergebung, wurde Muselmanin und heiratete Salomon, Davids Sohn.

All das berichten Strabon, Diodorus Siculus, Sennasherrib,
Tabari und der Koran über Marib. Ich sah nichts anderes als
Schichten archaischen Todes, Grabhügel aus legendärem
Abfall und die Monotonie des Kataklysmus, die eine unendliche Wüste von einer Wand dreitausend Meter hoher schwarzer Berge trennt. Da und dort im Sand abgebrochene Säulen,
Kamelgerippe, Alabastersplitter. Und wo einst die Wasser eines gewaltigen Stromes flossen, ist nichts mehr da als ein
trockenes Flußbett, gesäumt von riesigen weggerissenen Steinen, von Teerklumpen und Kieshaufen.

Marib, die Hauptstadt des Arabia Felix der Antike, Marib,
das alle zwölf Monde tausend Talente Weihrauch zum Baal-
Fest nach Babylon schickte, Marib, das den endlosen Karawanen der ägyptischen Königin Hatschepsut Elfenbein, Gold,
Affen- und Leopardenfelle verkaufte, war ins Nichts versunken, ausgelöscht. Aus den Steinen des antiken Marib waren
andere Marib mit immer höheren Häusern gebaut worden,

umsonst: Die letzte Stadt, die Nassers Bomben zerstörten, leierte ihre aufgerissenen Wolkenkratzer herunter, mitten in der Wüste, auf einem Hügel, errichtet aus den Abfällen sämtlicher anderen Marib.

Und doch kämpfen die Männer von Marib mit ihren bemalten Karabinern und ihren filigranverzierten Dolchen weiter. Sie kämpfen gegen die Straße, die ihre Stadt in eine Provinz von Sanaa verwandeln würde; sie kämpfen gegen die Flugzeugpiste, die vom republikanischen Heer entworfen wurde; und sie kämpfen gegen das Erdbeben, das die wenigen neuen, in etwa zehn Kilometer Entfernung erbauten Häuser zum Einsturz gebracht hat. Sie kämpfen nicht für die Unabhängigkeit und nicht für den abgesetzten Imam, sondern für das neue arabische Imperium. Ihr Blick ist auf Rub al-Khali gerichtet, das große »Leere Viertel« der Wüste, hinter dem ein Monarch wohnt, der fähig wäre, diesen Traum zu verwirklichen.

Sein Name ist Scheich Zayed, sein Reich Abu Dhabi. Das hier ist nach der Überlieferung das Ursprungsland von Scheich Zayed; von hier brach sein Stamm zusammen mit vielen anderen nach dem Bruch des Staudamms von Marib auf. Und gerade diesen Damm will Scheich Zayed heute wiederherstellen. Seine Archäologen, Ingenieure und Agrarfachleute, die mit ihren magischen Destillierkolben zwischen den Dünen zelten, planen Kanäle, Obsthaine, Gemüsegärten und ein neues großes Marib.

20

Ich wartete über eine Woche auf das Militärflugzeug, das mich, wie ausgemacht, wieder abholen sollte. Aber umsonst brachte mich jeden Tag im Morgengrauen eine Abordnung von Marib zur Landebahn. Zwischen Marib und Sanaa gab es keine Verbindung irgendwelcher Art, und von einem Telefon hatte außer dem Duce-Freund Yahya noch niemand etwas gehört. Ich begriff, daß es mir laut Ministerbeschluß bestimmt war, genauso wie Marib zu enden: vergessen im Sand. Da beschloß ich, mit dem Auto loszufahren.

Ich teilte meinen Entschluß dem Gouverneur mit, der zuerst laut herauslachte; dann sagte er: »Gefällt es dir denn nicht bei uns? Wir finden einen Mann für dich, und dann bleibst du für immer da, wie die Frau von Yahya.« Als ich jedoch bei meinem Entschluß blieb, hüllte er sich in Schweigen. »Es gibt keine Straße«, meinte der Vizegouverneur lakonisch. »Es gibt kein Auto«, behauptete ein anderer. »Wir haben keine Weisungen aus Sanaa erhalten«, bekräftigte der für den Tourismus zuständige Beamte. »Es ist heiß«, entschied ein alter Mann aus dem Dorf, der einzige, der die Wahrheit sagte. Daraufhin ging ich zu Yahya, um zu erfahren, was dahinterstecke.

»Dahinter! Dahinter!« wetterte Yahya und schaute mich an, als ob ich verrückt sei. »Da steckt gar nichts dahinter, das ist alles sonnenklar. Weißt du denn nicht, daß wir Krieg haben? Weißt du denn nicht, daß das Gebiet von hier bis Sanaa Stämmen gehört, die jeden töten, der durchkommt? Es sind nur knapp zweihundert Kilometer bis Sanaa, aber für die braucht man zwölf Stunden, man muß bis zum Himmel hoch und in die Schluchten hinunter, man muß zwischen den Geistern der toten Soldaten hindurch und zwischen allen Dschinn Arabiens. Außerdem, kein Mensch kennt den Weg. Und du bist eine Frau, noch dazu ein Gast der Regierung. Wer soll dich denn begleiten? Wenn sie dich nicht umbringen, dann ermorden sie den, der dich hingebracht hat. Nein, das schlag dir nur gleich aus dem Kopf. Irgendwann wird das Flugzeug schon kommen.«

Nun ging ich zu Awf, meinem beduinischen Chauffeur, und setzte ihm den Fall auseinander. »Ich bring' dich hin, ich kenn' den Weg; ich hab' ihn als Kind auf dem Esel meines Vaters gemacht. Aber du mußt den Gouverneur so weit bringen, daß er uns das Auto gibt.« Dazu brauchte ich einen ganzen Tag, aber zum Schluß erhielt ich – sicher dank meiner hochgestellten Bekanntschaften in Abu Dhabi, die aufzuzählen ich nicht zögerte – eine mürrische Zusage.

Die Nacht verbrachten Awf und ich damit, auf grünen Grund mit weißen Buchstaben die Aufschrift »Innenministerium« nebst einer Phantasieziffer zu malen. Das sollte unser neues Kennzeichen sein, mit dem wir vor den Toren von Sanaa das alte ersetzen wollten. Dagegen würde uns – so hofften wir – das kuwaitische Kennzeichen gegen den Zorn der Stämme unterwegs beschützen. Ein Schlauch Milch, ein Säckchen Datteln und vier Brote, dazu die Segenswünsche Caterinas und die unzertrennlichen Flöhe Yahyas: das war unser ganzer Proviant, und wenn ich daran denke, muß ich sagen, daß wir wirklich verrückt waren. Mein Tonbandgerät heulte: »Du kommst von einer Insel im Meer, aber rennst durch die Wüste wie eine Ziege / du lebst von sechs Datteln am Tag wie der Prophet, und deine Haut ist weiß wie Alabaster …«, ein Lied, das der Bänkelsänger von Marib für mich gedichtet hatte. Awf hatte sich sogar seine Tunika und seinen Turban gewaschen, unsere Hinterteile ruhten vertrauensvoll auf dem neuen Kennzeichen, und auf dem Rücksitz schimmerte der Karabiner von Awfs Urgroßvater. Außerdem war es uns gelungen, zwanzig Liter Benzin in etwa fünfzig Fläschchen eindeutig sabäischer Herkunft aufzutreiben. Dieser Morgen erschien mir der schönste der Welt.

Es stimmte, daß es keine Straße gab. Das merkte ich, als wir hinter der Wüste in ausgetrocknete Flußbette und Kiesellabyrinthe einbogen. Aber es war so romantisch, so still, so imposant! Sicher, lieber nicht hinschauen, wenn man am Rand eines Abgrunds bis auf dreitausend Meter Höhe hochklettert. Sogar der Range Rover tut sich schwer bei achtzig Grad Steigung. Aber, ich weiß nicht warum, auf Awf vertraute ich blind, trotz seiner fünfzehn Jahre. Es wurde Nacht, und wir waren niemandem und nichts begegnet: keinem Strauch, keinem Licht, keinem Tier. Doch wir hatten wesentlich mehr Zeit gebraucht als vorgesehen: zwölf Stunden, und wir hatten gerade erst die Hälfte.

Während wir überlegten, ob wir vielleicht vom Weg abgekommen seien und ob es besser wäre, anzuhalten und den Morgen abzuwarten, hörten wir Stimmen. Ein Dutzend Männer versperrte uns den Weg. Ihre Gewehre waren zu neu, um uns Mut zu machen. Sie fragten uns, wer wir seien und woher wir kämen, dann befahlen sie uns auszusteigen. »Sie ist Ausländerin und kommt aus Abu Dhabi«, erklärte Awf dem mutmaßlichen Anführer. »Was will sie in Sanaa?« – »Ich möchte ein Flugzeug haben, um abzureisen«, sagte ich, unvorsichtigerweise auf Arabisch. Die Männer flüsterten etwas, dann wandte sich der Anführer an Awf und sprach mit Nachdruck die folgenden Worte: »Weißt du nicht, daß dieses Gebiet nicht zu Sanaa gehört? Weißt du nicht, daß man es nur mit Erlaubnis betreten darf? Wir haben den Befehl, jeden zu töten, der hier durchkommt.« – »Tötet mich, aber laßt die Dame in Frieden weiterziehen«, erwiderte mein Kavalier völlig gefaßt. »Wir müssen euch beide töten«, verkündete finster der andere. »Ich möchte mit eurem Scheich sprechen«, misch-

140

te ich mich, noch hoffnungsvoll, ein, aber der Anführer würdigte mich nicht einmal einer Antwort.

Ich begriff, daß die Lage ernst war. Während sich Awf zu erklären bemühte, daß ich keine Spionin sei, daß ich niemanden in Sanaa kenne und daß nicht einmal das Auto aus dem Jemen stamme, versuchte ich angestrengt, etwas Überzeugenderes zu finden. »Es ist eine Schande, eine Frau zu töten!« Schweigen. »Die Gastfreundschaft ist heilig. Seid ihr vielleicht keine Araber?« Schweigen. Traveller's Cheques anzubieten schien mir nicht angebracht. Plötzlich hatte ich eine Idee. »Ich bin eine Prinzessin.« Alle wandten sich um. »Eine saudische?« – »Nein, aber ich habe viele saudische Freunde, darunter den Fürsten Ali, ein großer Freund eures Scheichs.« Um die Wahrheit zu sagen: Der Fürst Ali wohnte wie ich im Moka Hotel von Sanaa, und obwohl ich den Verdacht hatte, daß sein Besuch nicht ausschließlich touristischer Natur sei, hatte er nie etwas von Kontakten zu den Stammeshäuptern verlauten lassen. Jedoch schien der Einfall eine gewisse entspannende Wirkung hervorzurufen.

»Aber wenn du keine Saudi bist, was für eine Prinzessin bist du dann?« – »Eine italienische Prinzessin!« sagte ich theatralisch, in dem Versuch, eine so unbekannte Staatsangehörigkeit durch meinen Tonfall zu adeln. Auf dem Gesicht des Anführers erschien ein breites Grinsen. »Italienisch? Aber dann kennst du ja Mussolini, ein großer Mann, wie geht es ihm?« Ich zögerte keinen Augenblick: »Er hat seinen Frieden«, rief ich, »al hamdulillah!« Und Gott sei wahrhaftig gelobt, wenn er mich an einen jeminitischen Faschisten geraten läßt, dachte ich, während die Männer wieder miteinander flüsterten. »Wir gehen und melden das dem Scheich, setzt euch ruhig ins Auto. Zu eurem Schutz lassen wir euch drei Wachen da, denn (zu mir gewandt) in dieser Gegend weiß man nie, was passieren kann.«

Es war bereits Morgen, und die Wachen kannten inzwischen meine Lebensgeschichte auswendig, als ein Jeep mit einigen Männern erschien. »Scheich Amr erwartet Sie, Emirin, er hat bereits einen Hammel geschlachtet. Er wird Ihnen zu Ehren ein großes Fest geben und bittet Sie, seine Gastfreundschaft anzunehmen.« Die »Faccetta Nera«* singend, kamen wir in Caucaban an. Der Scheich empfing mich auf der Schwelle seines Forts, umringt von einer Horde wilder Burschen. Zum Glück fragte er mich nicht nach Neuigkeiten von Mussolini, sondern vom Fürsten Ali, die ich ihm geben konnte, ohne allzusehr zu lügen. Ich war erstaunt zu sehen, wie jung und – für einen Jemeniten etwas Ungewöhnliches – gepflegt er war. Während des Banketts erklärte er mir, daß der Kampf der Stämme erst aufhören würde, »wenn der letzte von uns tot ist«, doch so weit würde es wohl kaum kommen, »denn die Berge sind in unserer Hand, und die Tage von al-Hamdi (dem Präsidenten) sind gezählt«. Dann entschuldigte er sich wegen des »kleinen Zwischenfalls«, den er unbeabsichtigt verursacht habe, und verkündete mir, ich sei auf unbegrenzte Zeit sein Gast. Gefangene? Aber um Himmels willen! Herrin. Ich sah mich schon an der Spitze der Guerillakrieger für die Rückkehr des Imam kämpfen. Ich beschloß, eine Nacht darüber zu schlafen.

Aber da hatte ich meine Rechnung ohne den Harem gemacht. Dreißig Frauen, seit ihrer Geburt auf einem Berggipfel von der Welt ferngehalten, sahen plötzliche eine »italienische Emirin« bei sich auftauchen. Schuhe, Zahnpasta, Büstenhalter, ganz zu schweigen von den Schlüpfern mit Spitzen – das zweite Weltwunder nach dem Staudamm von Marib. Alles machte die Runde. Zum Glück hatte ich den Fotoapparat unterm Autositz versteckt, in Erinnerung daran, mit welchem Ungestüm sie ihn in Sanaa angeschaut hatten. Wer weiß, warum die Wiedergabe eines Bildes im Jemen immer als böser Zauber galt, so daß im vorigen Jahrhundert drei Archäologen

---

* Faschistisches Lied aus dem Äthiopienkrieg.

sogar ermordet wurden, weil sie versucht hatten, die Inschriften von Marib zu kopieren.

Der Morgen des nächsten Tages brach an, und ich hatte kein Auge zugetan. Ich überredete Scheich Amr, mich fahren zu lassen, und erklärte ihm, daß, wenn ich mich länger bei ihm aufhielte, »die in Sanaa den Verdacht hegen könnten, wir würden etwas aushecken«. Von dem Vorsatz, mir eine bewaffnete Begleitung mitzugeben, ließ er sich jedoch nicht abbringen und stellte einen Jeep dafür bereit. Zum Glück übrigens, denn den ganzen Weg entlang stießen wir auf Kontrollposten und Guerillas der verbündeten Stämme.

Aber ich hatte Bedenken wegen des Autokennzeichens. Bis jetzt führten wir das von Kuwait, mit dem wir nicht in den Bezirk von Sanaa fahren durften. Das andere Kennzeichen war versteckt, und ich mußte einen Weg finden, es auszutauschen, ohne von den Leuten Scheich Amrs gesehen zu werden, die den Befehl hatten, uns bis an die Tore der Stadt zu bringen. So blieb mir nichts anderes übrig, als fünfhundert Meter vor den republikanischen Wachposten zu verkünden, ich müsse Pipi machen, und mich, mit einer Schnur versehen, neben dem Nummernschild niederzulassen.

143

21

Sanaa wirkt wie aus Marzipan gebaut. Es ist wie der Rausch eines Zuckerbäckers aus dem Engadin, der aus tausend Sachertorten eine Stadt errichtet hat. Denn was sind diese dicht aneinandergedrängten Hochhäuser, hier und da von einem Minarett wie von einer Kerze überragt und überzogen von einer lilafarbenen Morgenröte, anderes als Türme aus Karamel, verziert mit Meringen, Beignets und Schlagsahne? Wie die Gretel aus dem Märchen betrachtete ich sie mit einer Mischung aus Bangen und Entzücken. Was hüteten sie? Was bewachten diese Mauern, diese Schießscharten mit Breteschen und Stuckvolants, diese so fein gedrechselten, dichten Fenstergitter? Und sind die sieben, acht oder sogar neun Stockwerke wirklich eine weise Vorsichtsmaßnahme, eingeführt vom Stadterbauer Sem in Erinnerung an eine schicksalhafte Überschwemmung, der er zusammen mit seinem Vater Noah entkommen war? Sind diese Häuser Festungen, Gefängnisse oder das Nirwana? Und wie beunruhigend ihre Tarnung als Torten, so gekünstelt und verführerisch und zugleich verboten, drohend, undurchschaubar!

Sanaa ist ein Ort, an dem die Legenden Wahrheit sind. Man erzählt dir von Ghumdan, dem »Schloß der Schlösser«, zwanzig Meter hoch und aus Granit, Porphyr und Marmor gebaut; jede Fassade war mit Mosaiken aus Halbedelsteinen verziert, und das Dach bestand aus einer Alabasterplatte, die so durchsichtig war, daß der König einen Raben von einer Krähe unterscheiden konnte; die vier Bronzelöwen an den Ecken der vier Himmelsrichtungen brüllten, wenn der Wind blies. »Die Wolken sind der Turban und der Marmor der Gürtel«, sang der Dichter al-Hamdani. Von Schem, Sohn des Qahtan, dem aus dem Alten Testament, sagt man dir: »Das ist unser Vater.« »Unser«, nämlich der von uns Aribah, den echten Arabern, nicht den »arabisierten«, den »Mustaribah«, den Söhnen Ismaels, Abrahams Sohn. Das sind die anderen, die Saudis, Nabatäer und Palmyrer, Syrer, Iraker und so weiter, die »neuen« Araber, die später dazugekommen sind, erst im Lauf der Jahrtausende unter der Aufeinanderfolge von Dynastien, Religionen und Kulturen besiegt, um den arabischen Primat zu unterstreichen, der ausschließlich und unbestritten »uns«, den Jemeniten, zusteht.

Bei meiner Ankunft aus Abu Dhabi hatte der Empfang nur wenig dem nachgestanden, der zweihundert Jahre früher Carsten Niebuhr bereitet worden war: eine Schar von Würdenträgern, Richtern, Ministern und Theologen in gelben Tuniken, gestreiften Redingotes, gestickten Jacken und mit einem Sammelsurium islamischer Kopfbedeckungen. Jeder von ihnen trug einen enormen Dolch mit Nashorn-Griff und in L-Form, als ob das Opfer nicht nur durchbohrt, sondern auch noch lustvoll ausgehöhlt werden sollte. Alle standen sie da, um mich an der Landebahn zu erwarten, blitzend in ihrem Silber und mit dem Gold ihrer Zähne. Im Zug geleiteten sie mich zur Residenz der Gäste des Präsidenten, einem Hotel in perfektem stalinistischem Stil, in den sechziger Jahren von den Chinesen erbaut. Schüchtern stieg ich aus dem sowjetischen Auto, das weder Türen noch Fenster, dafür einen aufgeschlitzten Vordersitz hatte, und bekam vom Portier des Moka-Hotels gesagt, ich hätte mir die Koffer selber aufs Zimmer zu tragen, »denn das ist Frauenarbeit«. Keinerlei Bewegung auf den Gesichtern der Würdenträger.

Nach vielen Willkommensreden, einer davon sogar vom Direktor der Schönen Künste in verschränkten Reimen improvisiert, fand ich mich auf einem Militärfeldbett, umgeben von Linoleum und kleinen herumkletternden Biestern, die ei-

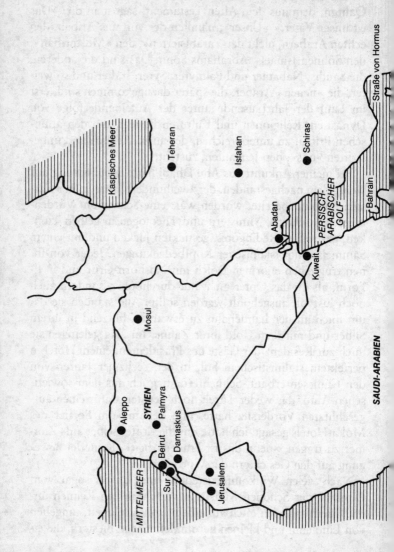

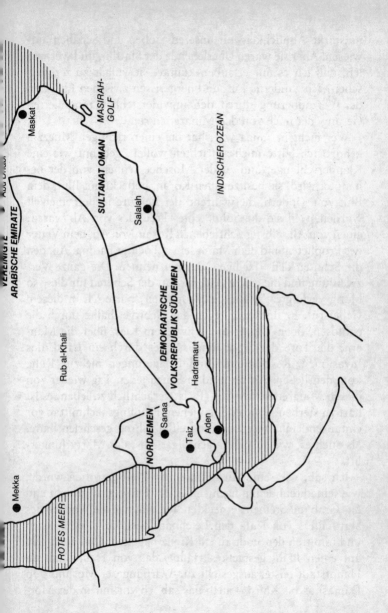

ne starke Ähnlichkeit mit unseren Flöhen und Schaben auf-
wiesen. Aber sie waren Überlebende der Sintflut, und wer war
ich, daß ich es mir erlauben konnte, sie vulgär zu zerquet-
schen? Ich zauderte, hin- und hergerissen zwischen Ekel und
der Verzauberung durch den unwiderstehlich modulierten
Gesang, der mich von den Minaretten rief.

Wer nicht in Sanaa war, hat nie einen richtigen Muezzin
gehört. Ich hätte mich aufrichten wollen, gebannt wie eine
Klapperschlange, und zu der Moschee rennen, von der behauptet wird, sie besitze einen Koran, befleckt mit Blut, dem
Blut von Kindern, die während der Lektüre niedergemetzelt
wurden, weil sie die Söhne eines Freundes von Ali waren;
einen von Ali selbst geschriebenen Koran, von Ali, dem Vetter
des Propheten und dem Mann seiner Tochter Fatima; Ali, den
die Schiiten den »Heiligen Gottes« nennen. Die ganze Ver-
zweiflung und die ganze Leidenschaft der Schiiten für diese so
blutig verfolgte Familie des Propheten spürte ich in diesem
Gebetsruf. Er donnerte gegen das Gebirge, hallte durch die
endlosen, öden Weiten aus schwarzem Kies, über die Mauern, die Tore der Stadt hinaus, quer durch ein Land, das
Invasionen, Revolutionen und Belagerungen nie zur Ruhe
kommen ließen. Als ob Zeid in Sanaa jeden Tag wieder von
diesen Minaretten schriee: »Es ist verächtlich zu leben, es ist
hart zu sterben«, wie er es an jenem Frühlingsnachmittag vor
eintausendeinhundertachtunddreißig Jahren geschrien hatte,
als auch er, wie so viele Nachfolger Alis, das Martyrium erlitt.

Ich sah, wie seine Stirn von einem Pfeil getroffen wurde,
wie seine Freunde ihn nachts in einem Flußbett begruben und
das Grab mit Steinen verdeckten. Ich sah, wie die Wachen des
Statthalters von Kufa den Leichnam ausgruben, entblößten
und inmitten der Stadt an ein Kreuz nagelten. Und auch sein
auf einen Pfahl gespießtes Haupt, das von Hauptstadt zu
Hauptstadt reiste, ausgestellt zur Warnung der Moslims von
Damaskus bis Kairo – auch das sah ich vor mir in der Mor-

gendämmerung von Sanaa. Ich wußte, daß ich mich in der Hochburg einer der ältesten islamischen Sekten befand, und ich fragte mich, ob die Theologen, die mich am Flughafen empfangen hatten, noch immer über die Willensfreiheit diskutierten, über Gott als ewige Gerechtigkeit und über die Legitimität des Imams, die der Zustimmung des Umma, der islamischen Kollektivität, bedürfe.

Von den Mutasiliten, den ersten muselmanischen Metaphysikern, lernten die Zeiditen, die sich im Jahr 822 im Jemen niederließen, jenes philosophische Denken, das es ihnen ermöglichte, die Grundlagen der schiitischen Lehre auszuarbeiten. Vielleicht kam die ganze schiitische Bewegung gerade durch ihre Übersetzungen aus dem Griechischen in Berührung mit der hellenistischen Schule, die einen so großen Einfluß auf die islamische Esoterik ausüben sollte. Wer weiß, ob diese Männer unter ihren Turbanen nicht noch immer das gleiche strenge und puritanische Glaubensbekenntnis bargen, das ganz in der Verantwortlichkeit des Individuums gründet, in seiner Macht zu wählen und daher in der Notwendigkeit, jeden Tag seinen Glauben durch Handeln und Taten neu zu beweisen. Vielleicht haben gerade diese Festungen, diese Mauern es dem Volk von Sanaa ermöglicht, seine »andere« Auffassung vom Islam durch die elf Jahrhunderte der längsten Imam-Dynastie unverändert zu bewahren, jener Dynastie, die von 864 bis vor zwanzig Jahren ununterbrochen angedauert hat. Damals, bei meinem Besuch im Jahr 1975, war die Republik erst seit kurzem eingeführt. Ihr Präsident al-Hamadi beteuerte, daß der Bürgerkrieg unter Kontrolle sei, daß die Stämme des Nordens nicht mehr um die Rückkehr des Imams kämpften und daß die Vereinigung mit dem marxistisch-leninistischen Südjemen bald Wirklichkeit würde. Aber al-Hamadi wurde auf mysteriöse Weise ermordet, sein Nachfolger überlebte ihn nur um wenige Monate, und der Präsident des Südjemens, Salim Rubayi Ali, der »den Dialog« suchte, wurde 1979 in Aden hingerichtet. Noch heute ist der

149

Jemen von Stammesfehden zerrissen, unterstützt von den Nachbarländern, die ihrerseits wieder von den jeweils verbündeten Mächten dazu getrieben werden.

Es gibt Leute, die sagen, das »Glückliche Arabien« sei in Wirklichkeit ein von den Göttern wegen seiner Anmaßung verfluchtes Land. Die Aditen, Nachkommen von Ad, Sohn des Aus, Sohn des Aram, Sohn des Sem, Sohn des Noah, herrschten einst vom Arabischen Golf bis zum Roten Meer. Ihre Reichtümer wurden ebenso sprichwörtlich wie ihre Ausschweifungen, die – nach dem Koran – mit einem großen Windstoß bestraft wurden, der Felder und Städte hinwegfegte. Auf die Aditen folgten die Herrscherhäuser von Saba, Main, Qataban und Himjar. Ihre Gärten, Felder und Wiesen dehnten sich, soweit das Auge reichte. Doch wie ihre Vorgänger gingen auch diese Reiche an übergroßem Stolz zugrunde. Eine Maus, eine winzig kleine Maus, benagte einen Stein, den fünfzig Männer nicht hätten verrücken können, und zerstörte damit den Staudamm von Marib. »Da sandten wir über sie die Fluten des Dammbruchs und tauschten ihre üppigen Gärten gegen solche, in denen es nur Dornbuschfrüchte, Tamarisken und einige wenige Zizyphusbäume gab.« Das berichtet der Koran, und das wiederholt einem heute jeder Jemenite, um die weite arabische Diaspora zu erklären.

»Wir wanderten bis zu den Ozeanen, wir überquerten Gebirge und zogen durch Wüsten, wir verstreuten uns über die Welt. Wir waren es, wir, die Söhne von Qahtan, wir Jemeniten, die die Fundamente des arabischen Weltreichs gelegt haben.« Das sagte mir ein Maiskolbenverkäufer und erläuterte mir dabei die Genealogie der Banu Ghassan von Syrien, der Tanuk des Iraks, der Kindah Nordarabiens und anderer Stämme, die bis heute auch in Mauretanien überleben. Wie kann ein Maisverkäufer Tausende von Namen längst vergangener Personen, ihrer Väter und Söhne, Großväter und Enkel, Vettern und Verbündeten im Kopf behalten? Dazu erzählte mir dieser Mann noch, daß sich die letzten Himjar bekehrt –

die einen zum Christentum (aus Sympathie mit dem abessinischen Nachbarreich) und die anderen zum Judentum – und
dabei den Sternenkult aufgegeben hätten; daß der letzte *tubba* (himjarischer König), der Jude geworden war, alle Christen in Najran niedermetzeln ließ und damit den Zorn der
Byzantiner heraufbeschwor, die dem Negus befahlen, den Jemen zu besetzen. Die hunderttausend Juden, die bis 1948 im
Jemen lebten, waren nach der Meinung des Maisverkäufers
niemand anderer als die letzten Anhänger dieses *tubba*. Von
der christlichen Herrschaft ist in Sanaa nichts anderes übriggeblieben als der Ausdruck »das Jahr des Elefanten«, um ein
Jahr voller warnender Vorzeichen zu benennen. Tatsächlich
soll der abessinische Vizekönig im Jahr 571 versucht haben,
die Kaaba, den damals noch von den Heiden verehrten Tempel in Mekka, zu zerstören. Doch die Expedition, die von
Sanaa ausging und die eben jener Vizekönig auf dem Rücken
eines Elefanten anführte, wurde durch die Blattern stark dezi-
miert. Und nicht nur das, auch der Elefant weigerte sich, den
Weg zur Kaaba einzuschlagen. Im selben Jahr wurde in Mekka Mohammed geboren.

22

In Sanaa scheinen auch die Esel eben erst der Arche Noah
entstiegen zu sein, so klein und mager sind sie, störrisch und
maulend wie ihre Besitzer. Sie drängen sich durch die winzigen Ausstellungsstände des Marktes, wo unter dem Geruch
nach Mist, Spezereien und Brot, unter dem Eselsgeschrei und
den ohrenbetäubenden Schlägen der Schmiede verschlafene
Händler wie Odalisken lagern und die Wasserpfeife rauchen.
Mandarinengroße Bernsteine, Tonnen von Silber, ottomani-
sche Karabiner – es gibt alles im Suk von Sanaa, und dazwi-
schen immer wieder Frauen, die wie geheimnisvolle Karyati-
den Pyramiden von Brot jonglieren. Platt, rund, weich und
riesig thronen die Brote auf den Köpfen dieser seltsamen Figuren, deren Gesichter von einem Stoff mit aufgemaltem
Schießscheibenmuster verhüllt und deren Körper wie in Ge-
schenkpapier verpackt sind. Das sind die Frauen von Sanaa:
Frauen mit kretischen Augen, anthrazitfarbenen Wimpern,
Wangen von archaischer Blässe, Lippen wie persische Miniaturen und Stirnen wie aus Alabaster.

In einer mondlosen Nacht wurde ich zu einem Fest eingeladen. Ein Fußboden aus Körpern, gehüllt in metalldurchwirk-
ten Taft und Achatfiligrane, ein Wirbel aus Purpur und Ama-
rant, aus Kadmiumgelb, Meergrün und Kobaltblau, aus Bü-
scheln von Perlen und Basilikum, Diademen von Korallen
und Brokaten. Verzückt, leidenschaftlich ragten die Körper
aus den Düften nach Zimt und Tuberosen, aus dem Funkeln
des Goldes, aus dem Rauch riesiger Wasserpfeifen, wiegten
sich beim ausgelassenen Gesang der *musayene,* fuhren hoch

im Rhythmus der Trommeln, bebten schaurig und ungestüm, schmachteten in einem sinnenbetäubenden Delirium, während die Gesichter aufflammten wie bei heidnischen Gottheiten. Für wen, fragte ich mich, diese perfekten Schönheitsmale, diese mit Antimon bemalten Stirnen, diese schwarz getupften Wimpern, wie sie vor dreitausend Jahren die Königin von Saba zu tragen pflegte? Für wen diese so fein verzierten Hände, die aussahen, als steckten sie in Spitzenhandschuhen, und diese mit geheimnisvollen Symbolen dekorierten Füße? Wo waren die Männer von Sanaa, während hier das Bacchanal tobte?

Die Männer lagen wie immer in narkotischer Stumpfheit, betäubt von der Droge, die sie in Gesellschaft anderer und in besonderen Lokalen vom Mittag bis zum Morgengrauen kauen. Arbeit, Liebe, Sex, Leidenschaften und Wünsche, jede Vitalität wird im Laufe der Monate und der Jahrhunderte zunichte gemacht durch die Wirkung eines Strauches, genannt *qat*. Nur um zwölf Uhr mittags erwacht der Ort zu reger Aktivität: Um diese Zeit nämlich kommt von den Pflanzungen der frische Vorrat an Qat auf den Markt, und Männer jeglichen Standes und Berufs stürzen hin, um ihre tägliche Ration zu kaufen, die dann in einer Backe zusammengeballt und im Banne einer seligen Ekstase mit grünen Zähnen unermüdlich gekaut wird. Den Frauen bleibt als Trost nichts als das erregte Durcheinander der Orgie, die Hysterie eines Rituals, das gleichzeitig Tanzvergnügen, Kino und Sauna ist, der Versuch, die Einsamkeit in ein Eden zu verwandeln, in dem Schönheit und Sinnlichkeit endlich Bedeutung erlangen.

Und erst wenn du die steilen Stufen hinaufkletterst, über gewundene, alabasterverkleidete Stiegenhäuser, durch abweisende schiefe Korridore und Gänge, Schlupfwinkel und Hinterstuben endlich die weißgetünchten Zimmer erreichst, in die nichts dringt und in denen sogar das Licht durch panchromatische Schießscharten gefiltert und entgiftet wird — erst dann, in der undurchlässigen Küche, im hermetischen *diwan*,

in den Zellen, in denen die Frauen von Sanaa auf die Welt
kommen, leben und sterben, enthüllt sich dir die schaurige
Wirklichkeit dieser Hochhäuser in ihrer ganzen Doppeldeu-
tigkeit. Kerker und Freudenhaus, Kloster, Turnsaal und Lie-
besnest – genau das sind die bezaubernden Häuser von Sanaa. Die Frauen verlassen sie nur, um in andere, ebensolche
Häuser zu gehen, zu anderen Frauen, denen es die Götter
gleichermaßen auferlegt haben, zwischen dem Kohlenschup-
pen im Erdgeschoß, der Waschküche im ersten, der Speisekammer im dritten, der Küche im sechsten Stock und den
Wäscheseilen auf dem Dach das erniedrigendste Sisyphus-
Tuch zu weben.

Und dieses Fest, diese drei Tage und drei Nächte des
Wahns, diese wollüstige Vergeudung an Aufwand, mit dem
Tausende von Frauen den Ekel, die Kastration, den Haß, die
verlernte Hoffnung der Mütter, die als Tabu erlebten Bil-
dungssehnsüchte und den von den Mauern erdrosselten
Traumfreiraum zu tarnen suchen, war nichts anderes als ein
Hochzeitsfest.

Mit neun Jahren gelten die Mädchen bereits als reif und
werden vom Vater im Tausch gegen eine angemessene Gegenleistung sowie ein Bündnis zwischen Familien derselben Kaste
verschachert. Er tritt damit die Nutzung der töchterlichen
Vagina an einen Märchenprinzen ab, dessen Identität und
Physiognomie Überraschungen sind, die bis zum Augenblick
der Begegnung, nach bereits vollzogener Hochzeit, aufgespart
werden. Ein Ehemann ist etwas Unbekanntes und Unver-
meidliches, dem man bis zu dem Tag zu dienen hat, an dem er
beschließt, einen davonzujagen; er ist eine bedrohliche alltägliche Absenz, ein zu allem autorisierter Richter, ein rückfälli-
ger Frauenschänder. Umsonst müht sich die Hysterie der
Hochzeit, die Angst des kleinen Mädchens zu betäuben, das
man verschachert, während es zwei Tage lang stumm und
unbeweglich dasitzt, übersät mit Tiaren, Anhängern und ge-
fransten Atlasstoffen, umgeben von noch unreifen Vestalin-

nen, die die Braut mit einem Brei aus Sesam und Honig speisen, sie mit symbolischen Gaben vollpflastern, sie bewachen und mit Weihepsalmodien einlullen, während über ihrem Kopf das Bacchanal der bereits Verheirateten diese neue Opferung als Psychodrama begeht.

Diese archaischen Schritte der jemenitischen *raks,* bei denen man sich um die Hüfte faßt und an den Händen hält, diese Schreie der *musayene,* Frauen, die als zur untersten Kaste gehörig betrachtet werden und denen gar nichts anderes übrigbleibt, als für die Musik zu leben und zu sterben, dieser frenetische Rhythmus auf Trommeln und Pfannen, dieses gierige Rauchen und manchmal auch das Qat-Kauen, dieses verbissene Schönheitsstreben und diese Konzentration auf die Sinnlichkeit – das alles ist nichts anderes als eine verzweifelte Art, unter Frauen das nachzuholen, was die Männer nicht zu geben vermögen.

Ich sah den Ehemann, einen erschreckten Jungen, auf der Straße unter Girlanden von Lämpchen, umringt von studentischen Komplizen, die sangen und tanzten, während aus einem Mikrophon Listen von Namen und Geschenken dröhnten. Ich sah die merkwürdige Torte aus Gips und harten Eiern, besteckt mit Kerzen, die von Hand zu Hand gingen als Symbol der Fruchtbarkeit, und den geschlachteten Hammel auf der Schwelle des neuen Hauses, durch dessen Blut die Braut gehen muß, bevor sie auf Eidotter tritt – auch das für eine reiche Nachkommenschaft. Und ich sah auch sie, die Braut, zu abgelenkt, um zu weinen, hinweggerissen von Schwiegermüttern und Schwägerinnen zu einem neuen Bacchanal. Sie wartete auf die schreckliche Morgendämmerung, in der Mütter, Tanten, Kusinen, Schwiegermütter und eilfertige Freundinnen sie ins Brautgemach schleifen würden, wo das Handtuch bereit lag für den Beweis der Jungfräulichkeit.

Sie wartete auf den Augenblick, in dem sie den Ehemann zum erstenmal sehen würde, wenn er ins Zimmer trat, mit einer Pistole in der Hand und drei Schuß im Lauf, um damit nach dem Koitus entweder in die Luft zu schießen oder aber die Braut zu töten, falls sie sich als nicht mehr unberührt erwies.

23

*»Die Gesetze sind wie die Dünen: Sie scheinen
unbeweglich, und doch bewegen sie sich fortwährend in die Richtung, in die das Verlangen
der Männer weht.«*

Fatima bint Mohammed

Während der Monate, die ich im Jemen verbrachte, hatte ich
das deutliche Gefühl, daß die Obristen die Verfassung der
jungen Republik auf einen einzigen Grundsatz gestellt hätten:
»Die Arbeit ist Sache der Frauen.« Daß diese Regel korrekt
eingehalten wurde, konnte ich auf der Hochebene, wo es von
Waldarbeiterinnen wimmelte, ebenso beobachten wie in den
Bergen, die mit menschlichen Mauleselinnen bevölkert waren, in den Dörfern, in denen sich die Maurerinnen abracker-
ten, in der tropischen Ebene am Roten Meer, wo man sich
dank der Arme und Waden kleiner, zwischen Eimern und
Ziehbrunnen keuchender Mädchen den Atem der Kamele
sparte, und schließlich in den Gassen und Straßen, die vollge-
stopft waren von Lastenträgerinnen jeden Alters. Sicher, die
männliche Bevölkerung ist durch die Emigration stark redu-
ziert: Zwei Millionen Jemeniten arbeiten im Ausland, und ich
habe in Saudi-Arabien und am Golf selbst jemenitische Land-
arbeiter gesehen, die die Felder für die Beduinen bestellten,
denen diese Arbeit als Schande erschienen wäre. Es stimmt
auch, daß viele am Krieg gegen die Zentralgewalt beteiligt
gewesen waren und sich tapfer geschlagen hatten. Aber die
anderen taten absolut nichts, als sich vom Qat verblöden zu
lassen. »Das ist eine größere Plage als die Heuschrecken«,
erklärten die Beamten im Landwirtschaftsministerium, die jedes Jahr zählen, wie viele Kaffeepflanzen (Kaffee ist das einzige Ausfuhrprodukt des Jemen) ausgerissen werden, um
Platz für die narkotischen Büsche zu schaffen. »Faul und häß-

lich sind sie bereits; damit werden sie auch noch impotent«, klagte der Chor der jemenitischen Bräute.

Eines Tages versperrten uns plötzlich, wenige Kilometer von Taiz entfernt, Garben von riesigen, äußerst stacheligen und knolligen Kakteen die Straße. Diese Pflanzenigel, im ganzen etwa zehn, ruhten auf ebenso vielen Lamé-Flecken, die zwischen den Stacheln und dem Asphalt kaum zum Vorschein kamen. Während das Auto langsam zum Überholen ansetzte, vergrößerte sich der Anteil an Lamé, nahm leuchtende Farben und zu meiner äußersten Verblüffung weibliche Formen an. Jeweils ein Zentner Stacheln auf ein Mädchen von etwa zwanzig Kilo. Sie trugen die Ungetüme auf dem Kopf, nur mit einem simplen Baumwollappen unterlegt. Hin- und hergerissen zwischen Entsetzen, der Gier zu fotografieren und dem Gefühl, daß das Knipsen dieses Leidensweges mit einem Hauch von Sadismus verbunden wäre, beschloß ich, ihnen, im Straßengraben versteckt, zu folgen. Aber plötzlich blieben alle Stachelgarben wie auf einen Schlag stehen, und mit einer langsamen Pirouette setzten die jungen Frauen sie auf dem Boden ab. Ich fotografierte nicht, kehrte aber auch nicht um. Unbeholfen wartete ich in meinem Versteck. In diesem Augenblick rief mich Fatima. Sie war die erste in der Reihe, am weitesten von mir weg; sie winkte mir mit dem Arm, rief etwas, was ich nicht verstand, dann drehten sich alle zu mir um und lachten mir ins Gesicht.

»Wenn du uns fotografieren willst, brauchst du dich nicht zu verstecken; los, komm heraus!« Fatima half mir, auf die Straße zu klettern, und die anderen scharten sich um mich und fragten, ob ich aus China käme, ob ich einen Mann hätte und warum ich keine Ohrringe trüge. Auf meine Antwort, weil meine Ohrläppchen nicht durchstochen seien, riß sich Fatima blitzschnell eine Nadel aus dem Mieder und zückte sie gegen mich. Ich verteidigte hartnäckig meine jungfräulichen Ohrläppchen und fragte sie, wo denn ihr Mann sei und warum nicht er den Kaktus trage.

»Soll ich dir meinen Mann zeigen? Dann komm mit, zu mir nach Hause, dann kannst du uns auch gleich etwas von China erzählen.« – »Ich bin zwar keine Chinesin, aber ich komme trotzdem; wo wohnst du?« – »Ganz nah; knapp drei Stunden Fußmarsch, und der Aufstieg ist nicht sehr steil.« – »Und das geht ihr mit diesen Trümmern auf dem Kopf?« entsetzte ich mich. »Ja, jeden Morgen, wir gehen um vier Uhr los mit einer Axt und hacken die trockenen Kakteen ab; wir brauchen sie, um Dynamit zu machen.« Eine Pirouette in umgekehrter Richtung, ein kräftiges Anheben, und die Kaktusfrauen machten sich wieder auf den Weg. Nachdem ich meine widerstrebende Freundin dazu überredet hatte, sich im Auto mitnehmen zu lassen, bat ich den Chauffeur, den mir der Gouverneur von Taiz zugeteilt hatte, ihr zu helfen, das Stachelungetüm im Kofferraum zu verstauen. Völlig gelassen hinter dem Lenkrad sitzend, machte er nicht einmal Anstalten, die Tür zu öffnen, sondern drehte nur die rechte Pupille zu mir und verkündete: »Das ist Frauenarbeit.«

Fatima ließ sich das nicht zweimal sagen. Mit einer Mischung aus Entrüstung, Resignation und Stolz meinte sie: »Es ist nicht die Mühsal eines Tages, die ein Leben ändert. Wir sehen uns dann zu Hause.« Ich ging mit ihr zu Fuß; der Chauffeur folgte uns – kauend hinter der Windschutzscheibe. Während wir im Gänsemarsch den steinigen Pfad hinaufstiegen, ich als letztes Segment eines borstigen Regenwurms, versuchte ich vergeblich, meine Wut zu besänftigen. Ich hatte Bilder von Männern vor mir, die auf öffentlichen Triklinien aus Bast lagern und stundenlang Wasserpfeife rauchen; von Männern, die im Kaffeehaus sitzen; Männern, die rittlings auf äußerst männlichen Motorrädern sitzen; Männern, die auf Eseln sitzen, während Frauen und Töchter hinterherlaufen und große Bündel tragen; Männern, auf dem Markt sitzend, um die Ehefrauen zu überwachen, die – stehend – Brote verkaufen. Und ich erinnerte mich an jenen Ehemann, der einmal zu mir gesagt hatte: »Ach, dieser Schleier! Den sollten sie wirklich ablegen, denn so vermummt können die Frauen gehen, wohin sie wollen.«

Sicher, Fatima und ihre Freundinnen könnten, wie alle Frauen in den Bergen und auf den Feldern, ihre Arbeit nicht mit dem hinderlichen Schleier verrichten, und daher werden Scham, Moral, Tradition und Eifersucht ohne Zögern auf dem Altar des männlichen Müßiggangs geopfert. Die Soziologen des Westens verkünden: »Es wird die Arbeit sein, die den Frauen der Dritten Welt Würde, Gleichheit und Freiheit verleiht.« Wer auf der ganzen Welt arbeitet mehr als die Jemenitinnen? Oder als die Ägypterinnen, die ebenfalls vom Schleier befreit wurden und seither im Haus ausgenützt und draußen unterbezahlt, auf der Straße gekniffen und von den Ehemännern geprügelt werden? Nein, nein, meine Beduinen haben wirklich recht mit ihrer weisen Theorie vom Heiligtum: Es lebe der Harem und die Maske, die den Frauen Würde und Ansehen garantieren!

Wir kamen an. Die Frauen parkten ihren Kaktus neben Dutzenden von anderen und führten mich zum Dorf: fünfzehn Einzimmerhütten aus unverputztem Stein und mit einem Fußboden aus gestampftem Lehm, dazu ein paar Höhlen für die Tiere. Alte, am Boden kauernde Frauen rührten mit der Hand in einem schwarzen Brei, den sie immer wieder durch ein Sieb strichen. »Das ist meine Mutter, sie ist alt, sie geht nicht mehr zum Kaktussammeln, sondern macht nur noch Dynamit.« Fatima nahm mich bei der Hand, und gemeinsam erklärten sie mir die Prozedur. Wozu das Dynamit diente, wußten sie nicht, auch nicht, wie gefährlich es war; sie wußten nur, daß man durch seine Herstellung überleben konnte. Um vier Uhr aufstehen, stillen, Fußmarsch, Kaktus schneiden, Fußmarsch, stillen, Brot backen, melken, Fußmarsch, Feldarbeit, Fußmarsch, Essen richten für den Mann, stillen, Dynamit – und dann ist es acht Uhr abends: So sieht der Tag aus von Fatima, dreiundzwanzig Jahre, Analphabetin, vier Kinder – eines davon zwei Monate alt –, alle rachitisch, zwei

Kleider, ein Paar Holzpantoffeln, ein Stück Stoff, grün und gelb, zwei Matten, eine Kuh und ein Ehemann. »Hast du meinen Mann gesehen? Das ist der, der auf dem Mäuerchen sitzt.« Eben: er sitzt.

Wir dagegen setzten uns ins Haus, wohin nach und nach alle Frauen der Dorfgemeinschaft kamen: Die eine brachte ein Brot mit, die andere eine verrostete Blechdose mit frisch gemolkener Milch, wieder andere Säuglinge, die an der Brust hingen. Fatima spielte die Dolmetscherin. Sicher, auch sie hatte das gebildete Arabisch nie gelernt, aber sie begriff es aus Sympathie und übersetzte es in ihren Dialekt. Als die Männer unter der Tür erschienen, um ihr Essen zu verlangen, wurde sie ärgerlich: »Es ist noch Brot da, eßt das, wenn ihr Hunger habt; wir haben was anderes zu tun.« Es war ein Streiktag für die Frauen des Dschebel Saber. Am Abend, als mich Fatima bis zur Asphaltstraße begleitete, wo das Auto wartete, sagte sie: »Das Land sind wir, denn wir halten es am Leben. Wenn wir aufhörten, würde das ganze Land draufgehen und unsere Kinder mit, daher bleibt uns nichts anderes übrig als weiterzumachen.«

Ich erinnerte mich an die letzten Worte des Gouverneurs von Marib: »Hier hat Eva gelebt. Hier regierte Schamsi, die Kaiserin von Arabien; von hier sammelte die mächtige Telkhunu die ganze Welt gegen die Assyrer; hier eroberte Bilqis, die Königin von Saba, Salomon, den Sohn Davids. Es wird wieder eine Zeit kommen, in der die Frauen die Herrschaft übernehmen, und Marib wird die neue Hauptstadt dieser Welt sein.« Die Theorien über die Existenz eines präislamischen Matriarchats in Arabien gehen sehr auseinander. Einige Gelehrte vertreten die Ansicht, daß zur Zeit der Göttinnen Uzza, Lat und Manah, der drei Töchter Allahs, in Arabien Vielmännerei und Vaginakratie herrschten. Lat war eine Art ökologischer Göttin, denn in ihrem Territorium war es verboten, Pflanzen abzuschneiden und Menschen und Tiere zu töten. Uzza dagegen scheint gierig nach menschlichem Blut gewesen zu sein, und sogar der junge Mohammed brachte ihr ein Opfer dar. Manah war die erste Schicksalsgöttin, und noch heute sagt man in Marib, wenn etwas Schlimmes passiert: »alles Manahs Schuld«. Im Gegensatz dazu leugnen jedoch viele, daß die Frauen auf der arabischen Halbinsel jemals Macht besessen hätten. Damals sympathisierte ich mit der ersten Theorie, aber mehr aus Solidarität mit meinem Geschlecht als aus echter Überzeugung. Denn ich wußte noch nicht, daß ich wenige Jahre später selbst die Beweise für das alte Matriarchat Arabiens entdecken sollte.

24

»Es ist der Koran, in dessen Namen wir kämpfen müssen«, antwortete mir Giamila, als ich mein Entsetzen über die Situation der jemenitischen Frauen zum Ausdruck brachte. »Der Islam ist Gerechtigkeit und Gleichheit, der Islam ist Tradition und Revolution, der Islam ist Geist und Aktion, aber die Moslims wissen es nicht.« Auf einer Steppdecke im *muffraj* ihres leergeplünderten Hochhauses liegend, in dem nur noch die Erinnerung an eine prunkvolle Vergangenheit überlebte, sprach die Tochter des ehemaligen Premierministers mit fast entrückter Stimme zur mir.

»Ich sollte dir erzählen, daß das muselmanische Gesetz das erste auf der Welt war, das den Frauen ihr eigenes Vermögen zugestand, ihr Recht auf das Erbe garantierte, sie im Falle der Scheidung schützte, sich um die Alimente für die Kinder kümmerte, für das Überleben der Waisen sorgte, die Bedeutung der Sexualität auch für die Frau erkannte und es fertigbrachte, daß die Frau weder im Haus noch bei der Arbeit ausgebeutet wurde. Man sollte auf die Tatsache hinweisen, daß der Koran empfiehlt, die Mädchen zu unterrichten, sie nicht gegen ihren Willen zu verheiraten und ihnen die volle Mitgift zu überlassen.

Du könntest mir antworten, daß das noch nicht Gleichberechtigung ist, daß das Zeugnis einer Frau vor Gericht nur halb soviel zählt wie das eines Mannes, daß der Ehemann Kontroll- und Überwachungsrechte hat, die unvereinbar sind mit dem Konzept von der Gleichheit der Geschlechter, daß Bescheidenheit und Scham keine Tugenden sind, die man mit dem Schleier erzwingt, daß die Verstoßung der Frau eine Verirrung ist und die Polygamie desgleichen.

Ich würde dir meinerseits antworten, daß der Koran die Polygamie in Wirklichkeit keineswegs akzeptiert, denn der entsprechende Text lautet: ›Und so ihr fürchtet, nicht Gerechtigkeit gegen die Waisen zu üben, so nehmt euch zu Weibern, die euch gut dünken, zwei oder drei oder vier; und so ihr fürchtet, es gelänge euch nicht, sie gleich zu behandeln, so heiratet nur eine.‹ Und etwas weiter heißt es: ›Ihr werdet nie fähig sein, mehreren Frauen gegenüber billig und gerecht zu sein.‹ Das bedeutet, daß nur in Kriegszeiten, wenn es zu einem Überschuß an Frauen – Witwen und Waisen – kommt, toleriert wird, daß der Mann mehr als eine Frau nimmt, unter der Bedingung jedoch, daß er sie wirtschaftlich wie von der Zuneigung her gleich behandelt – und das ist ein Ding der Unmöglichkeit. Ebenso wird die Vielweiberei nicht verurteilt, wenn sie für die Frauen selbst nützlich ist, um ihnen ein Heim, einen Vater für ihre Kinder und ein normales Sexualleben zu gewährleisten; aber auch in diesen Fällen wird dringend von ihr abgeraten, da es unmöglich sei, mehrere Frauen gleichzeitig zu lieben.

Ich sollte dir auch sagen, daß der Koran der Verstoßung tausend Hindernisse in den Weg legt, ein ganzes System von Wartefristen und spitzfindigen Normen ausarbeitet, die zu beachten sind, damit die Verstoßung wirksam wird; schließlich erklärt der Prophet sogar: ›Unter den erlaubten Dingen ist die Scheidung das verabscheuungswürdigste.‹ Ich sollte auch auf die alte Streitfrage über den Schleier zurückkommen, der keine andere Begründung im Koran hat als einen kurzen Vers, in dem es heißt: ›Sie sollen ihren Schleier über den Busen schlagen und ihre Reize nur den Ehegatten, Vätern, Schwiegervätern, Söhnen, Stiefsöhnen, Enkeln ... offenbaren.‹ Wobei die Männer ermahnt werden, den Blick zu senken und ebenfalls bescheiden zu sein.

Du wirst einwenden, daß die Wirklichkeit ganz anders ist;

daß die Verstoßung mit äußerster Leichtigkeit gehandhabt wird; daß die muselmanischen Frauen vermummt und eingesperrt sind; daß Polygamie herrscht und die Mädchen verheiratet werden, ohne daß man sie davon auch nur in Kenntnis setzt.

Ich könnte dir darauf sagen, daß Gesetz und Religion nicht korrekt angewandt werden, daß der Islam eine Seite und die Moslims eine andere sind, daß die katholische Religion – man braucht nur den heiligen Augustinus zu lesen – wesentlich fortschrittsfeindlicher, frauenfeindlicher und repressiver ist und schließlich, daß Jahrhunderte der Kolonialherrschaft, der Unwissenheit und der Armut bei den Unterdrückten Formen von Unterdrückung ausgelöst haben, die ganz auf Kosten der Frauen gingen.

Ich sollte dich daran erinnern, daß berühmte islamische Gelehrte aus dem Maghreb und aus Spanien zu den Theologinnen und den anderen gelehrten und weisen Frauen des Iraks oder Arabiens reisten, während man in Europa Hexen verbrannte. Ich könnte dir auch von der Bedeutung erzählen, die den Frauen auf dem Gebiet der Dichtkunst, der Musik und sogar im Krieg zukam, dir al-Khansa und Schagarat el-Durr, Aischa, die Frau des Propheten, und Nafisa, die Beschützerin Kairos, aufzählen, die Asketinnen, die Mystikerinnen, die Königinnen, die Kalligraphinnen und so weiter. Kurz, wir könnten Stunden damit zubringen, Freiheiten und Zwänge gegeneinander abzuwägen, Rechte und Pflichten zu prüfen, Beispiele pro und contra zu zitieren – unter Anführung der Gesetzbücher, der Sprüche des Propheten und des Korans. Das Ergebnis wäre, daß wir beide recht behielten, jeder auf seine Weise.«

Ich lauschte dem Fluß ihres makellosen Arabisch und betrachtete die großen, von tiefen Ringen umgebenen Augen, dieses Greta-Garbo-Gesicht, das jeden Tag noch abgezehrter aussah, und diesen Körper, der so ätherisch war wie die weiße Gaze, die ihn umhüllte. Ich wußte, daß Giamila an quälenden

Rückenschmerzen litt und nicht die Mittel hatte, sich behandeln zu lassen. In ihrem Hause ernährte man sich von Gerste und Ziegenmilch; es gab weder Dienstboten noch Elektrizität; sie, ihre Mutter, ihre Großmutter und ihre Schwester besaßen zusammen acht Kleider. Vom Vater hatte man keine Nachricht. Die übrigen männlichen Verwandten waren fast alle ermordet.

Die Geschichte ihres Lebens ist die einer Jemenitin vornehmer Kaste: Mit fünfzehn Jahren wurde sie an den üblichen Unbekannten verheiratet, der sie in der ersten Nacht mit dem Vergrößerungsglas untersuchte, um über ihre Jungfräulichkeit ganz sicher zu sein, der sie daran hinderte, ihre Studien fortzusetzen und das Haus zu verlassen, der für ganze Wochen verschwand, um mit Freunden Qat zu kauen, und nur heimkam, um sie zum Beischlaf zu zwingen. Mit siebzehn Jahren jedoch ging Giamila zum Richter und legte ihm ihren Fall dar; sie erhielt die Scheidung und bereitete sich allein auf das Abitur vor, während sie ihre eben geborene Tochter stillte, kam dann glänzend durchs Examen und schrieb sich – als erste Jemenitin – an der Universität ein. Und das alles zwischen zwei Staatsstreichen, während man den Vater ins Exil zwang und der Familie alles Eigentum mit Ausnahme des Hauses wegnahm.

Giamila hatte sich leicht aufgerichtet, und ich begriff, daß ihr das Reden Mühe machte; die Krankheit, die Entbehrungen und nicht zuletzt die zwischen theologischen Lehrbüchern schlaflos verbrachten Nächte hatten dieses Mädchen von dreiundzwanzig Jahren in ein zeitloses Wesen verwandelt.

»Wir Moslims sind die Überbringer einer antiken, ägyptischen, indischen und mesopotamischen Weisheit. Unsere Aufgabe ist es, sie für die ganze Menschheit zu hüten. Das religiöse Bewußtsein des Islams ist metahistorisch, zentriert auf ein Bündnis der Treue zwischen Gott und den Geistern jener menschlichen Wesen, die vor der irdischen Welt exi-

stiert haben, einer Treue, die die Propheten bei ihrem Erscheinen den Menschen ins Gedächtnis zurückriefen. Unsere Mission ist es, den spirituellen Sinn der göttlichen Offenbarungen
zu retten und zu bewahren, ihren verborgenen, esoterischen
und daher über die Geschichte und die Zeit hinaus gültigen
Sinn. Nur so wird es uns gelingen, im historischen Prozeß
nicht zu unterliegen, wie es im christlichen Westen der Fall
ist, wo die dogmatische Lehre der Kirche und die wörtliche
Auslegung der Schrift an die Stelle der prophetischen Inspira-
tion und der spirituellen Hermeneutik getreten sind. Unsere
Rolle als muselmanische Frauen ist es, im Gedächtnis der
Völker und der Glaubensbekenntnisse zu forschen, um die
tiefe Bedeutung der Überlieferung wiederzufinden und damit
der ganzen Welt einen Weg zu weisen, der nicht zur Zerstörung des Menschengeschlechtes führt.«

Ihrem Glauben hatte ich nur Schweigen entgegenzusetzen.
Was können wir westlichen Frauen die Muselmaninnen
lehren?

25

Ich verfolgte die Parade zum Ersten Mai im einzigen marxistisch-leninistischen Staat der arabischen Welt, der Demokratischen Volksrepublik Südjemen, einem Land, in dem Kooperativen und Gewerkschaften an die Stelle der Stämme getreten sind, wo die Beduinen bis zum vierzehnten Lebensjahr die Schule besuchen müssen und wo der Staat über alles bestimmt, von der Landwirtschaft bis zur Presse, von den Fischerkähnen bis zum Krieg mit Oman. Zu meinen Füßen ein in die Lava eingeschnittener Golf, einer der begehrtesten Häfen der arabischen Halbinsel; auf meinem Nachttisch *Aden Arabia* von Paul Nizan und *L'itinerario* von Ludovico de Varthema, dem ersten europäischen Reisenden, der in den Jemen gelangt ist, eine ebenso ungewöhnliche wie wenig faßbare Persönlichkeit.

Im Jahr 1500, als er von Venedig aus in See stach, scheint er um die dreißig gewesen zu sein. Man nimmt an, daß er in Bologna geboren ist, später aber in Rom gelebt hat. Er war weder ein Kaufmann, wie Marco Polo, noch ein Missionar, noch ein Feldherr im Dienste eines Königs. Was ihn dazu bewog, sieben Jahre lang umherzuziehen, die Heimat und Weib und Kinder zu verlassen, in Damaskus dem Mamelukken-Korps beizutreten, mehrmals gegen die Beduinen in der Wüste und gegen die Soldaten der indischen Malabar-Küste zu kämpfen, eine Karawane von sechzigtausend Mekkapilgern zu begleiten, die Galeeren des Sultans von Aden und die Bedrohung durch den König von Calicut zu riskieren – das war allein der Wunsch, »die Länder zu wechseln, um dabei neue Dinge zu erfahren«. Aus diesem Grund bereiste er Indien, Afrika, Arabien und Südostasien und betrat als erster Abendländer die heiligen Städte Mekka und Medina.

In Aden erlebte er sein ungewöhnlichstes und wohl gefährlichstes Abenteuer. Von einem Reisegefährten angezeigt, daß er Christ und ein Spion der Portugiesen sei, wurde er festgenommen, von der aufgebrachten Menge mit dem Tod bedroht und ins Gefängnis gesperrt.

Nach über zwei Monaten Gefangenschaft wurde er vor den Sultan geführt, dem er schwor, Moslem zu sein; da er aber die Formel, die das beweist, nicht sagen konnte, landete er für weitere drei Monate im Gefängnis. Daraufhin stellte er sich, als sei er verrückt, und durfte nun Spaziergänge an frischer Luft machen, wenngleich immer noch mit Ketten an den Füßen. Seine Narrenpossen gewannen ihm das Wohlwollen der Königin, die befahl, man solle ihn in ein Zimmer des Palastes bringen, waschen, parfümieren und reichlich ernähren.

Manchmal suchte ihn die Königin in Begleitung der Mägde auf, noch öfter aber allein und des Nachts und sagte dann zu ihm, der »sich erhob und im Hemd zu ihr ging«: »Nicht so, zieht das Hemd aus!« Der Gefangene wollte ihr klarmachen, daß er nicht verrückt sei, aber das war völlig überflüssig, denn die Königin erklärte ihm, sie halte ihn für den klügsten Menschen, den sie je gesehen habe. »Und so (nackt) behielt sie mich zwei Stunden vor sich und betrachtete mich, als ob ich eine Nymphe wäre, und jammerte zu Gott in dieser Weise: ›O Gott, du hast diesen da so weiß wie die Sonne geschaffen, und meinen Mann hast du schwarz geschaffen, und meinen Sohn auch schwarz und mich auch schwarz. Wollte Gott, ich könnte einen Sohn bekommen wie diesen da.‹ Und während sie so sprach, weinte sie in einem fort, seufzte und befühlte meine Person.« De Varthema betont jedoch, daß er den Schmeicheleien der Königin von Aden nie erlegen sei: »Ich wollte ihr nicht nachgeben, weil ich nicht die Seele und den Leib verlieren wollte«, obwohl sie versprach: »›Wenn du

169

brav bist, wirst du ein Herr.‹ Aber ich wußte schon, welche Herrschaft sie mir geben wollte, und ich antwortete ihr, sie solle mich noch ein bißchen dicker werden lassen, denn wegen der großen Furcht, die ich ausgestanden hätte, fühle meine Brust anderes als Liebe. Sie antwortete: ›Mein Gott, du hast recht, aber ich werde dir jeden Tag Eier, Hühner, Tauben und Pfeffer, Zimt, Nelken und Muskatnuß geben.‹« Dann jedoch erzählt er: »Eines Tages holte sie mich und fragte mich, ob ich mit ihr nach Hause gehen wollte. Ich sagte ja und ging mit ihr. Bei der Rückkehr stellte ich mich, als ob ich vor Erschöpfung krank geworden sei, und blieb bei dieser Täuschung VIII Tage, und sie ließ mich fortwährend besuchen. Und eines Tages ließ ich ihr sagen, daß ich vor Gott und Mohammed ein Versprechen abgelegt hätte, einen heiligen Mann aufzusuchen, von dem man sagt, daß er Wunder tue … und sie ließ mir sagen, daß sie darüber sehr erfreut sei, und ließ mir eine Wegzehrung und XXV Goldstücke bringen.« Auf diese Weise gelang es de Varthema, sich heimlich nach Persien einzuschiffen, jedoch nicht, ohne vorher der Königin einen Dankesbrief geschrieben zu haben.

Auf den ersten Blick schien in Aden seit dem sechzehnten Jahrhundert alles beim alten geblieben zu sein: die zwei tiefen Buchten, überragt von einem hohen Gebirge, die fünf Wachschlösser, die extreme Hitze und sogar der mißtrauische Empfang durch die Zöllner. Aber man brauchte nur die Verfassung in die Hand zu nehmen, um zu bemerken, daß nicht nur der Sultan durch einen Präsidenten, den schnauzbärtigen Rubayi Ali, ersetzt worden war, sondern daß dieser auch den ernsthaften Versuch unternahm, Privilegien und Ungerechtigkeiten abzuschaffen, Analphabetismus und Arbeitslosigkeit zu bekämpfen und dem Land, das allein von den Überweisungen der Emigranten lebte, eine ökonomische Struktur zu geben, die es autonom machte. Das Gesetz über die Familie garantierte die Gleichberechtigung der Geschlechter, verbot die Verstoßung der Frau, verbannte die Polygamie, setzte die

170

Mitgift auf eine vernünftige Summe und das Mindestalter für die Heirat auf sechzehn Jahre fest. Ohne gegen den Koran zu verstoßen, versuchte man, das islamische Gesetz sozusagen »progressiv« zu interpretieren und mit allen Mitteln die Randgruppen – gleich, ob es sich dabei um Frauen, Nomaden oder Bauern handelte – für die Sache der Revolution zu gewinnen.

Es war ein Programm voll des guten Glaubens und des guten Willens: Man unterstützte den Guerillakrieg Dhofars, das dem Sultan von Oman eine reiche und ihm keineswegs zustehende Region zu entreißen suchte; man förderte revolutionäre Umtriebe ziemlich überall am Golf, in Erinnerung daran, daß der Südjemen seine eigene Unabhängigkeit ausländischen Kräften verdankte, und zwar national-nasseristischen, die sich seinerzeit unter der Führung eines christlichen Palästinensers, Georges Habbash, formiert hatten. Man versuchte den arabischen Marxismus-Leninismus mit Hilfe sowjetischer Gelder, kubanischer Techniker und chinesischer Ratgeber zu internationalisieren.

Vielleicht sollte man sich über diesen untersten Zipfel Arabiens freuen, der, von Königreichen, Scheichtümern und Sultanaten belagert, die Revolution predigt. Eigentlich, sagte ich mir, sollte man zufrieden sein. Vielleicht ist es genau das, was die Araber verdient haben, nachdem sie sich vom westlichen Imperialismus und von der ottomanischen Korruption befreiten: von einer Ideologie regiert zu werden, die in Deutschland ausgearbeitet, in Rußland revidiert und in China verbessert wurde. Nicht schlecht als Erfolg für die arabischen Nationalisten. Wer weiß, was die Väter der Großen Wiedergeburt, Tahtàwi, al-Afghani und Mohammed Abdu, dazu sagen würden? Wer weiß, ob es das war, wovon die Vertriebenen und Verfolgten aller Regime der Zeit träumten, als sie Hymnen auf Freiheit, Fortschritt und Zivilisation anstimmten? Wer weiß, ob auch Nasser, der Urheber dieser Revolution, mit ihrem Resultat zufrieden wäre? Nicht, daß das Arabertum in

171

Aden ausgelöscht worden wäre, ganz im Gegenteil: Es überlebt in seiner unheilvollsten Form, als dumpfe, reaktionäre Opposition, als Nostalgie, als hartnäckige Weigerung, wenigstens das zu akzeptieren, was das neue Regime an Gültigem geschaffen hat.

Man braucht nur aus der Hauptstadt hinauszugehen in die Verwaltungsbezirke, durch die mythischen Städte des Hadramaut zu streifen, und man bemerkt, daß der übliche Abbröckelungsmechanismus aus Passivität und Anmaßung auch dort in Funktion getreten ist, wie in allen kolonialisierten arabischen Ländern. Die progressiven ägyptischen Intellektuellen, von Sharqawi bis Mustafa Mahmud, würden sagen, daß das nur eine zwar verzerrte, aber notwendige Phase in der Entwicklung jedes »rückständigen« Landes sei. Daß der Weg zum Sozialismus in diesem Teil der Welt besonders beschwerlich sei wegen des Chauvinismus und der Rückschrittlichkeit der muselmanischen Denker, die die Massen unter dem Joch religiöser Slogans hielten, um das Herrschaftsgehabe der wohlhabenderen Klassen zu stützen. Und sie haben nicht einmal unrecht, man braucht nur das andere Jemen anzusehen.

Aber was ich mich nach einem Aufenthalt von fast einem Jahr auf der arabischen Halbinsel fragte, war, ob man für die Lösung des arabischen Problems unbedingt beim Okzident Anleihen machen mußte. Kuwait war das Beispiel einer Übertragung des amerikanischen Modells auf eine Beduinengesellschaft: eine Verirrung, ein explosives Durcheinander, in dem man nicht leben konnte. Aden ist das Gegenexperiment, noch dazu in »armer« Ausführung, ohne Erdöl. So absurd es jedoch scheinen mag, die Konsequenzen auf menschlichem Niveau sind gar nicht so unterschiedlich. Der kuwaitischen Schizophrenie entspricht die jemenitische Antriebslosigkeit, zwei entgegengesetzte, aber analoge Arten, eine – mehr oder weniger bewußte, aber sehr offenkundige – Ablehnung des Fremden auszudrücken.

Es stimmt, daß das marxistische System nicht im Widerspruch zum muselmanischen Geist steht. Aber auch das Gegenteil ist wahr. Jeder, der sich eingehend mit dem Islam befaßt hat, weiß genau, daß er auf die gegensätzlichsten Weisen interpretiert werden kann, daß er ebenso viele revolutionäre Anregungen wie mögliche fortschrittsfeindliche Voraussetzungen enthält und daß es zwischen den Mutasiliten und den Karmaten größere Unterschiede gibt als zwischen den Neofaschisten und der Arbeiterfront. Aber warum sollte diese äußerste Anpassungsfähigkeit des Islam nicht von den heutigen Arabern genutzt werden, um eine eigene neue Realität zu schaffen, um ein Heute und ein Morgen zu planen, das weder marxistisch noch kapitalistisch sein muß, sondern einfach arabisch und islamisch?

Diese Heere, die unter einer sengenden Sonne vorbeidefilierten, riefen mir eine andere Parade ins Gedächtnis zurück, bei der phantasmagorische sowjetische Raketen ihre funkelnden Röhrenkörper zwischen Neonscheinwerfern und Berberbataillonen im Turban zur Schau gestellt hatten. Es war der erste September 1974, und Oberst Gaddafi verkündete in seiner cremefarbenen *faradja* – während auf dem mit dem Grün des Korans bemalten Platz die archaischen Beduinenmelodien (von den Revolutionsdichtern mit neuen Texten versehen) dröhnten – gelassen lächelnd: »In der neuen Gesellschaft werden libysche Männer und Frauen keinen anderen Herrn mehr haben als Gott. Ganze Bände von Gesetzen, die von den Menschen gemacht wurden, sind voll von Strafen an Leib und Vermögen, die der Mensch anderen Menschen aufzuerlegen sich das Recht anmaßt; die Religion dagegen ermahnt, belehrt und verschiebt die Strafe auf den Tag des Jüngsten Gerichts.

Eine Revolution, die eine Machtgruppe nur durch eine andere ersetzt, ist nichts als eine Konspiration, als ein faschistischer Staatsstreich. Wenn die Revolution überleben will, darf sie nicht auf den Autoritarismus zurückgreifen und die Massen unterdrücken. Ihr seid jetzt aufgerufen, die Macht zu er-

173

greifen, die Verantwortung zu übernehmen, über euer Heute und über euer Morgen zu entscheiden und die Sklaverei der Herren, der Parteien, der Gewerkschaften und der Konsumfetischisten abzulehnen.«

Die Neokapitalisten von Tripolis und Bengasi erbleichten, der Vizepräsident Vietnams kam zu einem offiziellen Besuch, die Befreiungsfronten von fünf Kontinenten trainierten in den Palmenhainen der Cyrenaika, die ausländischen Unternehmer sprachen von Maoismus, die Nostalgiker träumten von Bier und Bordellen, und ich fragte mich: Ist das nun tatsächlich eine Revolution, machen die wirklich ernst? Tritt der Islam tatsächlich aus seiner Dumpfheit, um zwischen den Thermen des Severus Septimus und den Höhlenbewohnern von Garian zu explodieren? Die kulturpolitischen Beobachter regten sich auf: Ein dem Herrgott anvertrauter Marxismus-Leninismus, das ist eine historische Verirrung, ein Widerspruch in sich, eine Verrücktheit, die sich nur auf die Petrodollars stützen kann. Neologismen wurden geprägt: »koranischer Marxismus«, »utopischer Populismus«, »Sturm-Islamismus«. Es gab nichts bequem Vertrautes, an das man sich halten konnte, um zu definieren, was in Libyen vor sich ging: ein entschiedenes, erregtes Chaos, das allen Kritikern zum Trotz einsame, von Strohhütte zu Strohhütte ziehende Stämme, Atomphysiker, die vom Massachusetts Institute of Technology kamen, Hausfrauen, ganz in weißen Wollstoff gehüllt, greisenhafte Ulemas, fünfzehnjährige Pilotenschüler, Weberinnen aus den Berberstämmen und Haussa-Krieger mit sich riß. Jedem von ihnen war in Gaddafis Gesamtkunstwerk eine provokatorische Rolle für die große Sache zugeteilt worden.

»Wir wollen uns nicht entwickeln, wir wollen nicht fortschrittlich werden, wir wollen nicht aus der Dritten Welt herausragen. Was wir wollen, ist ein Sprung von der Unwissenheit zur Bewußtheit, unter Auslassung der Anmaßung. Wir wollen eine Gesellschaft erfinden, die es nicht gibt und die nicht programmiert, sondern nur nach und nach geschaffen werden kann, mit allen Risiken und Fehlern.« In dem einfachen Salon in der Kaserne, in der Gaddafi lebt, zeigte er mir anhand von Zeichnungen und Diagrammen die Lösung der Universalprobleme.

»Schluß mit den verwöhnten Knaben, die wir in die Vereinigten Staaten oder nach Deutschland schicken und Hydraulik und Elektrotechnik studieren lassen und die dann, wenn sie zurückkommen, Blue-Jeans importieren, während Installationen und Haushaltsgeräte kaputtgehen, weil keiner da ist, der sie repariert. Es gibt keinen Platz für eine Kleinbürgerklasse in einem Land, das noch nicht in der Lage ist, seine Grundbedürfnisse zu befriedigen. Die mit Leopardenfell ausgelegten Cadillacs, die Mini-Trianons und die Rolex mit Brillanten taugen nur für den, der sich entschlossen hat, seiner eigenen Kultur im Namen der Spielhöllen der Côte d'Azur abzuschwören.«

Als einzige unter den Erdölarabern lebten die Libyer in Städten ohne Nachtclubs, ohne Frauen und ohne Alkohol. Sie arbeiteten von sieben bis zwei Uhr in schlampigen Büros, in denen es zwar viel süßen, sirupartigen Tee, aber nur eine armselige Ausstattung gab, keine Klimaanlagen, höchstens einen Ventilator, befaßt mit neuen Strukturen, möglichen Programmen, entnervten Mitarbeitern, Straßendemonstrationen, Anregungen der Volkskomitees und ständigen Erdbeben im Innern des Establishments. Kaum hatten sie es sich auf einem Stuhl ein bißchen zu bequem gemacht, da wurde er ihnen schon weggezogen, und sie hatten nicht einmal Zeit, von einer Existenz als kleiner Rentner zu träumen, als ihnen bereits die Enteignung der Zweitwohnung verkündet wurde.

»Wir müssen uns von Schlacken, Flausen, verlogenen Traditionen, Privilegien, Neid und Groll befreien. Wir müssen studieren, das Wort Gottes studieren, in ihm die Wahrheit finden und darauf die Revolution gründen.«

Das war der dritte Weg. Ein demagogischer Wahnsinn, sagten die einen. Das Delirium eines Häretikers, der den Koran neu erfindet, schrien die Ulemas. Ich sah in der Wüste auf Tausenden von Quadratkilometern dänische Kühe weiden – auf Wiesen von einem irrealen Grün. Ein dreißigjähriger Tuareg zitierte in der Pinien-Baumschule der Sahara Goethe auf deutsch. Als ich ihn fragte, was er von Gaddafi halte, wies er auf den sternenhellen Sand des Fezzan und sagte leise: »Wir Menschen der Wüste begreifen vielleicht besser, was die Revolution ist, weil Gott uns näher ist.«

26

Unter den biblischen Regengüssen eines Midsummer-Londons verbrachte ich den Monat Juni mit Warten. Ich wartete darauf, Lakritzfabriken in Sharjah zu bauen, mit rumänischen Regisseuren für das ungarische Fernsehen Filme über arabische Pferde zu drehen, königliche Burgen für meine unpünktlichen Scheichs zu möblieren oder den Lehrstuhl für Medienwissenschaft an der Universität Riad zu erhalten. Ich wartete auf die offizielle Einladung des Sultans von Oman, auf den Vertrag für ein Buch über das islamische Haus und auf die Annahme einiger Artikel, die keiner haben wollte. Auch eine Arbeit in Najran mit dem Fürsten Ali, ein Beduinenmuseum in al-Ain und eine Untersuchung über die Unterwäsche der Jemeniten im Auftrag der Montefibre standen auf der Liste der Möglichkeiten. Mir war alles recht, wenn ich nur wieder nach Arabien zurückkonnte.

Die Villa in Kensington, in der ich als Gast meiner Freundin Eleni, einer Expertin für islamische Kunst, wohnte, war eine raffinierte Verbindung von fatimidischen Keramiken und Biedermeier-Möbeln. Wir verwandelten sie in einen Harem.

Irakische Architektinnen, palästinensische Freundinnen von Hala, sudanesische Enkelinnen des Mahdi, reiche saudische Erbinnen und Theologinnen aus Schiras kampierten von fünf Uhr nachmittags bis zum Morgengrauen auf den Kelims. Wir kochten Cannelloni und Kebab. In der Küche rezitierte Mussafar Nawwab, einer der größten arabischen Dichter, revolutionäre Verse. Wir fuhren im Rolls Royce, um Kirschen und Kernseife zu kaufen, umgeben von Myrrhenschwaden und pakistanischen Adoptivkindern. Niedergeduckt verbrannten wir auf den Teppichböden von Harrod's Organza-Muster, um festzustellen, ob sie aus reiner Seide waren. Die Scheichtöchter schnupperten an französischen Parfums, um ihr unanfechtbares Urteil darüber abzugeben: »zuviel Alkohol; schlecht gemischt; da fehlt Bergamottöl; der Jasmin ist synthetisch.« Wie in einer Prozession von Mantegna schritten sie dahin, sanft und königlich, in aller Ruhe Brokate und Üppigkeit zwischen den Verkehrsampeln entfaltend.

Beim Herannahen des Ramadan machte sich eine nach der anderen davon. Den Fastenmonat verbringt man auf muselmanischer Erde. Ich hatte weder Verträge unterzeichnet noch Reportagen verkauft, aber ich kratzte meine Ersparnisse zusammen und kaufte mir eine Fahrkarte nach Aleppo. Es sollte drei Jahre dauern, bis ich wieder nach Europa zurückkam.

178

27

Endlich war ich wieder in der Wärme. Mit meinen großen Hüten, gewaltigen Brillen und wallenden Gewändern schützte ich meine vornehme Blässe gegen die Strahlen der Wüste wie eine aristokratische Urgroßmutter. Aber vielleicht sollte ich so genau wie möglich die Stationen bis zu meiner Ankunft in Aleppo beschreiben:

Mit meinen sechzig Kilo Gepäck – Filme, Bücher und Vorräte an Kosmetika – entdeckte ich am Londoner Flughafen zwei junge Männer, die offensichtlich nur mit dem reisten, was sie auf dem Leib trugen. Sie sagten mir, daß sie über Damaskus nach Dschidda flögen und tatsächlich kein Gepäck hätten. »Welch merkwürdiger Zufall«, sagte ich, »ich fliege auch nach Damaskus«, und zum größten Ärger der englischen Hostessen, die mir gerade zig Pfund Sterling für Übergepäck abknöpfen wollten, beanspruchte ich triumphierend das Gewicht für alle drei.

Vier Stunden Verspätung, fünf Stunden Flug, eine Stunde Aufenthalt in Paris wegen einer telefonisch angekündigten Bombe; zum Schluß wurde ich von dem einen meiner Nachbarn über jede Einzelheit des Waffenhandels zwischen Europa und Kleinasien aufgeklärt: der Türke, Schmuggelkönig dank des internationalen Lastwagenverkehrs, setze jetzt auf den Petrodollar, um ein paar üble Geschäfte in Saudi-Arabien zu machen. Ich klärte ihn über die gesetzlichen Risiken solcher Operationen auf und fuhr dann fort, mit meinem anderen Nachbarn über den Wahrheitsbegriff im Islam zu diskutieren; da er Hinduist war und nur Urdu sprach, waren wir völlig einer Meinung.

Um fünf Uhr früh kam ich in Damaskus an. Wie das Manial Palace in Kairo ist das Hotel New Omayyad in Damaskus die Inkarnation kolonialistischen Understatements und halbvergesellschafteter Funktionsstörung: So subtile Raffinessen wie ein Unterkissen und ein echter Orangensaft gingen Hand in Hand mit Litaneien von Trinkgeldern, dem Fehlen von Klopapier und einer totalen Uninformiertheit. Niemand sagte mir, daß man den Bus nach Aleppo drei Tage im voraus buchen muß, ja man wußte nicht einmal, daß es einen solchen Bus gibt. Dafür bekam ich ein Ferngespräch nach Beirut, einer zerstörten Stadt, innerhalb von zehn Minuten. Ein großes Plakat am Flughafen hatte in acht Sprachen verkündet: »Damit Sie sich hier wohlfühlen, ist unser Touristikministerium, 29, Boulevard soundso, Telefon soundso, Tag und Nacht für Sie geöffnet.« Natürlich prüfte ich das nach und fand es sowohl des Nachts wie des Tags geschlossen.

Den Bus dagegen gab es wirklich. Was es jedoch nicht gab, war ein freier Platz für mich (übermorgen, *inschallah*). Unwiderruflich wie das Schicksal hielt mir der kartenverkaufende Knabe ein kalligraphisches Diagramm vor die Nase, auf dem mein Name nicht stand. Ich ließ mich jedoch nicht aus der Ruhe bringen. »Denk daran, daß die Menschen in Syrien genauso sind wie die in Jordanien und im Irak«, hatte mir Eleni beim Abschied noch eingeschärft: »Im Gegensatz zu den Beduinen kommt man bei ihnen nur mit Aufdringlichkeit und Unverschämtheit weiter.« Als sie mir das sagte, war ich entsetzt zurückgewichen und hatte sehnsüchtiger denn je an meine unberechenbaren Scheichs gedacht, die immer eher des Guten zuviel taten. Doch an diesem Morgen – vielleicht angesteckt vom Milieu oder kühn geworden durch das Organzaband auf meinem riesigen Sonnenhut – erwies ich mich als ausgezeichnete Schülerin. Ich legte mich keineswegs mit dem Diagrammkünstler an, sondern schob einfach meine sechs Gepäckstücke in den dafür vorgesehenen Hohlraum, noch bevor die rechtmäßigen Passagiere es wagten, ihre Körbe und die unbeschreiblichen bindfadenverschnürten Einzelstücke, die jeden Mittelmeerpilger kennzeichnen, hineinzuzwängen. Danach stieg ich in den Bus und wartete.

Als der Kontrolleur kam, sah ich ihn mit aufgerissenen Puppenaugen an und sagte, nein, ich hätte keinen Fahrschein; ich hätte geglaubt, daß man den – wie überall – im Bus bekäme. Wenn keine Sitzplätze mehr frei seien, würde ich selbstverständlich stehen. Der Kontrolleur rief den Fahrkartenverkäufer, der Fahrkartenverkäufer rief den Chauffeur, der Chauffeur rief den Direktor des Fuhrunternehmens – und alle wiederholten mir, daß ich aussteigen müsse. Ich ließ sie reden, und zum Schluß erklärte ich, daß mein Gepäck, sechs Stück, ganz hinten läge und man daher alles herausräumen müsse. Als ich sah, wie sie sich wanden, unschlüssig zwischen Faulheit und Diensteifer, bot ich an, den Bus selbst zu fahren.

Mittlerweile hatte sich eine kolossale Dame mit einem winzigen Kind eingeschaltet und bemühte sich zu erklären, daß ich Ausländerin sei und gut behandelt werden müsse; ich sei um fünf Uhr früh angekommen und deshalb sicher auch müde; sie selbst habe mich am Flughafen gesehen, wo sie ihre Nichte abgeholt hätte, die bei der venezuelanischen Landsmannschaft in Kanada Armenisch unterrichte; ich würde also den Platz verdienen. Der schweigende Ehemann tat so, als hätte er nichts mit der Dame zu tun. Kurz, es endete damit, daß ich meinen Platz mit dem winzigen Kind, einer Trommel aus getriebenem Stahl und einem vertrockneten Herrn teilte, der bestürzt, aber höflich war. Zwischen den beiden üppigen und hartnäckigen Frauen entwickelte sich ein zähes Bündnis. Madame Lulù, polyglott, Bankangestellte, Armenierin und Katholikin, gelang es, ihren Gatten zu zwingen, mir seinen Platz zu überlassen. Am nächsten Tag saß ich hinter einem Schalter der Landwirtschaftskasse und verkaufte den Bauern von Aleppo Dünger Nr. 27 und überzeugte sie davon, daß er genauso gut sei wie die Nr. 33, die ausgegangen war. Zum Zeichen der Dankbarkeit führte mich der Direktor der Bank und Vorgesetzte von Lulù persönlich zum Dollarwechseln auf den Schwarzmarkt.

Aber kehren wir zu meiner abenteuerlichen Ankunft zurück. Die Unterkunft, die ich – nachdem Freund Georges, levantinischer Kaufmann, tausend Entschuldigungen gefunden hatte, um mich loszuwerden, und nach der niederschmetternden Nachricht, daß die Schwestern von Nazareth während der Sommerferien ihre Zellen schlossen – beziehen sollte, war mir großzügig von einer syrischen Freundin Halas angeboten worden, die ich am Tag vor meiner Abreise von London hochschwanger getroffen hatte. Aber die Schlüssel zum Haus befanden sich in den Händen von Amina, dem kurdischen Dienstmädchen, das möglicherweise gerade Verwandte in Antiochia besuchte. Lina, meine Gastgeberin, hatte mir einen kleinen, verworrenen Plan des kurdischen Viertels von Aleppo gezeichnet, um mir zu zeigen, wo Amina und ein paar ihrer Verwandten wohnte, bei denen sie unter Umständen die Schlüssel hinterlegt haben könnte. Um es kurz zu machen: Nicht nur Amina war verreist, auch die Schlüssel fanden sich bei keinem der Verwandten. Dafür luden die mich sofort ein, bei ihnen zu übernachten, was ich mir auch vornahm, sobald ich mein Gepäck irgendwo untergebracht hätte. Ich wollte es bei Georges abstellen, dem Besitzer eines luxuriösen Hauses mit Arkaden und Kellern, genau gegenüber von Linas Wohnung.

In der größten Mittagshitze um halb drei, der Zeit eines genüßlichen Schläfchens, läutete ich am großen Haustor, einer Art eiserner Steppdecke. Nach einer langen Pause rief eine klägliche Stimme: »Ich bin im Pyjama«, und die Tür ging auf. Georges, in zebragestreiftem Leinen und französischen Pantoffeln, begriff, daß er meinem entschlossenen Schritt nichts anderes entgegensetzen konnte als eine Aufzählung der Nierensteine des Vaters und eine Liste der Pariser Bälle und der Messen des Malteserordens, die er hinter sich hatte. Ungerührt richtete ich mich in seinem *iwan* ein, bemächtigte mich

182

seiner Mandelpasteten und ließ mir eine Liege mit bestickten Laken und ein warmes Bad offerieren. Dann unterhielt ich mich mit der blinden Tante Zoe aus Alexandrien, Dichterin und Freundin von Barrès, und mit Tante Gitta in Crêpe de Chine mit aufgenähten Blumen, Spezialistin für in Zimt marinierte Nüsse.

Ach, die köstlichen Leckereien des Orients! Erzittert vor Neid bei meinem Eis aus Kürbiskernen und gehackter Melone! Beim Gedanken an die (vom nubischen Diener) hausgemachte Sauerkirschgramolate! Gegen die kulinarische Konkurrenz von Aleppo ist schwer anzukommen: siebenundvierzig Sorbets, Pistaziengelee, Kebab mit Kirschen, Joghurt mit Thymian, Pfefferminz und Paprika, Rosenpudding mit Vanilleeis und Mandelmeringen mit Pistaziencrème gefüllt. Aber das ist nur ein kurzer Blick auf die Köstlichkeiten dieser Stadt, die acht Jahrhunderte lang Sitz eines venezianischen Konsulats gewesen war, das sich ganz den dunklen Geschäften und den üppigen Banketts gewidmet hatte.

Hunderte von Kilometern Stein – bald beige, bald rosa – trennen Aleppo von Damaskus im Süden und von Mosul im Osten, eine Geröllwüste, die bis heute von Beduinen durchwandert wird und in der es eine Menge Trulli aus Lehm und Dung gibt, die recht anmutig wirken. Die Stadt selbst (über eine Million Einwohner) dehnt sich um eine befestigte Beule herum aus, einem höchst seltsamen Häuservulkan mit Mauern aus weißem Stein und mit Portalen verziert, alles in allem sehr nüchtern und martialisch. Die Hitze machte es mir in den ersten Tagen nicht möglich, ins Innere der Zitadelle des Saladin vorzudringen, jenes Feldherrn aus dem zwölften Jahrhundert, der diesen Hügel zu seiner Festung gemacht hatte.

Zum Ausgleich dafür widerstand ich nicht den fünfzehn Kilometern *suk*, dem mit mittelalterlichen Spitzbögen überdachten Bazar, in den das Licht von oben durch viereckige vergitterte Öffnungen fällt. Fünfzehn Kilometer absoluter Stimmigkeit: Die Alten sind alt, die Seile riechen nach Seil, die

Spezereien werden aus Säcken verkauft, die Händler handeln, und die Kundschaft besteht aus Beduininnen, die Hand in Hand mit Kindern und Ehemännern herumschlendern; nur gelegentlich mal eine Städterin mit ihrem dummen schwarzen Nylontuch, das im Nacken gebunden ist, um die Vorderseite zu verhüllen und den Oberkörper einzupacken. Sonst niemand: Touristen, Christen und »entwickelte« Syrer wagen sich entweder nicht hinein oder werden gleich von den tausend Winkeln geschluckt, in denen alte Stickereien, Sohlen jeder Art, seltsame mehrteilige Pfannen, Zwirnseiden und Ziegenfelle baumeln.

Es ist einer der aufregendsten Plätze der Welt: die Händler, die sich, um in ihre Geschäfte zu gelangen, an einem von der Decke hängenden Seil über die Schwelle (beziehungsweise die Warensäcke) schwingen, wie Tarzane in türkischer Tracht, die dann zur Mittagszeit durch Gassen davonspringen, in denen der Duft von Kardamom und heißem Brot hängt; die jahrhundertealten Karawansereien, die Motels von früher mit dem Esel-Drive-in, dem Brunnen in der Mitte des Gangs und einem Kochraum bei jedem Zimmer; die Höfe der *maristan* aus schwarzem und gelbem Stein, der ehemaligen Irrenhäuser, in denen die Kranken statt mit Tabletten oder Zwangsjacken mit der Musik kleiner Nachmittagskonzerte behandelt wurden; die riesigen Bäder mit unzählbaren Temperaturabstufungen, die Wände immer noch mit Spiegeln und Alabaster verkleidet – ein ferner Widerhall der prunkvollen Aussteuern aus silber- und goldbesticktem Leinen; und dann plötzlich die Fassade irgendeiner Moschee mit kalligraphisch verzierten Mauern, im Hof Jasmin und Pistazien; die Kilometer an Kupferpfannen, die im Schein der Schmieden von Hand gehämmert werden; die Berge von Wolle, auf deren Gipfel die Händler Wasserpfeife rauchen; die Seiden aus China und Indien, die Damaste, Brokate, die riesigen Kaschmir-Schals der Kurdinnen, die satinierten Baumwollen, die farbenprächtig gestreiften Ripsseiden, der mit einer Kosmogonie aus geheimnisvollen Symbolen bedruckte Batist; und die Gläser, die roten und gelben Pantoffeln, die Teppichberge, die handgewebten Kaftane, die Seifen aus Olivenöl und Lorbeer, die Girlanden aus Schwämmen und bunten Fähnchen; und die Verkehrsunfälle zwischen Eseln, die mit Rosenpulver, und Eseln, die mit Pistazien beladen sind; und die Verkäufer von Süßholzsaft und die Fez-Fabrikanten, die Perlenhändler, die Verkäufer von alten Blechdosen und die Geldwechsler und die Kurzwarenhändler und die tausenderlei exotischen Verlockungen, von denen man nicht weiß, ob sie zum Essen, zum Anziehen oder für die Schönheit sind.

Ein Paradies, in dem man sich verlieren und betäuben, sich alle herunterhängenden Tücher umlegen, alle Gesichter erforschen und die Kühle einer der herrlichsten Architekturen des Islam genießen kann. Ich vergaß noch den Hüter, einen heiligen Petrus, dessen Geschlecht bis auf die Zeiten Saladins zurückgeht und der als Familienprivileg die Aufgabe hat, das Paradies im Morgengrauen zu öffnen und bei Sonnenuntergang zu schließen. So spielte sich bis vor hundert Jahren, als die Ausländer noch in eigenen Karawansereien wohnten und alle Konsulate im Suk vereinigt waren, das Nachtleben auf den Dächern ab, die mit Pavillons übersät, vom Widerschein der farbigen Kuppelfenster der *hammam* gesprenkelt und von Fackeln erhellt waren.

Der einzige Überlebende dieser Welt ist Doktor Poche, Erbe jener Karawanserei, die das venezianische Konsulat beherbergt hatte: Er ist deutscher Abstammung, von einer venezianischen Mutter geboren und aufgewachsen in Aleppo; er besitzt die Bildung eines Aufklärers und die Liebenswürdigkeit eines Sultans: ein großer, spindeldürrer Neunzigjähriger, der durch Zimmer wandert, in denen in Dutzenden von türkischumbertinischen Schränken Rosenkränze aus Lourdes, griechische Münzen, abbasidisches Porzellan, Ohrringe der Königin Zenobia, Sèvres-Aschenbecher und Spitzentaschentücher friedlich nebeneinanderliegen, und von diesen zellenartigen

Räumen, die mit den Bildern von Tanten in albanischer Tracht, präraffaelitischen Madonnen und Fotos mit der Widmung des deutschen Kaisers tapeziert sind, gibt es mindestens zehn; dann führen geheimnisvolle Treppen in einen Dschungel aus Feigen- und Jasminbäumen, die genau über den Köpfen der Pfannenhändler sprießen und sich zwischen den Ruinen eines Klosters und den Ställen des Khan ausbreiten. Doktor Poches alte Haushälterin macht selber Orangengramolate und serviert sie unter dem Pavillon, der einst die Kaiserin beschattet hat, während sich auf die Gewölbe des Suk und die Minarette die rosa Abendsonne der Wüste senkt und der Gastgeber vom Ersten Weltkrieg, von Colonel Lawrence und den Beduinen des Sinai, erzählt.

Ich wollte für immer in Aleppo leben. In den steinernen Gassen, durchbrochen von hermetischen Pförtchen, die sich auf große Innenhöfe mit plätschernden Brunnen und dem Duft sämtlicher Spezereien des Orients öffnen; in den tausend Moscheen aus ziseliertem Tuffstein und mit geometrischen Rätseln gepflastert; in den Färbereien, die unter den Bogengängen Girlanden von fuchsienroten, ockerfarbenen und amarantenen Wollsträngen zur Schau stellen; in den Alkoven der türkischen Häuser, aus gedrechseltem, durchbrochenem Holz, durch das die Sonne arabeskenhaft scheint; in den großen *iwan* mit den schwarz-weißen Marmorbänken, oder in den Klöstern bei den argentinischen Padres und den paduanischen Nonnen. Auf den Dächern wollte ich leben oder in den katakombentiefen Kellern, in den Koranschulen oder in den Dutzenden von Bibliotheken mit noch unerforschten Manuskripten. Ich fühlte, daß ich in diesem Grenzgebiet viel zu lernen hatte. Als Vorposten der Christen, Heimat der Styliten, Domäne der Griechisch-Unierten, Eroberungsland der Griechisch-Orthodoxen, Getto der aus der Türkei geflohenen Armenier, Refugium der Kurden, Höhle der Muslimbrüder und letzter arabischer Vorposten der Juden kann Aleppo auf die eindrucksvollste Vergangenheit des Mittleren Ostens zurückblicken: Es trägt die Spuren von Hetitern und Assyrern, von Chosrau und Konstantin, von Tamerlan und Franz I., von Saladin und Lamartine, von den dreißig Bibliotheken, zehn Universitäten, hundert *hammam* und von zwei der bedeutendsten Philosophen der arabischen Welt.

Ein Curriculum, bei dem die Christen wenn nicht jedes Verdienst, so doch jeden Vorteil für sich buchen. Ungestört flattern sie von den Garden Parties der Konsuln zu denen der Patriarchen, singen Loblieder auf Père Lefèbvre und sind der festen Überzeugung, daß Beirut »weit weg« sei. Sicher, in Aleppo gibt es keine Palästinenser, um die Ahnungslosen politisch aufzurütteln; es gibt keine Scheichs, keine Spielhöllen, keine Hilton-Hotels. Aber es gibt die Türken, die Kurden, die Armenier, und es gibt die libanesische Erfahrung, den Haß auf die herrschende Kaste der Alawiten, die von allen als Häretiker angesehen werden; es gibt die Muslimbrüder, die, wie man behauptet, von den Saudis finanziert werden, und die islamische Ablehnung des pseudomarxistischen Regimes; und es gibt den Groll all jener – Christen wie Moslims –, die einen Sohn beim Militär haben, der seit zwei Jahren irgendwo in den Bergen des Libanon steckt, um irgendwen zu verteidigen. Ein Übereinander von bürokratischen Mächten auf der einen und fideistischen auf der anderen Seite, ein Nebeneinander von männlichen Ehren- und Eifersuchtsdelikten und weiblichem Militärdienst, von staatlichen Verkaufsstellen, die bulgarische Ventilatoren anbieten, und Jesuitenbuchhandlungen, in denen *Vogue* ausliegt; Fernsehprogramme, die zwischen Koransuren, rohen Interviews mit den Husaren des Euphrats, amerikanischen Krimis und russischem Ballett abwechseln; und ein zusammengestöpseltes napoleonisch-islamisches Gesetzbuch, das zum Beispiel für einen Mann, der sich verkleidet an einen Ort der Frauen schleicht, die gleiche Strafe vorsieht wie für einen Kinderverführer.

Ich wohnte zwischen großen turkmenischen Fin-de-siècle-Villen, im Machtbereich der Großtanten, die Ehen schmieden, die bis heute in byzantinischem Ritus gefeiert werden. Dort, wo die gut christlichen Mädchen (alle sehr adelig und potthäßlich), die mit Müh und Not etwas Arabisch sprechen und in den Unternehmen der Papas Sekretärin spielen, sich am Abend auf orthopädischen Absätzen in mühsamen Bauchtänzen zur Schau stellen – vor den stolzen Augen eines brillantineglänzenden Erzeugers und dem entsetzten Blick der Koreanischen Delegation.

Ich hatte eine trevisanische Mamma gefunden, eine hagere, unbeugsame siebzigjährige Frau, die nach Aleppo gekommen war, nachdem sie das vorstalinistische Rußland, das Ägypten Faruks, das Konzentrationslager in Palästina und eine dramatische Witwenschaft hinter sich hatte. In Aleppo hat sie einen Schrank von Mann geheiratet, der kaum ein Wort sprach, türkische Handtücher sammelte und als letzter Sproß eines venezianischen Kaufmannsgeschlechts wie seine Vorfahren den Gratis-Konsul für Italien machte.

Ich hatte auch eine Arabisch-Lehrerin mit Namen Hayam, ein Mädchen mit einem wunderbaren Gesicht, aber seit ihrem vierten Lebensjahr hinkend. Trotz drei Operationen, einem um zehn Zentimeter verkürzten Bein, einer kaputten Niere und einer fortschreitenden Zerstörung der Hüfte hatte sie mit der besten Note in arabischer Literatur promoviert; sie trug mit ihrer Anstellung bei der Zentralbank dazu bei, eine Schar von Geschwistern zu erhalten, schrieb ausgezeichnete Gedichte und besaß eine bewundernswerte Zähigkeit bei der Ablehnung von sogenannten guten Partien. Sie war auch die erste überzeugte Atheistin, der ich in einem islamischen Land begegnet bin. Wer konnte damals ahnen, daß im Lauf einer Freundschaft zwischen Grammatiken und Krankenhäusern ausgerechnet ich es sein würde, die sie mit dem Islam aussöhnte?

28

Als ich eines Abends mit großem Aplomb ein Restaurant betrat, das terrassenförmig um ein Becken mit plätscherndem Regenbogenstrahl angelegt war, entdeckte ich ein merkwürdiges Phänomen der Schwerkraft: Alle einzelnen Männer wurden magnetisch von den Tischen der linken Seite angezogen, die Familien dagegen von denen auf der entgegengesetzten. Aber das passiert nicht nur in den Restaurants. Im Park gibt es eine Familien- und eine Männerzone; im Café den Familiensektor und den Monadensektor; im Sumpf um die Brunnen den Herden- und den Wolfsbezirk; ganz zu schweigen vom Kino, wo der alleinstehende Mann in die Mitte gepfercht wird, zwischen zwei Blöcke lärmender Anständigkeit, die alles in allem die schlechteren Plätze zugewiesen bekommt. Im Schwimmbad jedoch erfährt das Phänomen eine Reihe interessanter Variationen: Es gibt Schwimmbäder mit der üblichen »Isolierstation«, andere, die »Männer ohne Begleitung« gar nicht einlassen, und wieder andere, die nur ihren Mitgliedern offenstehen und selbst denen nicht, wenn sie sich unanständig solo präsentieren. Beim Anblick dieser etwas krummbeinigen und schmerbäuchigen Männer fragt man sich unwillkürlich, wieso sie zum Gegenstand von soviel Hätschelei, Angst und Mythologie werden. Oder hat vielleicht Syrien, durch die Vermengung von klerikaler Misogynie, beduinischer Dreistigkeit und sowjetischem Moralismus, einfach nur eine gesunde Lösung des Voyeur-Papagallo-Problems gefunden, obwohl es damit offensichtlich noch mehr zu der Überzeugung beiträgt, daß nichts so sehr den Prototyp der Männlichkeit verkörpere wie das karamellene Fettgewebe seiner Söhne?

In jener Nacht befanden sich tausend Personen von Sonnenuntergang bis Sonnenaufgang in dem Restaurant, um Syriens Goldkehle zu lauschen, dem großen Sabagh Fakhri, der uralte arabische Oden aus Andalusien sang – mit leidenschaftlichem Druck auf die Tränendrüse, aber im Rhythmus des Deliriums. Haarige Mannsbilder, die engumschlungen miteinander tanzten, junge Burschen, die den Sänger küßten, ein alter Mann in orangefarbenem Anzug mit Krawatte und Gilet, der allein auf einem Tisch tanzte, ein rosa Kleenex-Tuch dabei schwenkte und ein Glas auf dem Kopf jonglierte: Was für eine Welt von Päderasten! Und zugleich, welch sinnlicher Wahn! Und dabei diese majestätischen Frauen, die mit blitzenden Münzen bedeckten Brüste, die an die stolzen Stirnen geklebten Locken und die langen, ruhig wirkenden lakkierten Fingernägel, die nie nach Zigaretten gierten ... während sich Ehemänner und Brüder betätschelten und dabei Messer, Pistolen und Hüften entblößten.

Das sind die Männer, die ihre Frau zum Gynäkologen bringen und das Messer ziehen, wenn er sagt, daß er sie untersuchen möchte; die den Hund ins Schwimmbad führen, aber nicht die Ehefrau; die nach einem Jahr unfruchtbarer Ehe die Gattin für »steril« erklären und sich mit dem Geld, das eigentlich zum Kauf von Medikamenten gegen die Unfruchtbarkeit dienen sollte, eine andere nehmen; es sind dieselben, die in London Kernphysik studieren und dann, glücklich verheiratet, von ihren Frauen verlangen, daß sie bei vierundvierzig Grad im Schatten Handschuhe und Strümpfe aus schwarzer Wolle, zwei Schleier überm Gesicht, eine Kapuze auf dem Kopf und einen Maximantel tragen.

Und doch ist das die Heimat der Zenobia, die Kaiser Claudius besiegte und von Aurelian zur Königin von Palmyra ernannt wurde, die Münzen mit ihrem eigenen Abbild prägen ließ und das mächtigste Heer Syriens befehligte; sie trieb mit dem Jemen Handel, übertraf noch die Nabatäer an Prunk und fiel mit ihren gefiederten Truppen in Ägypten ein. Es brauchte gut drei römische Kaiser, um mit ihr fertig zu werden. Andere Zeiten, sagt ihr? Aber die ganze syrische Geschichte ist – vor und nach dem Islam – voll von legendären Frauengestalten, deren Verse und deren Heldentaten die Bänkelsänger heute noch an jeder Ecke von Damaskus besingen! Zat el-Hemma, zum Beispiel, Löwenherz genannt, war die Seele und der Arm der blutigsten Schlachten zwischen Arabern und Byzantinern; sie verweigerte hartnäckig die Ehe, so daß der Kalif sie betäuben und entführen mußte, um sie heiraten zu können. Über die endlosen Wechselfälle ihres Lebens schrieben die Araber ein sechstausend Seiten langes Versepos, von dem ich in einer Bibliothek Aleppos eine handschriftliche Kopie fand. Der Aufseher, dessen Gesichtszüge und dessen langer Rock noch aus der Zeit von Zat el-Hemma zu stammen schienen, sah, daß mich offensichtlich die Geschichten von Frauen interessierten, und erzählte mir die einer Beduinin, die der Kalif al-Maamun beim Wasserschöpfen an einem Brunnen traf.

»Von welchem Stamm bist du?« fragte sie der Kalif, entzückt über ihre Schönheit. »Ich bin vom Stamm der Banu Kilab«, antwortete das Mädchen, ohne die Wasserschläuche abzusetzen. »Und wieso hast du dir ausgerechnet den Stamm der Hunde ausgesucht?« (Banu Kilab heißt »Hundesöhne«) neckte sie der Kalif und dachte, sie erröten zu machen. »Wenn du nichts dagegen hast«, antwortete das Mädchen, »bin ich die Tochter eines großzügigen und gastfreundlichen Stammes, der auch wegen seiner Säbelhiebe sehr berühmt ist. Aber von wem stammst du eigentlich ab?« – »Ich stamme von den Mudharidi ab.« – »Und von welchem der Stämme?« – »Von dem berühmtesten, von dem mit den vornehmsten Ahnen und den legendärsten Unternehmungen.« – »Also bist du von den Banu Kinabah, aber von welchem Zweig?« – »Von dem, den alle Kinabah verehren, von dem freigebigsten,

191

mutigsten und edelsten«, antwortete der Kalif, immer ver-
wirrter von der Unerschrockenheit des Beduinenmädchens.
»Also bist du einer von den Banu Qureish, aber von welcher
ihrer Familien?« – »Von der, die alle Qureish verehren, von
der großzügigsten, verwegensten und aristokratischsten«,
verkündete der Kalif. »Wallah!« erwiderte das Mädchen,
»dann bist du ja ein Abkömmling von Haschim, dem Stammvater des Propheten! Und zu welcher der Haschimitischen
Familien gehörst du, da es ja mehr als eine davon gibt?« –
»Zu der höchststehenden, zu der vornehmsten, zu der, die
alle achten und fürchten«, sagte al-Maamun, während ihm
die Beduinin offen ins Gesicht sah und, ohne die Stimme zu
verändern, zu dem Schluß kam: »In diesem Fall bist du der
Kalif, der Fürst der Gläubigen, der Stellvertreter Gottes.«
Maamun war so verblüfft und hingerissen von dem Verhalten
des Mädchens, daß er sie zur Frau nahm. Sie wurde die Mutter des Kalifen Abbas und erwarb sich rasch den Ruf, eine der
weisesten und redegewandtesten Frauen ihrer Zeit zu sein.

Heute dagegen liest man beim Durchblättern eines vom
Kultusministerium herausgegebenen Buches mit syrischen
Sprichwörtern im Kapitel »Frau«:

»Besser die Stimme einer Schlange als die eines Mädchens.«

»Die Tochter ist sieben Almosen wert.«

»Schwerer als Blei wiegt die Rückkehr der Tochter ins
Haus« (die vom Mann verstoßen wurde).

»Jede Tochter, und sei sie noch so anständig, bringt dir
einen Feind ins Haus.«

»Nimm die närrische Tochter von der weisen Mutter und
nicht die weise Tochter von der närrischen Mutter.«

»Ich verheiratete meine Tochter, um das Unglück loszuwerden, und sie kam mir samt den Kindern ins Haus zurück.«

29

Der Monat des Ramadan begann am 14. August im Jahr der Hedschra 1397. Auf den Terrassen postiert, lauerten die Ulemas dem Mond auf, und sobald er erschien: zwei Kanonenschüsse, und der Fastenmonat war eröffnet.

Ich war aufgeregt wie noch nie. Zum erstenmal verbrachte ich den Ramadan in einem muselmanischen Land, und hier in Aleppo, gerade zu diesem Zeitpunkt, gerade bei dieser diabolischen Hitze, erschien mir das wie ein glückliches Zeichen des Schicksals.

Die Ankunft meiner Gastgeberin Lina mit dreijähriger, dreisprachiger (Arabisch, Französisch, Englisch) Tochter, hatte meine Studien stark gebremst. Wie hätte ich auch den nächtelangen Erzählungen widerstehen sollen? Von den tausend Erlebnissen ihres Vaters, der als erster arabischer Pilot in der saudischen Wüste gelandet war, von den Kindheitsferien in einem Kuwait der Erdölfrühzeit, von Linas Liebe zu einem kolumbianischen Revolutionär und vor allem von ihrem erheiternden Ehe-Impromptu mit einem syrischen Christen (sie ist Libanesin und Muselmanin), genau in dem Augenblick, in dem in Beirut der Krieg ausbrach. Ich sah sie, wie sie, zierlich und blaß, einen Priester in einem Boy-Scout-Lager hinriß und, mit den Hochzeitsspitzen der tscherkessischen Urgroßmutter verziert, in die älteste, mit Nachthyazinthen ausgeschmückte griechische Kirche von Beirut schritt, dort ihrerseits von den bigotten Tanten des Bräutigams fortgerissen wurde, die den Exarchen bestochen hatten, um diese Schandtat zu verhindern; wie sie in einen Supermarkt entkam, immer noch mit den Hochzeitsspitzen der Urgroßmutter, inzwischen jedoch der Komplizenschaft eines Meßdieners versichert, der sie dann in die Berge zum Patriarchen brachte, um diesen – um zwei Uhr morgens – zu zwingen, das erzbischöfliche Palais zu öffnen und die Trauung vorzunehmen (ohne zu wissen, daß sie nicht einmal getauft, also noch Muselmanin war).

Ihre donquichotteske Existenz zwischen Indien und dem Quartier Latin riß mich hin, ebenso ihre stürmische Leichtigkeit zu leben, ihre Rezepte, ihre Pläne, ihre Erziehungssysteme, ihr Hüpfen in fünf Sprachen, ihr Umkrempeln der Mode und der Wohnungseinrichtung und ihr meteorhaftes Schweifen über Gefühle und Kontinente. Schon wiegten sich alle Händler der Stadt in der Hoffnung, uns alles verkaufen zu können, von den Eselsätteln bis zu den Atlassteppdecken in Prälatenviolett. All das würde Lina vielleicht nach Beirut bringen, in die Boutique ihrer Freundin Nadia, oder vielleicht nach Argentinien, oder auch nach Dschidda zu ihrem Onkel, einem einflußreichen saudischen Finanzmann, der schließlich auch ein Geschäft mit syrischem Kunstgewerbe eröffnen konnte. Warum nicht? Mit Lina schien alles möglich. Auch eine Solo-Mazurka im Bahnhofsrestaurant, während der Mond durch die Palmen schien und zwei Dragomane mit Tarbusch die Lokomotive abbürsteten; auch üppige Matronen und schüchterne kleine Mädchen aufs Parkett zu schleifen und einen Bauchtanz zu improvisieren, während die Kapelle englische Lieder auf armenisch und italienische Canzoni auf arabisch sang und ich den Pyjama von Georges Urgroßvater anhatte.

Und dann nachts durch die Kurdenviertel zu streifen, an die Türen zu klopfen, auf die die Transportmittel gemalt waren, die man für die Pilgerfahrt benutzt hatte; und zu sehen, wie sie alle zusammen im Innenhof aus gelbem und grauem Stein schliefen, um den römischen Brunnen herum, unter den Jasminbüschen, die sich um die Spitzbogen mit Marmorfiligran rankten; und drinnen: lila gelackte Wände, in bunter Folge

194

verstellt von alten Spiegeln und Schränken aus geschnitztem Holz, gefüllt mit aufgehängtem Mozzarella und Rosenmarmeladen. Die Kurden nahmen uns auf, als sei es ganz normal, daß zwei Unbekannte um ein Uhr nachts aus Gassen auftauchten, die in Amalfi oder Portorico hätten sein können. Sie boten uns eine Matratze und einen Saft an, und der *agha* sang in Machomacho-Dialekt die Balladen von den Vizekönigen von Ardelan und den Fürsten von Sulaimani. Wir redeten über Mustafa Barsani, den Anführer der kurdischen Nationalisten, und über Saladin, der ebenfalls Kurde gewesen war, und über den Großvater, der immer noch in den Bergen des Iraks für ein unabhängiges Kurdistan kämpfte. In der Schattenregierung der Untergrundkämpfer, wurde uns erzählt, seien viele Frauen im Rang von Generälen und Ministern.

Ich indessen lernte beten. Nicht daß ich konvertiert hätte, aber das – natürlich islamische – Gebet, begleitet von Koran-Rezitationen und gymnastischen Übungen, wurde mir von meinen neuen Freundinnen, den Muslimschwestern, auferlegt.

Diese sektiererischen Puritanerinnen des Islam, die zwar weniger bekannt sind als ihre männlichen Kollegen, aber ebenso im Untergrund organisiert und ebenso formalistisch in der Auslegung des Korans, haben ihren internationalen Sitz in Aleppo. Ihr Ziel deckt sich in allem genau mit dem, das Hassan al-Banna dazu trieb, im März 1928 in Ismailija in Ägypten die Muslimbruderschaft zu gründen, um für eine islamisch-nationalistische Regierung zu kämpfen: eine Idee, die dem wahhabitischen Ideal nahestand und daher von den Saudis sehr wohlwollend betrachtet wurde, sonst aber sicherlich von keinem anderen arabischen Staatsoberhaupt und ganz besonders nicht von Präsident Assad, der der am wenigsten orthodoxen Sekte des Islam angehört, den Alawiten. Die Muslimbrüder – in Ägypten verfolgt (auch wenn das Gerücht kursiert, Sadat sei selbst ein Anhänger) und überall wegen ihrer fanatischen Strenge und ihrer Guerilla-Methoden behin-

195

dert – stellen in Aleppo eine große, geschlossene und streng geheime Gruppe dar. Die Attentate der letzten Jahre, bei denen zahlreiche Politiker aus dem Umkreis Assads, Kadetten der Militärakademie und sogar Ulemas ihr Leben ließen, stehen im Zusammenhang mit der Wiedergeburt der Muslimbruderschaften.

Es war gar nicht leicht, mit den Damen in Kontakt zu treten. Sie verhalten sich Ausländern gegenüber, in denen sie den Teufel sehen, mißtrauisch, ausweichend und feindselig. Außerdem haben die Muslimschwestern heute, nach dem Tod ihres großen Anführers Scheich al-Nabhani (von dem die Christen gern zweideutige Anekdoten erzählen und daß er sich die Augen mit Wimperntusche und die Wangen mit Rouge gefärbt habe), keinen festen Bezugspunkt mehr, sondern hängen von ein paar sympathisierenden Ulemas ab, die sie bei den Freitagspredigten ermahnen, sich zu verhüllen, sich zu unterwerfen und zu beten. Man munkelt, daß sich allein in Aleppo mindestens zehntausend Frauen für diese Lebensform entschieden hätten.

Um an sie heranzukommen, mußte ich also beten lernen, den Koran im Kopf haben und mich als Konvertitin ausgeben. Ich wurde zu den Freitagsgottesdiensten zugelassen, die in einer großartigen omajjadischen Moschee stattfinden, deren Hof den Frauen vorbehalten ist, während die Männer im Inneren beten. Trotz der senkrecht stehenden Sonne und den Schichten schwarzen Schweißes muß man zugeben, daß das freundliche Zugeständnis an unser Geschlecht, in einer öffentlichen Moschee beten zu dürfen, schon eine Geste großen Wohlwollens von seiten der Muslimbrüder bedeutet. Tatsächlich gibt es sehr wenige orthodoxe Moscheen, in denen Frauen bei der Freitagspredigt zugelassen sind, nicht nur in Syrien, sondern in der ganzen islamischen Welt, die mit Recht die Verwirrung fürchtet, die so viele hingestreckte weibliche Hinterteile in den Seelen der Gläubigen anrichten könnten.

Ich bestand die Freitagsprobe und auch die des abendlichen

Ramadan-Gebets und sogar die katechetische Befragung durch mein »Einführungsmitglied«. Endlich fand man mich reif für die »Einkehr«: ein ganz gewöhnlicher Morgen mit vierzig Grad, frühes Aufstehen, Anlegen meiner üblichen Hüllen; ein rascher Marsch in den knöchelhohen Schuhen à la deutsche Kinderschwester und schließlich eine seltsame Wendeltreppe mit weiten Gewölben und mit großen Bogenöffnungen: ein Haus aus dem Anfang des Jahrhunderts, wie es viele gibt, ein Viertel mit Koranschulen und kleinen Geschäften, ein Gebäude aus dem üblichen abbröckelnden Tuffstein.

Noch bevor ich anklopfen konnte, öffnete sich die Tür im ersten Stock einen Spalt und ließ ein klangvolles Raunen vernehmen – besser kann ich es nicht ausdrücken. Kann das Geräusch eines hundertfach vervielfältigten Flüsterns auch Schweigen sein? Das erste, was ich sah, waren etwa dreihundert Schuhe, staubig und ordentlich einer neben den anderen gestellt, so daß sie den Boden zu beiden Seiten des Eingangs pflasterten. Sobald ich eintrat, packten mich zwei oder drei verschleierte, inmitten der Schuhe hockende Schatten an den Füßen. Vom Erdenstaub befreit, wurde ich in einen weiten, milchkaffeebraun gelackten Raum mit großen vergoldeten Stuckrahmen geführt, die, abgesehen von zwei kleinen Souvenirtellern aus Mekka, leer waren. Die Wand im Hintergrund bestand ganz aus Glas und war von innen mit rankenden Pflanzen bedeckt, Jasmin und Wein, die wie ein Dach bis ins halbe Zimmer hineinwuchsen. Sonst nichts, außer einem Lüster aus schillernden Glastropfen und an den Wänden zwei lange Neonröhren. Zwischen den Blättern und den Spitzenquasten der Vorhänge hing ein Käfig mit einem Kanarienvogel. Außer der Glaswand gab es in dem ganzen Raum weder Tür noch Fenster.

Am Boden, wie eine Weiterführung der Schuhkolonnen, Dutzende von Reihen weiß oder schwarz verhüllter Köpfe, jeder Kopf eine Frau, jede Frau ein litaneiartiges Flüstern.

Andere Hände griffen nach mir, die Stimmen bestanden darauf, daß ich nach vorn ging, ich war der Ehrengast, und gleichzeitig entstand so etwas wie eine Schlangenbewegung aus Köpfen und Körpern, die mich weitertrug bis zu einer Art Aussichtspunkt, mit dem Rücken gegen die Wand. Stundenlang hielt uns eine Dunkelhaarige mit sehr griechischem Aussehen ohne Manuskript und ohne Lautsprecher von dem einzigen, mussolinianischen, Fauteuil aus eine Ansprache über die Bedeutung und Nutzanwendung von vier Koranzeilen. Wir befanden uns im Ramadan, wo den Gläubigen von Sonnenaufgang bis Sonnenuntergang sogar das Wasser versagt ist, und mindestens zweihundert Frauen saßen aus freiem Willen hier und lauschten dieser bizarren sapphischen Liturgie, hielten sich an den Händen, sahen sich in die Augen und brachen in Schluchzen, Seufzen und rhythmische Litaneien aus. Plötzlich fing eine an, etwas leidenschaftlich Erotisches zu singen, eine andere antwortete – natürlich alles auf den lieben Gott bezogen –, und die Prophetin stimmte in den Refrain ein.

Es gab uralte Tscherkessinnen, die mit ihren weißen Schleiern und den slawisch himmelblauen Augen fast wie Priesterinnen wirkten; man sah kleine Zigeunermädchen und schwielige Matronen, Verkäuferinnen mit Volants und Zwanzigjährige mit Dekolletés, stämmige Mannweiber und Kurdinnen in schwarz-weißem Gewand und mit jadeglatten Backenknochen. Keine schwitzte, keine zeigte Unruhe, aber auch nicht jene ehrfürchtige Andacht unserer Gebete und Gottesdienste. Sie nahmen an der Veranstaltung teil, wie man im Königreich Neapel den Kastraten zugehört hat: einen Klaps für die Tochter, eine Litanei, ein Herumfingern an der *masbaha,* ein leidenschaftliches Lied, eine Frage an mich, eine Ekstase.

Nach drei Stunden sagte die Pythia zu mir: »Jetzt wirst du etwas erleben, was du noch nirgendwo gesehen hast: Es ist das Gebet, bei dem nur das Herz befiehlt.« Sie preßte meine

Finger zusammen, während meine andere Hand von einer fetten Matrone ergriffen wurde, und beide begannen nun langsam nach rechts und nach links zu schwanken und dabei »Allah, Allah« zu singen; auf die letzte Silbe folgte ein Stöhnen, ähnlich dem eines fortgeschrittenen Orgasmus. Immer schneller, bald vor- und rückwärts schaukelnd, bald auf- und niederfahrend, sich gegenseitig mit geschlossenen Augen die Finger zerquetschend – eine halbe Stunde lang. Es gab tränenüberströmte Gesichter, schmerzverzerrte, solche mit lachenden Mündern und weinenden Augen und andere in verzückter Trance. Die Pythia schluchzte und drückte und zuckte und sagte immer wieder, als sei sie auf einer Tea Party: »Es hat an der Tür geläutet.«

Mit einemmal hörte alles auf, mitten im lautesten Keuchen. Die Frauen fragten nun die allwissende Scheichin um Rat, wegen der Monatsregel und über das Fasten, dann zogen sie sich die Schuhe an und schlüpften, wie die meisten Männer nach dem Liebesakt, hinaus an die Arbeit, ohne überhaupt noch das Wort aneinander zu richten. Ich werde nie aufhören, mich über die nur Säuglingen und Arabern eigene Leichtigkeit zu wundern, unvermittelt vom Lachen zum Weinen überzuwechseln, und zwar immer mit den Erscheinungsformen eines emotionalen Erdbebens.

Die Pythia fragte mich über meine liturgischen Kenntnisse aus und über die Genauigkeit meiner religiösen Observanz. Die Röte der Hitze auf meinem Gesicht überdeckte die Röte der Lüge. Sie lud mich ein, alle anderen koranischen Bacchanale des Monats mit ihr zu verbringen. Ich nahm an, gemeinsam näherten wir uns dem Ausgang – und plötzlich sah ich mich zu einem Sarkophag sprechen: drei Schichten schwarzen Krepps vor dem Gesicht, schwarze Kapuze auf dem Kopf, schwarzer Umhang bis zu den Füßen, schwarze Mohairhandschuhe, ebenfalls schwarze Wollsocken und eine Stimme wie ein Erpresser am Telefon. Es beeindruckte mich sehr, mit ihr Arm in Arm auf der Straße zu gehen.

30

Beim Kramen in Papieren über den Orient fand ich an einem Donnerstag im September den Namen eines radikalen Predigers, der mir beim Festival des Islam in London von einem großen Theologen genannt worden war. Es handelte sich um einen Scheich, der ausgerechnet in Aleppo wohnte.

Im Islam existiert keine Institution, die der Kirche gleichkäme, mit ekklesiastischen Hierarchien und ewigen Gelübden. Es gibt keine Priester, keine Mönche und keine Sakramente. Der Glaube ist eine Beziehung zwischen dem Individuum und Allah, dessen Anweisungen im Koran enthalten sind und nicht von einem Konzil dogmatisiert werden.

Es gibt jedoch einzelne Personen, die aufgrund ihrer tiefen Kenntnis der islamischen Gesetze als eigentliche Rechtsgelehrte angesehen und vom Staat anerkannt (wenn auch nicht besoldet) werden. Sie heißen Muftis, und sie unterscheiden sich von den Kadis, den Richtern, die ein öffentliches Amt ausüben. Was die Religion im engen Sinn betrifft, so kann das Amt des Imams oder Leiters des Freitagsgebets von jedem Bürger wahrgenommen werden, wenn er von der Gemeinschaft der Gläubigen für geeignet gehalten wird. Der Prediger, der sich oft vom Imam unterscheidet, wird aus den Ulemas, den Religionsgelehrten, ausgewählt und von den Stiftungsmitgliedern der Moscheen ernannt. Die Moscheen gehören nämlich nicht dem Staat – mit Ausnahme der sozialistischen Länder; sie sind private Stiftungen der wohlhabenden Gläubigen, die sie finanzieren, für ihre Unterhaltung und für den regelmäßigen Gottesdienst sorgen, den Muezzin, das Per-

200

sonal für die Reinigung und die Bäder bezahlen.

Die in Frage stehende Person war mir wegen ihrer Qualitäten als Prediger, aber auch wegen ihrer tiefen religiösen Bildung empfohlen worden. Ich fragte Freund Georges, bei dessen Schwester ich seit Linas Rückkehr wohnte (Georges arbeitete aus Liebhaberei, merkantiler Berechnung und Staralüren auf höchster Ebene für islamisch-christliche Beziehungen, wobei er auch denen Alkohol offerierte, die ihn eigentlich nicht trinken durften). Mit dem Finger über die byzantinischen Mosaiken seines Innenhofes hinaus auf einen Sonnenuntergang deutend, der wie immer vom gurgelndsten Muezzin der Stadt durchschnitten wurde, sagte er zu mir: »Die neue Moschee im Park, die, von der man behauptet, die Saudis hätten sie finanziert, das ist die seine; und was ihn betrifft, so nennt man ihn Rasputin. Keiner weiß genau, was er ist: ein Spion, ein Scharlatan, ein Revolutionär, ein Mann des Kompromisses? Aber alle versuchen, sich mit ihm gut zu stellen.« Ich beschloß, herauszufinden, wer er sei, oder besser: ihn herausfinden zu lassen, wer ich sei.

Am nächsten Tag, einem Freitag, ging ich zur Moschee im Park. Ich hielt dem Gestikulieren des liturgischen Kehrers stand, der den kultischen Ort von jeder weiblichen Schlacke freifegen wollte, rieb ihm meine islamischen Studien und meine ferne Herkunft unter die Nase und erhielt schließlich das Privileg, in das Zimmer des gurgelnden und weichgewordenen Muezzins eingeschlossen zu werden. Enttäuschung und Schweiß prägten die erste Stunde des Zuhörens, denn das Predigerwort drang nur getrübt und undeutlich durch das Mikrophon zu mir, und meine rosa-violetten Gewänder schützten nicht nur die Jungfräulichkeit, sondern speicherten auch die Celsiusgrade. Aber plötzlich, wie auf einem Erstkommunionsbildchen, erschien ein richtiger Erzengel vor mir – weiß, hell und strahlend, das geheimnisvolle Lächeln verkündigungsbereit und den Heiligenschein als Paradieseswolke um den Kopf geschlungen. Ich erhob mich eilig und richte-

201

te meinen Blick auf einen Spitzbart und einen Atlasknopf. »Sei willkommen«, sagte der Erzengel, »das ist dein Haus; mein Vater ist durch deinen Besuch geehrt und bittet dich um deine Einwilligung, ihn zu sehen.« Ich fand meine Sprache wieder und flüsterte, daß ich verwirrt sei, daß ich nicht zu stören wagte, daß ich meinerseits sehr geehrt sei, daß ich natürlich mit dem größten Vergnügen ... Der Turban verschwand, und ich brach zusammen unter dem glühenden Blick des Muezzins, der mir seine Bewerbung bei der Mailänder Scala vorschlug.

Nach etwa einer halben Stunde, als meine Gegenwart die betenden Männer nicht mehr infizieren konnte, fand ich mich in einer roten klimatisierten amerikanischen Limousine. Vorn saß der Turban, dem der Muezzin all das über mich erzählte, was er in der gemeinsam verbrachten Stunde zu erraten gewagt hatte. Auf mich warteten eine Einladung zum Mittagessen, die übliche Arabisch-Lektion und meine Hausaufgaben; statt dessen ließ ich mich ohne die geringsten Gewissensbisse in die Altstadt bringen, bis zum Fuß der Zitadelle, mit einem hölzernen Aufzug hinauf, um schließlich hinter einer Tür mit automatischem Nachtigallengezwitscher in eine rosa Wolke zu tauchen.

Sofas, vollgepflastert mit Teppichen, und Wände, vollgepflastert mit Sofas und gebundenen Folianten in halbhohen Reliquienschreinen. In der Mitte *er* – mit ausgebreiteten Armen, die Handflächen zum Himmel gekehrt, in perlgrauer Atlasseide, sehr Saint-Laurent, die Paradieswolke um einen kirschroten Zylinder gewunden und die Pantoffeln auf den Schatten abgestimmt: Er schritt mir entgegen, die Rosenschwaden durchfurchend. Ich hatte das Gefühl, daß gleich etwas Entscheidendes passieren würde.

Ich zeigte mich im rechten Licht, bescheiden, aber beredt, besser erfahren in islamischem Recht als in Body art, mehr sanftes Mädchen als kühne Weltreisende. Ich sagte ihm, daß ich aus Sizilien käme; er ließ mich den Namen eines so unbekannten Landes langsam und deutlich wiederholen; dann erhob er sich, nahm einen Schlüssel, öffnete einen Schrein und entnahm ihm einen dicken Band, blätterte darin mit dem Anschlag eines Pianisten und fing schließlich an zu lesen: »Sizilien wird von einem weisen und toleranten Herrscher regiert. Die Hauptstadt Palermo besitzt dreitausend Moscheen ...« Ich sah ihn mit wachsendem Erstaunen an: Er hatte mir gesagt, er wolle in einer Enzyklopädie, ja in der besten arabischen Enzyklopädie nachschauen. »Sizilien ist herrlich grün, reich an Getreide, von Gazellen bevölkert ... man pflegt dort die Jagd mit dem Falken ... der Kaiser herrscht auch über Süditalien und einen Teil Europas ...« Als er fertig war, bat ich ihn, mir das Buch zu zeigen: Es trug das Datum 1225!

Wir diskutierten über Theologie. Seine Art zu sprechen war hinreißend: Das schönste klassische Arabisch, voll von Deklinationsformen, Präfixen, Suffixen und Vokalisierungen, quoll mit metallischem Timbre zwischen seinen messerschmalen Lippen hervor. Die schieferfarbenen Augen, die durch die Brillengläser riesengroß wirkten, schienen nach innen gewandt, als ob sie nach hinten in sein Gehirn blickten und nicht auf mich, die ich vor ihm stand.

Kurz darauf nagte ich an einem Stück Hammel, in Gesellschaft von zwölf seiner siebzehn Kinder sowie seiner einzigen Frau, einer Mutter von zwanzig. Der »Familienbezirk« der Wohnung bestand aus drei engen und chaotischen Räumen, überfüllt mit Kindern und Turbanen, Stößen von Schmutzwäsche und Matratzen. Der Älteste, der Erzengel, war achtundzwanzig und trat in die Fußstapfen seines Vaters; das jüngste, ein Mädchen, vier. Die Mutter war zweiundvierzig und seit ihrem dreizehnten Lebensjahr verheiratet: eine Frau, die von ihrer vergangenen Schönheit nur noch eine Fotografie besaß. Völlig außer mir, betrachtete ich den abräumenden Erzengel, die geschwollenen, krampfadernübersäten Beine der Mutter, die dissoziierten Bewegungen eines eindeutig behinderten Mädchens, die alten Wände des heruntergekommenen Hauses und ihn: ein majestätischer Adler, ein vielleicht sogar unbarmherziger Raubvogel, unbeweglich, wie auf einem abstrakten Gipfel.

Am nächsten Tag rief er mich um sieben Uhr morgens an: Er drängte auf eine Zusammenkunft, um mir die Adressen von irakischen Freunden zu geben, da ich in zwei Tagen nach Bagdad fahren wollte. Ich sagte zu, er rief noch einmal an zur Bestätigung; dann traf er Georges beim Gouverneur und erfuhr von ihm, daß jene, die bei ihm Hammelknochen benagt hatte, niemand Geringerer sei als eine Prinzessin, eine Eremitin, die Reichtümer und Überfluß verlassen habe, um durch die Welt zu schweifen. Das Schicksal wollte es, daß die Cholera, die verschobene Ankunft meiner Freundin Eleni sowie das Ausbleiben unerläßlicher Kamerafilme mich daran hinderten, in den Irak zu fahren, und mich so in die Arme des leidenschaftlichen Prälaten warfen.

Er wechselte den Lautsprecher, führte den »Frauenraum« in der Moschee wieder ein und predigte vor einer verblüfften Zuhörerschaft über die Rechte der Frau und die Gleichheit der Geschlechter; es gab keinen Tag ohne rote Limousine, rosengeschwängerter *madjlis* und neue Saint-Laurents: cremefarbener Crêpe de Chine mit beigegestreiftem Mantel und Schuhen in Eischalenweiß; blaue Shantungseide mit Lack-Mokassins à la d'Artagnan; weißes Leinen, franziskanisches Tuch, Schnürsandalen oder Ziegenlederpantoffeln; und schließlich *abaye* aus goldbordiertem Kamelhaar, oder aber Dickenssche Anzüge mit gestärkten Krägen und Manschetten.

Ich bemühte mich, zwischen einer Diskussion und einem Tee mit Minze die Töchter mit empfängnisverhütenden Mitteln und dem Bewußtsein der Ausgebeuteten vertraut zu machen; den Söhnen Ratschläge für die Universität und feministische Bitten mitzugeben; der Mutter Massagen und Beruhigungsmittel zu verpassen. Sie war wirklich völlig herunten. Und wer wäre das an ihrer Stelle nicht gewesen? Verbraucht, mit kaputten Nerven, an Schlaflosigkeit und Migräne leidend, mit der Last eines ganzen Stammes auf den Schultern, ohne feste Einnahmen. Sie hatte Wunder vollbracht, jene Wunder, die nur eine Araberin fertigbringt, auch wenn sie Analphabetin und verzweifelt ist. Von den Groschen, die sie beim Einkaufen abknapste, hatte sie günstig Gold gekauft und es wiederverkauft, sobald der Preis am Markt stieg; mit dem Gewinn hatte sie dann Aktien einer ägyptischen Zementfabrik erworben, die sie wiederum mit Profit abstieß, neues Gold dafür kaufte, es zu einem guten Preis verkaufte und einen Käsefabrikanten finanzierte, der ihr ein hübsches Beteiligungssümmchen aushändigte, ausreichend, um jeder der zehn Töchter eine kleine »Aussteuer« von Goldarmreifen zu kaufen. Und all das neben dem Kochen, Waschen, Bügeln, der Betreuung der behinderten Tochter und einer anderen, die bei der Entbindung zu sterben drohte; während sie den einen Sohn schimpft, weil er nicht lernen will, und einen anderen, weil er sich mit Fußballspielen die Schuhe kaputtmacht.

Es gelang mir, den Scheich zu überreden, seiner Frau eine Waschmaschine zu kaufen, ihr eine Zugehfrau zu bewilligen, mit ihr zum Frauenarzt zu gehen und sogar, sie die Pille nehmen zu lassen. Allmählich begann ich mich zu wundern, wieso alles, fast wie durch Zauber, genau so geschah, wie ich es wollte: »Der erotische Genuß« und »die Pflichten des Mannes« im Programm jeder Moschee der Stadt; ich selbst wurde interviewt und konsultiert; Angebote für Vortragstourneen über die Rechte der Frau im Koran; Projekte zur Gründung islamisch-feministischer Vereinigungen mit dem Scheich und mir als Dozenten. Ich – vielleicht bestrickt durch die Atlasseiden, vielleicht endlich bestätigt in meinem für gewöhnlich utopischen Kampf – war hingerissen, überzeugt, hypnotisiert. Dieser Mann faszinierte mich. Er war ein Stück Mittelalter, ins Jahr Zweitausend katapultiert. Er war das Symbol eines alten Arabiens: unwissend und gebildet, raffiniert und ungehobelt, intrigant und unschuldig, ausweichend und hartnäkkig, prunkvoll und armselig, großzügig und habgierig, kühn und kleinmütig, fromm und gotteslästerlich – und das alles gleichzeitig. Ich fragte mich nicht einmal, was er in Wirklichkeit machte. Es war der Mechanismus seines Seins, der mich betörte, dieses Übereinander von Zeiten und Weisen, diese abstrakte und doch heftige Präsenz, die all meine Pläne über den Haufen warf.

31
>*Das Überleben der Toten ist für die Hinter-*
bliebenen mit berächtlichem Unbehagen ver-
bunden.«

Elias Canetti

An einem Samstag lasen wir in der größten ägyptischen Ta-
geszeitung, daß ein gewisser Georges, syrischer Kaufmann,
versuche, Antiquitäten, Andenken und Kunstschätze, die in
Kairo gestohlen worden seien, heimlich außer Landes zu
schaffen. Seine Verwandten, die man verhaftet habe, hätten
gestanden, daß die Kunstwerke im Wert von einer halben
Million ägyptischen Pfund, die man in ihrem Keller fand,
eben diesem syrischen Vetter gehörten. Wir fuhren hoch: Der
Chévalier de la Légion d'honneur, der größte Sammler und
Experte islamischer Kunst, die Hauptfigur im islamisch-
christlichen Dialog und der Ritter des Malteserordens ein Kri-
mineller, ein Dieb, ein Schmuggler? Seufzen und Schreie. Beratungen. Recherchen. Darlegungen. Schließlich sagte Georges zu mir: »Das ist alles aufgebauscht. Die ägyptische Regierung versucht, Assad und alle, die mit ihm in Beziehung stehen, in Mißkredit zu bringen. Der einzige, der etwas tun
kann, ist der Scheich, denn er hat einflußreiche Freunde in
Ägypten. Aber man muß ihn erst so weit bringen, daß er sich
für mich in Bewegung setzt. Wärst du bereit, mit ihm nach
Kairo zu fahren, denn wenn ich mich zeige, werde ich sofort
verhaftet?«
Ich haßte Kairo und die dort wohnende Mischpoche von
Georges, und so versuchte ich – diskret, um den Freund und
Hausherrn nicht zu kränken – mich dagegen zu verwahren.
Aber natürlich saß ich am nächsten Tag im Flugzeug Aleppo–
Kairo: der Scheich ganz vorn in einem seiner kühnsten An-
züge, und ich hinten, meinen Masochismus verfluchend.

207

Mit einem Mufti spazieren zu gehen, ist nicht einfach. Schon das Wort an eine Frau zu richten, ja sie auch nur anzuschauen gilt als Beleidigung, geschweige denn neben ihr herzugehen oder sie im Auto zu begleiten. Der Anfang unseres Aufenthalts versetzte meinem Stolz einen empfindlichen Schlag: auf der Straße ignoriert, ich auf dem einen Gehsteig, er auf dem gegenüberliegenden, im Taxi obligatorisches Schweigen, während er den Rosenkranz betete, dann heimliche Zusammenkünfte an bestimmten Kultstätten der sudanesischen Propheten, geheimnisvolle Verfolgungen durch die Kairoer Geheimpolizei, versteckte Verhandlungen in der Halle des Hilton und schließlich mein Umzug von der Villa der Georges-Verwandtschaft in ein klerikales Hotel mit dem Geruch nach Hamburgers, genau gegenüber der el-Azhar-Universität.

Meine Aufgabe war es, die Manöver des Muftis zu überwachen und als Verbindungsglied zwischen ihm und der aus dem Gefängnis entlassenen Tante zu dienen. Aber der hohe Würdenträger glaubte sich auf einer Hochzeitsreise. Er kultivierte eine rasende, wollüstige und absolute Leidenschaft, irreal wie ein Contredanse aus Anrufungen Allahs und Liebesliedern heidnischer Dichter. Seine Fähigkeit zur Anpassung kannte weder Sünde noch Sakrileg, weder die Entweihung diesesPlatzes noch jener Moschee, noch die seines Turbans. Unerschrocken und unbekümmert ging er in meinem Zimmer ein und aus, kam bald mit einer besonderen Seife, bald mit einer Schüssel Pistazien, während sich die Zimmermädchen bestürzt zurückzogen.

Wenn ich ihn fragte: »Wer bist du?«, antwortete er mir: »Ich bin du, ich suche du zu sein.« Wenn ich ihn einen Lügner nannte und ihm seine ehelichen, religiösen und gesellschaftlichen Verfehlungen vorwarf, steckte er alles ein und ging in sich – oder tat so, als würde er in sich gehen. Ich sagte zu ihm: »Ich bin Atheistin«, und er erwiderte: »Du bist eine Heilige.« Ich erklärte ihm, daß mir die Freundschaft seiner Frau wichtiger sei als seine Liebe, und er antwortete: »In Ordnung.« Er widersprach nie und insistierte nie, aber zum Schluß, wenn der Gegner sich schon in Sicherheit wiegte, bekam er immer, was er wollte. Nicht bei mir natürlich, aber bei den Ministern, in deren behaarte Ohren er etwas von Schmiergeldern flüsterte, von den Hotelportiers, die ihm nichtexistierende Zimmer verschafften, von den Sekretärinnen der Richter, an die er Halstücher und ökumenische Ratschläge verteilte, von den störrischen Taxifahrern, die er mit Koransuren betörte, und von den Telefonisten, die für ihn Leitungen nach Syrien erfanden.

Er war imstande, mich nachts in meinem Hotelzimmer einzuschließen und bis um zwei Uhr nachmittags zu verschwinden, während ich mir ständig neue Entschuldigungen für das Zimmermädchen, das nicht hereinkonnte, ausdenken mußte und einen Ausbruch vom Fenstersims aus versuchte. Dann ließ er mich vier Stunden in der Eingangshalle des Sheraton warten, unter dem höchst mißtrauischen Blick des Deuxième Bureau. Ich rächte mich, indem ich beim Konklave der Ulemas auftauchte, mitten unter den theologischen Spitzen der islamischen Welt – als einzige Frau und einzige Christin –, und ihn mit großer Herzlichkeit vor allen begrüßte, nachdem ich mich zuvor öffentlich über die phallokratischen Schandtaten des muselmanischen »Klerus« ausgelassen hatte. Nachts, wenn der Mond hinter den Pyramiden auftauchte, fuhr ich mit dem weißhaarigen Prälaten unter Feigen- und Affenbrotbäumen in der Kutsche spazieren. Am Tag verfolgte er mich in seinen wallenden satinierten Gewändern bis an den Rand eines Swimming-pools, wohin ich mich mit einem jungen Kavalier geflüchtet hatte. In der Villa von Georges, mit ihren gotisch-romanischen Salons, indischer Einrichtung und Neo-Empire-Säulenhöfen, schlürfte der Großonkel, ehemals Kollege von Lawrence von Arabien, Kalligraph, Playboy, Hurenbock und jetzt Vorsänger in der Kirche, nackt in seinen Pantoffeln herum und schrie: »diese verdammte Principessa!«

Ein Abgeordneter, Freund von Sadat, trank entsetzt seinen Orangensaft, die Tante, eine verhinderte Klosterfrau, verteidigte den Scheich gegen meine ungläubigen Aggressionen, und der Leiter des Amtes für Altertumspflege kampierte im Hof, um die entwendeten Schätze zu bewachen.

Ich war am Verzweifeln in dieser Stadt, in der nicht einmal mehr die Pflanzen gedeihen mochten. Die Mäander von Jauche sind noch das einzige lebendige Moment, an das man sich halten kann: Denn abgesehen vom Kot, der aus den Kloaken quillt, ruht alles übrige in einer fauligen Stasis; einem seltsamen Typ von Stasis: nicht die gesunde Reglosigkeit, die weiß, daß die Vergangenheit besser war, nicht die bange Erwartung, die ändern möchte, aber nicht kann, und auch nicht der friedliche Traum einer begrabenen Kultur. Nein, nein, in Kairo bewegt sich alles zu sehr, heftig und hektisch. Die Bevölkerung vermehrt sich jährlich um eine halbe Million, die Minister pendeln zwischen ihrem Sessel und dem Exil, die Heere defilieren, fatimidische Schlösser zerfallen, taiwanesische Wolkenkratzer wachsen aus dem Boden, die islamische Rechte wird verhaftet und die nasserianische Linke ebenfalls, die Schlösser des Präsidenten vergrößern sich ebenso wie seine pharaonischen Ziele; Bälle und Mercedes füllen die Nächte, und die Vermögen bilden sich im Nu.

Wenn sich ein Omnibus der Haltestelle nähert, ist es, als bliesen die Trompeten zum Jüngsten Gericht. Menschentrauben hängen an den Türen wie in einem Boschschen Inferno: schwarz, aschgrau und verzerrt; andere klammern sich an die Hinterteile, die Fesseln, die Haare der privilegierteren Vordermänner, bedrohlich schwankend, sobald sich der Bus in Bewegung setzt; wieder andere hängen wie Fahnen aus den Fenstern, reiten auf dem Dach oder liegen auf der Motorhaube. Einmal sah ich einen jungen Mann, der sich, nach mühsamem Hochklettern, siegreich an ein Gesäß klammerte, doch dabei seine linke Sandale verlor: Wie Buridans Esel sah ich ihn ängstlich zögern zwischen dem sich noch weiter entfer-

nenden Schuh und dem hart erkämpften Omnibusplatz; erst
nach einigen Sekunden und sicher nach einem raschen Ko-
stenüberschlag entschloß sich der junge Mann für den Schuh,
jedoch nicht ohne sich noch einmal umzudrehen und mit
Sehnsucht den hängenden Fleischmassen nachzuschauen.

Und dann die Taxis! Flitzende Taxis ohne Türen, mit wak-
keligen Rädern, dröhnend, ungezügelt und kapriziös wie eine
Demi-vierge: Sie schalten rote Lämpchen ein, die zu rufen
scheinen: »Nimm mich, nimm mich«, doch wagst du, darauf
einzugehen, dann lachen sie dich aus und fahren – unberührt
– weiter; nur die vollsten halten, wenn sie aus dem Schrei
etwas Sympathisches oder Vertrautes oder Einträgliches her-
aushören, laden dich dann auf die Knie einer schwarzgeklei-
deten Matrone, nur um dich nicht (o Frau, wir müssen dich
achten!) neben die zwei mit ihren Hühnern hinten sitzenden
Bauern zu plazieren. Und nun fährst du zickzack durch die
ganze Stadt, Hühner einfangend, stark riechende Achselhöh-
len goutierend, Ampeln ignorierend, Kinder überfahrend,
Schülerinnen Platz machend, die an die Stelle der Matrone
treten, und so weiter, bis du in die ungefähre Nähe deines
Ziels kommst und der Taxifahrer dich hinauswirft – denn er
kennt die Straße nicht, er weigert sich, nach ihr zu fragen, und
will auch nicht warten, wenn du aussteigst und fragst;
schließlich stammt er aus Port Said, daher verirrt er sich auch
dann, wenn man's ihm erklärt.

Rasend, der Rhythmus ist rasend, aber statt zwei Kilometern hast du zwanzig zurückgelegt, dein Leben aufs Spiel gesetzt, du stinkst nach Hühnerstall und bist eine Stunde zu spät
dran. Das letzte zählt jedoch nicht, denn dein Gesprächspartner wird seinerseits aufgehalten, von einer Kloake, die
den Weg verstopft, von einem Haus, das mit hundert Bewohnern einstürzt, oder einfach vom Schlaf, der eine herrliche
Sache ist, die man mit Lust genießen und sich nach Möglichkeit auch bezahlen lassen soll, wie jede andere Tätigkeit.

Kairo ist wie in zwei große Bezirke unterteilt: Auf der einen

211

Seite, an den Flußufern entlang und auf den Inseln, bröckeln der trügerische Luxus britischer Vergangenheit und der Zirkusflitter der untergegangenen Monarchie ab wie die Stickereien auf den Pluderhosen der Portiers im Tarbusch; auf der anderen Seite zeigen die Aufsteiger der jungen Bourgeoisie (die auf dem Land geboren sind, aufgewachsen in den Lagern, avanciert im nachrevolutionären Heer, erzogen zu ständiger Zustimmung und daher aufgenommen in den engen Kreis der Favoriten des Präsidenten) keine Lust, die ideologische und kulturelle Last eines Parks mit Affenbrotbäumen und Flamingos auf sich zu nehmen, einer großen Villa mit Freitreppe und Fenstern aus böhmischem Glas. Nein, sie ziehen es vor, in irgendeiner Allerweltsgegend eine Eigentumswohnung zu erwerben und sich nach der weisen Promiskuität des Dorfes niederzulassen, die Geschwätz und Stammesbeziehungen auf vielen Stockwerken zuläßt.

Und was bedeutet es schon, reich und mächtig zu sein in Ägypten, wo einer, der allein von seinem Gehalt lebt, nicht überleben kann, wo der Staat davon ausgeht, daß jeder sich die fehlende unerläßliche Hälfte seiner Besoldung mit »anderen« Methoden verschafft, wo derjenige, der Luxusgüter einführt, Milliarden verdient, ein Soldat dagegen etwa zehn Mark im Monat, wo es wochenlang an Reis und Seife fehlt und wo die Witwe eines im Krieg gefallenen Soldaten eine einmalige Abfindung von etwa zweihundert Mark erhält? Was bedeutet es, reich und mächtig zu sein, wenn die Telefonverbindung nicht einmal von Minister zu Minister funktioniert, weil die Kabel gestohlen wurden, um das Kupfer daraus zu verkaufen; wenn der Staatssekretär in seinem eigenen Büro eine halbe Stunde auf den Tee warten muß und ihn nur gegen Trinkgeld bekommt; wenn niemand jemals das tut, was man ihm sagt, weil er weiß, daß der, der es ihm sagt, niemals das tut, was ihm gesagt wird?

Im vornehmen Teil der Stadt gibt es viele große Hotels, aber dort werdet ihr nie ein Zimmer bekommen: Sie werden

Jahr um Jahr von den Touristikagenturen des Westens gebucht. Und gelingt es einem doch einmal, mit Hilfe von Bakschisch irgendwo unterzukommen, so kann es passieren, daß die Koffer plötzlich wieder vor der Tür stehen, wenn ein anderer kommt, der mehr bietet. Die Hochhäuser haben zwar Aufzüge, aber meistens ohne Knöpfe zum Drücken. Und es gibt eine Menge von Telefonen, doch sie bleiben alle stumm, und die Teilnehmer protestieren vergebens, denn eine neue Zentrale würde sechs Millionen Dollar kosten.

Die einzige echte und lebendige Stadt in Kairo ist die andere, die irrtümlicherweise als »Totenstadt« bezeichnet wird, nur weil sie offiziell die Funktion eines Friedhofs übernimmt. Diese hunderttausend kleinen Totenvillen mit ihren ordentlichen Plaketten in verschnörkeltem Kufi, ihren Kuppeln, ihren kleinen Gittertoren und Minaretten, den Innenhöfen aus weißem Sand, wo vielleicht sogar ein Kapernstrauch wächst, den arabeskenverzierten Gittern, den Wandschirmen aus durchbrochenem Holz bilden eine große Stadt mit einer Million Einwohner.

Die Mächtigen von heute ignorieren sie, vielleicht aus Neid auf die Mächtigen von gestern, die dort Grabsteine und Reichtum zur Schau stellen. Vielleicht aber auch, weil nach einem Brauch, der bis auf die Anfänge des Islam zurückgeht, die Friedhöfe eine Domäne der Frauen sind. Wenn die Ehemänner am Freitag in der Moschee beten, gehen sie hinaus, um die Gräber zu gießen, die Toten um Gefälligkeiten zu bitten und vielleicht auch einem blinden Koran-Rezitator (blind, damit er sie nicht sieht) zuzuhören. Und mit der Zeit haben sich auf den zwanzig Quadratkilometern Jenseits natürlich die Gepflogenheiten der Sommerfrische eingeschlichen. Man kampiert dort am Donnerstagabend, denn »Gott steigt in der Nacht herab, um dem Betenden zu verzeihen«, man picknickt in gefährlicher Promiskuität und im Festtagskleid, man pilgert von den Gräbern, die Heilung bringen, zu den Toten, die erhören, man schlendert zwischen den Krypten der großen Prophetinnen, die seit jeher von den Frauen bevorzugt werden, man singt, man gerät in Erregung, man klagt, man streut Rosen auf die Gräber, man tanzt den *zikr* in mystischem Gedenken, und – warum nicht – man zettelt Intrigen, Liebschaften und Ehen an.

Aber die Nekropole bevölkert sich nicht nur am Freitag: Ein paar hunderttausend Familien haben dort ihren Wohnsitz genommen, haben Schulen, Brunnen, Transportmittel und sogar ein »Postamt« geschaffen. Es sind Drogenschmuggler, Straßenräuber, Prostituierte, Fellachen, die ihre Misere auf dem Land satt haben, Kriegerwitwen, Familien, die aus den besetzten Ländern geflohen sind, und Seiler, die ihre Seile zwischen zwei Gräbern drehen. Auf den Grabplatten röstet man den Kebab, unter den Kuppeln werkeln die Bäcker, auf den kleinen Plätzen richtet man Märkte ein, auf den Wegen gibt es sogar eine alte Rutschbahn für die Kinder. Einige Hausdiener treiben einen blühenden Antiquitätenhandel mit Möbeln und Vorräten, die sie aus den Patriziergräbern stehlen; kesse kleine Mädchen vermieten dem Wanderer eine kühle Unterkunft zum Ausruhen und, wenn er will, auch eine Partnerin; alte Männer und kleine Buben spielen Fremdenführer, andere »bewachen« und »putzen« die vornehmsten und künstlerisch wertvollsten Gräber. Es gibt sogar eine Eisenbahn, und die wirkt munterer als die Metro der Lebendigen, auch wenn sie sich über einen unförmigen Hügel quält, der nichts anderes ist als ein öffentlicher Schuttabladeplatz.

In der Totenstadt verbrachte ich fünf Tage. Ich suchte die Gräber der Kalifen, die Mausoleen der Heiligen, den Glanz der islamischen Kunst, der von den Büchern so gepriesen wird. Statt der Toten fand ich die Lebenden: Sie nahmen mich auf, luden mich ein und führten mich durch die verrufensten Labyrinthe. Sie ernährten mich mit ihrem Brot und tränkten mich mit dem Wasser, das die Frauen drei Kilometer weit herholen. Während ich stundenlang umherging, unter einer

Glocke aus grauem Rauch, die unerklärlicherweise immer über dem Friedhof hängt, erinnerte ich mich an die schlichten Grabstätten Arabiens: einen Stein für den Kopf und einen für die Füße, nichts anderes als die nackte Erde zwischen dem Menschen und seinem Herrgott. Aber plötzlich gewannen diese Gräber von Kairo, die von den Puritanern so streng verurteilt wurden, da man darin ein Fortleben der altägyptischen Überlieferungen sah, diese unendliche Vielfalt an Einzimmerappartements, »damit es bei der Auferstehung zu keinem Chaos kommt«, dieses luxuriöse Überleben der Toten in einer Stadt, in der die Lebenden nicht überleben können, an Bedeutung. Im Vergleich zu der heruntergekommenen und überfüllten Großstadt, im Vergleich zu dem donnernden Lärm des Verkehrs und dem Durcheinander von Hochhäusern war das hier eine echte arabische Stadt mit ihren Gassen und Höfen, mit ihrer nur von Liedern, Kindergeschrei und dem Ruf des Muezzins unterbrochenen Ruhe und mit der unendlich weiten und gestirnten Wölbung ihres Paradieses.

des Conte aus makellosem weißem Blech in ihrem rauhen Dialekt als »Nachttopf« zu bezeichnen. Ich betrachtete nicht ohne Ehrfurchtschauer die gekrönten Initialen auf dem Sattel, der, nachdem drei Generationen adeliger Hinterbacken in den vornehmsten Reitställen Europas auf ihm geruht hatten, nun von Nomaden in zerrissenen Kleidern – wenn auch vielleicht mit Ramses verwandt – in die Hand genommen wurde. Die Sonne fiel bereits auf die tausend Chalets zwischen den Pyramiden, und die männliche Stimme des Conte leitete geschickt (eins zwei, eins zwei, Schritt, Trab, eins zwei) mein Roß durch die gefährlichen Unbekannten der Wüste. Ich fühlte, daß das der unvergeßlichste Ritt meines Lebens werden würde.

Vom Gipfel einer sepiafarbenen Düne aus bewunderten wir die Tempel von Sakkara, die so archaisch und majestätisch zwischen den Telegraphenstangen und dem Stacheldraht der militärischen Absperrungen lagen. Die Bombenanschläge auf das Sheraton, die kaputten Telefone, die überlaufenden Kloaken und die täglichen Ängste von Kairo schienen mir dort unter der violetten Dunstglocke begraben zu liegen. In dem Augenblick geschah es, daß Rafiq, der zielbewußte Fuchs des Conte, meinen armen Lulù vornehm, aber kräftig gegen das Schienbein trat, was diesen – ein Pferd von melancholischem Gemüt und empfindsamer Psyche – veranlaßte, sich mit Selbstmordgedanken verzweifelt die Düne hinabzustürzen. Mit gespreizten Beinen, verdrehten Augen und heraushängender Zunge landete das Tier zwischen dem Split und Zement einer Chalet-Baustelle, während ich mich unerschrocken im Sattel hielt. Aber als Lulù einen epileptischen Anfall erlitt, nur noch zitterte, zuckte, die Hufe wie wild in die Luft schmiß und anfing, sich im Beton zu wälzen, blieb mir nichts anderes übrig, als mich doch in Sicherheit zu bringen. »Ziehen Sie ihn! Ziehen Sie ihn!« rief der Conte, nach wie vor stolz im Sattel sitzend. Konsterniert betrachtete ich die beschmutzten und zerrissenen kostbaren Familienstücke, griff nach dem

217

Rest von Zügel und zog an. Wie schwer doch so ein Pferd ist, dachte ich, während sich Finsternis aufs Universum senkte.

»Ich habe vergessen, Ihnen zu sagen, daß Lulù an diesem kleinen Tick leidet; machen Sie sich keine Sorge, das ist nicht weiter schlimm; richten Sie ihn auf, streicheln Sie ihn, nehmen Sie ihm den Sattel ab und führen Sie ihn eng am Zügel die Düne hinauf. Sie werden sehen, daß alles gutgeht.« Die Stimme meines Begleiters klang aufmunternd und solidarisch an mein Ohr, während ich versuchte, Schlaufen, Steigbügel, Gurte und Fetzen von kronenverziertem Satin zusammenzuraffen. »Und jetzt gehen Sie hinter mir her«, sagte er, als ich keuchend und zerschunden oben ankam.

Als vollendeter Kavalier bot er sich an, mir den sperrigen Sattel abzunehmen, und ritt im Schritt voraus, um mir den Weg zu zeigen. »Nur Mut, es sind nur ein paar Kilometer«, feuerte er mich ab und zu an, wenn er merkte, daß ich zurückblieb, sei es, um das aufzuheben, was er, ohne es zu merken, unterwegs verlor, sei es, um einem neuen Trick von Lulù zuvorzukommen. Im makellosen Helm des Conte spiegelten sich bereits die ersten Sterne. Während ich so dahinging, das störrische Roß hinter mir herziehend, um den Hals die Steigbügel und auf dem Kopf den schwankenden Filz der Satteldecke, dachte ich an die stolzen Beduininnen, die ich so oft durch die Wüsten Arabiens hatte ziehen sehen. »Aber die laufen ohne Schuhe«, fiel mir ein, und plötzlich merkte ich, wie das Gewicht meiner inzwischen mit Sand gefüllten Stiefeletten das Gehen immer beschwerlicher machte. Ich beschloß, ihrem Beispiel zu folgen. Wie unbeholfen ich mir vorkam, als ich im Dunkeln nach meinen Schnürsenkeln tastete, unfähig, mich auf einem Bein im Gleichgewicht zu halten, während Lulù an meinen Zöpfen weidete und vor mir, aufrecht und unbeirrt, der Conte sicher durch die Nacht ritt. »Passen Sie auf, daß Sie sich nicht schneiden. Da können Glasscherben sein«, ermahnte er mich liebevoll, als er sah, daß ich nun auch noch die Schuhe um den Hals trug.

218

Das Lämpchen der Pferdeställe, das bei jeder Düne in der Ferne auftauchte und wieder verschwand, war jetzt nur noch einen Kilometer weit weg, als mein linker Fuß in einer warmen, weichen Masse versank, aus der sich ein unverwechselbarer Geruch erhob. Auch gräfliche Pferde lassen etwas fallen, dachte ich, während ich mich mühsam von der in Mitleidenschaft gezogenen Socke befreite. Wir kamen an. Mein Begleiter kümmerte sich sofort um das Schienbein von Lulù und um den Zustand des Zaumzeugs und gab mir so Gelegenheit, mich auf den Heustapeln auszuruhen und etwas zurechtzuzupfen. »Solche Abenteuer können einem passieren, wenn man mit dem Pferd durch die Wüste reitet«, sagte er väterlich lächelnd. »Sollen wir etwas trinken?« Dann, als er meines wenig ästhetischen Anblicks und des vom linken Fuß aufsteigenden Dufts gewahr wurde, die mich für einen aristokratischen Salon kaum geeignet erscheinen ließen, fügte er hinzu: »Vielleicht in einem Lokal, wo man im Freien sitzt, in der Nähe meines Hauses.«

Als ich am nächsten Tag einer saudischen Freundin, bei der ich zum Mittagessen eingeladen war, entrüstet von diesem Abenteuer berichtete, lautete ihr lakonischer Kommentar: »Ich hoffe nur, daß du in deinem Buch neben den Geschichten über arabische Frauen, die von ihren anmaßenden Männern unterdrückt werden, auch die erzählst, die unsereins kaum fassen kann: die Geschichte von einer Prinzessin, die von einem Mann gezwungen wird, barfuß ein verrücktes Pferd durch die Wüste zu schleifen.«

33 »*Und wenn Gott nicht die Völker einander ge-
genübergestellt hätte, würde die Erde faulen.*«

Koran

Die Regierung stürzte, gerade als sich Georges Fall günstig
anließ, und wir waren gezwungen, nach Aleppo zurückzukehren. In der Zwischenzeit hatte ein Haftbefehl ihn genötigt,
Syrien zu verlassen. Ich gewann allmählich die Überzeugung,
der teure Freund sei vielleicht tatsächlich ein Schmuggler von
Kunstgegenständen. Und auch der unzüchtige Betbruder, der
soviel Energie in eine so dunkle Sache investierte, kam mir
verdächtig vor. Um mich gnädig zu stimmen, griff er zu den
unglaublichsten Listen. Er schleppte mich in eine entlegene
Gegend mit Ziegen und Trulli aus Dung, um mich einem
mystischen Blinden vorzuführen, der mir die Hände aufs
Haupt legte und in meiner Seele »las«. Er sagte, die Erleuchtung sei nahe und ich auf dem rechten Weg. Aber auf welchem Weg war ich eigentlich? Erst heute, im Abstand von
drei Jahren, weiß ich, daß er recht hatte.

Eines Abends inszenierte der Scheich einen richtigen *zikr* in
seinem Salon und lud dazu die größten Derwische Syriens ein.
Er begrub mich in einem Winkel unter einem schwarzen
Mantel, machte die Läden zu, stieß den Schrei eines Besesse-
nen aus, drehte sich in einem rasenden Ringelreihen und rief
dabei Allah an, während die anderen auf Brüste und Trommeln schlugen, schluchzten, sich singend wanden und schüt-
telten und ihre seidenen Kittel wie wildgewordene Krinolinen
kreisen ließen. Ich schwitzte und schwitzte. Aber das Erlebnis
war großartig, die Trance ansteckend. Der Rhythmus war so
quälend, der Schmerz, das Gebet und die Leidenschaft so
konkret, daß ich anfing, diese Männer um ihren Glauben zu

beneiden, der sie fähig machte, die Ekstase hinauszuschreien und Freude wie Klage in Tanz zu verwandeln. Sie fragten mich, warum ich eigentlich noch nicht zum Islam übergetreten sei. »In Wirklichkeit«, sagten sie, »bist du längst eine Muselmanin, denn jeder gute Christ ist ein Muselmann, nur weiß er es nicht.« Aber ich war nicht einmal eine gute Christin.

In Kairo hatte ich an einen gelehrten Theologen, mit dem ich durch den Mufti bekannt geworden war, die Frage gerichtet, die mir im Westen immer gestellt wird: »Warum ist die islamische Welt so geteilt und der Islam selbst in so viele Sekten gespalten, die sich seit Jahrhunderten unaufhörlich befehden?« Dieser Mann, der mit mir unter den Mangobäumen seines Parks spazierte, war die rechte Hand Nassers und zwanzig Jahre lang Vizepräsident gewesen; der einzige des alten Regimes, dem die Massen heute noch nachweinen wegen seiner unbestechlichen Aufrichtigkeit. Von Sadat entmachtet, hat er sich zu seinen Büchern zurückgezogen, um zu lesen, zu beten und zu warten. Am Freitag predigt er in der Moschee, und die Menge jubelt ihm zu. Aber er mischt nicht mit, die Politik ist für ihn passé. Auf meine Frage antwortete er, während er sich den zu rasch weiß gewordenen Bart strich: »Wenn es im Ozean nicht die gegensätzlichen warmen und kalten Strömungen gäbe, dann wäre er nichts als ein stagnierender Teich.«

34

Ich lag auf großen Kissen aus besticktem Satin, den Körper in
den Duschvorhang aus Plastik gewickelt, die wallende Haar-
pracht in ein mit Sonnenblumen bedrucktes Handtuch gepreßt, das ganze Gesicht mit einem Brei aus Banane und Va-
seline beschmiert. Ein böser Zauber hatte mich in eine Mumie
der zweiten Dynastie verwandelt und Gesicht und Hals mit
aschenfarbigen Schuppen übersät. Zuerst waren es tausend
kleine rote Pünktchen gewesen, die ich ein paar Tage lang
ausgehalten hatte. Dann hatte ich mich zwischen Uringestank
und Scharen von siechen Beduinen die Treppen zur Praxis des
besten Dermatologen von Aleppo hinaufgeschleppt. Seine
Diagnose lautete: »Akne« (nie im Leben gehabt), und er ver-
abreichte mir Kortison und Vitamine. Nach drei Tagen hatten sich die Pünktchen nicht nur vervielfacht, sondern auch
mit einer Kruste überzogen. Ich suchte einen anderen Arzt
auf, erhielt eine widersprüchliche Diagnose, ebenso unwirk-
same Medikamente und die Gewißheit, daß mich in Aleppo
niemand würde heilen können. Das Resultat einer zweiten
Behandlungswoche war eine bluttriefende Pergamenthaut,
entzündet und zusammengezogen, die mich daran hinderte,
die Augen zu öffnen, die Lippen zu bewegen und natürlich
das Haus zu verlassen. In Aleppo grassierte die Cholera, und
es herrschte Ausgangssperre. Das martialische Gesetz befahl,
alle, die von einer ansteckenden Krankheit befallen waren, in
den Lepraheimen zu kasernieren. Mir blieb nichts anderes
übrig, als mich im Haus zu verbarrikadieren und zu hoffen ...
aber auf was? Um geheilt zu werden, hätte ich versuchen

müssen, nach Beirut zu kommen, wo es, trotz des Krieges, noch Krankenhäuser gab. Aber die Grenze zum Libanon war zu.

Am Rand meines Sarkophags sitzend, klopfte mir Georges (der dank meiner Bemühungen in Ägypten wieder in die Heimat zurückgekehrt war) zögernd den von Weinkrämpfen geschüttelten Rücken. Der zärtliche Freund tröstete mich mit den Worten, daß man eben nicht alles im Leben haben könne. In diesem wirren Wachzustand begriff ich – mit erstaunlicher Klarheit –, was für ein Typ er war: eine durchschimmernde Amöbe, bald perlmutten und glattpoliert wie eine Austernschale, bald klebrig und unförmig wie ein Fötus; der geborene Kuppler und von Natur aus taktlos; ein ehrgeiziger, aber kriecherischer Snob; ein Mensch ohne Grundsätze, der über alles eine Meinung hat; und natürlich ein undankbarer Kerl, der sich, nachdem sein Problem gelöst war, einen Dreck um mich scherte.

In Beirut, wohin ich schließlich dank der einflußreichen Beziehungen des Mufti doch noch kam, lautete das Urteil: »Lupus«.

Da ich mich nicht übermäßig besorgt zeigte, hielt es der Arzt des amerikanischen Hospitals für angezeigt, noch hinzuzufügen: »Das ist eine langsam verlaufende, aber unheilbare Krankheit. Unter diesen Voraussetzungen können wir Sie nicht hierbehalten. Wir haben kaum Platz für die Soldaten und die Sterbenden. Ich rate Ihnen, sich in eine Schweizer Klinik zu begeben, vielleicht können die etwas machen.« Merkwürdig, daß mir die Worte Hadrians aus dem Buch von Marguerite Yourcenar einfielen: »Zu sagen, daß meine Tage gezählt sind, bedeutet nichts; das war immer so; das ist so für uns alle.«

In Wirklichkeit unterscheidet nur der Grad an Gewißheit das Leben vom Tod. Das merkte ich an jenem Tag in jener Stadt voller Brückenwege, die das Nichts mit dem Nichts verbinden: antike Ruinen mit neuen Trümmern, den Haß der

Reichen mit dem Haß der Armen. Langsam verlaufend, unheilbar ... nicht einmal ich wußte, was das bedeutete. Vielleicht hätte ich verzweifeln sollen. Aber der Westen mit seinen entweihenden Riten war so weit weg! Auf islamischer Erde kämpft man nicht gegen den Tod. Ich erinnere mich an die Asthma-Anfälle eines Kindes, des Sohnes des Mufti, denen Vater und Mutter betend zusahen. »Aber der Arzt?« schrie ich, »man muß rasch etwas tun!« Und ich bemühte mich, einen Arzt, ein Taxi zu bekommen. Ihre Untätigkeit erschütterte mich. Selbst ihre Gelassenheit erschien mir wie eine Beleidigung. Jetzt, allein in diesem Krankensaal, begriff ich zum erstenmal: »Das ist so für uns alle.« Es genügt die Gewißtheit, um keine Angst zu haben. Die Gewißheit des Glaubens oder die eines Urteilsspruches.

Ich würde nicht in die Schweiz reisen. Nach Europa zurückzukehren bedeutete, der Gewißheit für eine illusorische Hoffnung abzuschwören. Ich sah bereits, wie sich an meinem Bett die zerknirschten Gesichter ablösten, ich hörte die täuschenden Worte der Überlebenden und fürchtete mich vor der Existenz eines Kalenders. Nein, Arabien hatte mich etwas gelehrt. Ich begann, an eine Widerruflichkeit des *Wo,* analog zur Widerruflichkeit des *Wie* und des *Warum* zu glauben, daran, daß sich Orte, Fakten und Personen nach unseren biographischen Notwendigkeiten verändern. Ich besaß eine offizielle Einladung des Sultans von Oman. Die unternommenen Kuren hatten meinem Gesicht wieder ein menschliches Aussehen verliehen. Ein Schleier würde die Schäden verbergen und die Pillen später das, was der Arzt die »Folgeerscheinungen des Übels« nannte, vertuschen.

35

»Mit meinen Brüdern gegen meine Familie.
Mit meiner Familie gegen meinen Stamm.
Mit meinem Stamm gegen die Welt.«

Hinawi-Motto

Wie schwarz dieses Reich war! Große Vulkanfelsen wie die
Schuppenkämme von Dinosauriern, vor einem Hintergrund
von Palmen, Palmen und wieder Palmen; unförmige Klum-
pen, von trockenen Sturzbächen ausgespien; Marmorblöcke,
wie mit Tusche bepinselt, manchmal auch wie mit Rouge
oder Lidschatten betupft, spitz und unfreundlich, keine richtigen Berge, sondern wie viele Mexikanerhüte in dorniger,
gelblicher Steppe.

Kaum war ich in Oman angekommen, wäre ich am liebsten
wieder abgereist. Vielleicht wegen des unglücklichen Zufalls,
daß ich genau am selben Tag und zur selben Stunde eintraf
wie der Schahinschah, der mit all den Ehren empfangen wurde, die doch mir zugestanden hätten. Statt dessen war ich zu
verächtlicher Einsamkeit verdammt und in meiner Bewegungsfreiheit beschränkt durch die mindestens dreitägige
Absperrung – genauer: die Liquidation – jeder Straße, jeder
Gasse und jedes Platzes, die sich auf dem vorgesehenen Weg
(oder unter der Flugstrecke) des erhabenen Gastes befanden.

Auch seine Armeen beanspruchten sehr viel Platz in Oman.
Sie beschützten die umstrittenen Grenzen des Sultanats,
kämpften im Süden gegen die inzwischen schon zehnjährigen
Guerillaaktivitäten Dhofars, wachten auf einigen Inseln im
Indischen Ozean und thronten vor allem auf den Höhen des
Ras Musandam, eines steil zur Straße von Hormus abfallen-
den Felsmassivs, das als Enklave zu Oman gehört, obwohl es
geographisch im Gebiet der Vereinigten Arabischen Emirate
liegt.

225

Doch das alles genügte nicht, um den Sultan zu beruhigen. Verbarrikadiert in maßlosen Palästen, Zeugen eines verstümmelten und stümperhaften Hinduismus, tauchte er nur auf, um sich im Hubschrauber zu anderen Palästen zu begeben und sich dort erneut zu verbarrikadieren. Was hat denn Indien damit zu tun, werdet ihr fragen. Nun, wenn man nach Maskat, der Hauptstadt, kommt – einem zwischen Hängen von Lavaasche eingewachsenen, weißlackierten Fingernagel –, könnte man auch in Baroda oder vielleicht in Cambay sein – auf alle Fälle nicht in Arabien. Außerdem war Oman trotz portugiesischer und britischer Konkurrenz jahrhundertelang die größte Seemacht im Indischen Ozean. Die Teakmöbel, die Truhen aus Kampferholz, die aus Bombay importierten Seiden- und Kaschmirschals spuken heute als Relikte einer ruhmreichen Vergangenheit im Gedächtnis eines Landes, das in den letzten fünfzig Jahren praktisch aus dem Kreis der Staaten ausgeschlossen war.

1957, als der entmachtete Imam bei der Arabischen Liga den Antrag stellte, sich für die Unabhängigkeit Omans auszusprechen, verlangten die Staatsmänner als erstes eine Karte, um das Stück Land finden zu können, dem man eine »Nationalität« zugestehen sollte. Tatsächlich frage auch ich mich, wie viele Araber, ob das wirklich ein arabisches Land ist. Die Omaner antworten einem, sie stammten direkt von Malik bin Fahm ab, der nach der Zerstörung des Staudamms von Marib aus dem Jemen geflohen sei und sich nach einem Sieg über die Perser in Oman niedergelassen habe. Eine vortreffliche Antwort. Aber die Perser sind nicht gegangen. Sie blieben da, ebenso wie die alten Bewohner von Magan, die mit ihren Kupferminen Babylonien belieferten und später, nachdem sie die Küsten Palästinas kolonialisiert hatten, »Phönizier« genannt wurden. Dann folgten die anderen, die Mustaribah, die Arabisierten des Nordens; sie gründeten neue Stämme, die mit den aus dem Jemen gekommenen ständig im Kampf lagen. Und nicht nur das. Jene Seefahrer, die tausend Jahre vor

226

Marco Polo Canton und Bombay anliefen und Spezereien und Frauen von dort mitbrachten, und die anderen, die die afrikanischen Küsten nach Sklaven absuchten und Oman zur einzigen arabischen Kolonialmacht werden ließen, haben nicht auch sie mit ihren indischen, belutschistanischen und abessinischen Familien, mit ihren chinesischen, japanischen und tscherkessischen Konkubinen dazu beigetragen, die Bevölkerung von Oman zu entarabisieren?

Arabien haben die Omaner immer den Rücken gekehrt, die Wüste abgelehnt zugunsten des Meeres, die Inzucht zugunsten des Kosmopolitismus, das Beduinenleben zugunsten der Unternehmungen auf dem Ozean. Die Frauen holte man sich von außerhalb. Nehmen wir zum Beispiel die Familie des Sultans: Der eindrucksvollste seiner Vorfahren, der 1806 mit achtzehn Jahren seinen regierenden Vetter umgebracht und die Macht an sich gerissen hatte, begann seine Laufbahn damit, eine Prinzessin von Schiras zu heiraten. Dann bewarb er sich als Ehemann bei der Königin Ranavolana von Atananarivo, die zwar höflich ablehnte, ihm als Ersatz jedoch eine Prinzessin und Soldaten anbot und eine Korallenkette zum Geschenk verlangte. Durch die Abfuhr keineswegs entmutigt, begehrte Sultan Said nach weniger als fünf Jahren Seneekoo von Nassi-be, Königin von Madagaskar, zur Frau: Auch von ihr erhielt er eine Absage und als Schadensersatz das Versprechen, einen jährlichen Tribut von dreißigtausend Dollar an ihn zu entrichten. Als Seneekoo ihre Zahlungen einstellte, wandte sich der Sultan an das Foreign Office, um sich über die wortbrüchige »Verlobte« zu beschweren, und schenkte die Kuria Muria-Inseln der Königin Viktoria – ich nehme jedoch an, nicht als Hochzeitsgeschenk. Die Kalesche, die ihm die britische Königin zum Zeichen ihrer Dankbarkeit schikken ließ, schenkte er dagegen dem Nizam von Haidarabad, dessen Tochter er – wie man behauptet – heftig begehrte.

Trotz der vielen fehlgeschlagenen Heiratsversuche hatte Said Hunderte von Kindern, alle in Sansibar – wo er seinen

Wohnsitz aufgeschlagen hatte – von seinen fünfundsechzig abessinischen, türkischen und tscherkessischen Konkubinen geboren. Eine seiner Töchter, Salma, die ein Komplott angezettelt hatte, um ihren Bruder zu entthronen, verliebte sich in einen deutschen Kaufmann, den sie in Sansibar unter ihren Fenstern hatte vorbeigehen sehen; sie floh mit ihm nach Aden, wo sie zum Christentum übertrat, und heiratete den Herzliebsten, zog mit ihm nach Hamburg, bekam in drei Jahren drei Kinder und wurde gleich darauf Witwe, da ihr Mann unter eine Tram kam; dann schmiedete sie ein Komplott mit dem Kaiser gegen die Engländer, um auch den zweiten Bruder abzusetzen, und beendete ihr Dasein in London als Autorin ihrer Momoiren, die in punkto Feminismus die Wollstonecraft noch übertreffen.

Im übrigen war Salma nicht die erste Frau der Familie, die sich durch ein streitbares Temperament auszeichnete. Sie selbst berichtet in ihrem Buch von jener Großtante, die beim Tod des Sultans Ahmed erklärte, daß sie die Vormundschaft über den kleinen Said übernehmen würde. Gegen jede Etikette präsidierte sie dem Ministerrat im Nachmittagskleid, einen einfachen Schal um die Schultern geschlungen. Jeden Tag hielt sie öffentlich Audienz, etwas, das kein omanischer Sultan je getan hatte. Als einer der unzähligen Machtkämpfe im Innern des Landes ausbrach und sie fast ohne Munition einer längeren Belagerung standhalten mußte, zog sie jeden Abend eine Offiziersuniform an, musterte die Truppen und kontrollierte die Stellungen. Einmal verabredete sie sich mit einem General, tat so, als sei sie ein Spion der Feinde und bot ihm ungeheure Summen für den Verrat. Doch der General erwies sich als unbestechlich und ließ die Herrscherin verhaften. Als die Situation mit der Zeit völlig aussichtslos zu werden drohte, da das Blei für die Kanonen fehlte, befahl sie, alle Silbertaler des Hofschatzes einzuschmelzen und Munition daraus herzustellen. Natürlich gewann sie die Schlacht.

Merkwürdig, daß gerade ein so unberechenbares Amalgam

von Kulturen die zwei misanthropischsten Herrscher der modernen Geschichte hervorgebracht hat. Said bin Taimur, der Vater des gegenwärtigen Sultans, war verantwortlich für die fortschreitende Tilgung des Gebietes von der Landkarte. Von tiefem Mißtrauen erfüllt gegen alle Westlichen, in denen er nur Kolonisatoren sah, und gegen alle Araber, von denen die einen (Palästinenser, Ägypter und Kuwaiter) für ihn gefährliche Umstürzler und die anderen (Saudis und die Scheichs vom Golf) Aggressoren und Häretiker waren, beschloß er, ein für allemal die Grenzen des Landes zu schließen, den Omanern, die im Ausland erzogen wurden oder in der Kolonie Sansibar aufwuchsen, die Rückkehr zu verweigern und sich selbst in den baufälligen Palast von Salalah, tausend Kilometer von der Hauptstadt entfernt, zurückzuziehen, wo die Postulanten bis zu acht Monaten auf eine Audienz warten mußten und nur ein paar Minister autorisiert waren, über Funk mit ihm Kontakt aufnehmen. Den Indern, Belutschen und anderen Minderheiten, die schon seit undenklichen Zeiten naturalisiert waren, wurde das Reisen im Innern des Landes verboten; verboten wurden auch Zeitungen, Radio, die Einfuhr von Automobilien, Landwirtschaftsmaschinen und von Puppen.

Dem eigenen Sohn dagegen verbot er, den Palast zu verlassen, eine Beschränkung, die er erst in dem Moment aufhob, als er ihn nach Sandhurst auf die Militärakademie schickte. Eine ganz schlechte Idee übrigens, denn kaum war der Sohn wieder daheim, sorgte er – mit Hilfe der Engländer oder umgekehrt – dafür, daß der Vater ins Exil geschickt wurde. Aber die Besteigung des Throns heilte Kabus nicht von seinem inzwischen wohl zur Natur gewordenen Hang zur Isolation. Nachdem er die Paläste im Tadsch-Mahal-Stil wiederaufgebaut, mit silberfiligranverzierten Waschbecken und klimatisierten Ställen versehen, Corbusianische Privatflugplätze angelegt und alles mit Mauern umgeben hat, munkelt man heute, der Sultan trage sich mit der Absicht, die ganze Stadt

Maskat in ein unzugängliches Versailles zu verwandeln. Nach und nach fallen die luxuriösen Häuser, die einst Albuquerque so beeindruckt hatten, um, wie man sagt, der mönchischen Privacy des Monarchen Platz zu machen, der inzwischen die väterliche Vorliebe für das ferne Salalah teilt, wohin er sich mit seiner unübersehbaren Plattensammlung und einer riesigen, aus Irland importierten Orgel zurückzog. Einige bezeichnen ihn als echten Intellektuellen, andere als rohen Sadisten, der nicht zögere, gegen seine politischen Feinde die schwersten mittelalterlichen Torturen anzuwenden. Man erzählt sich, er habe seine Kusine bei dem Leben ihres Vaters gezwungen, ihn zu heiraten. Gleichzeitig halte er seine erste Frau und deren Vater in dem Dorf Kabil gefangen. Und man munkelt auch über seine Neigung für die Epheben und die anrüchigen britischen Berater. Folgende Begebenheit wird kolportiert: Kabus habe einmal einem Schwimmwettkampf unter Seeleuten beigewohnt und einen der jungen Männer gefragt: »Wie spät ist es?« – »Ich weiß es nicht, Majestät, ich besitze keine Uhr«, soll der stramme Bursche geantwortet haben. »Bringt diesem Seemann sofort eine Uhr«, habe daraufhin der Sultan befohlen. Es sei ein Prachtstück von einer Uhr gewesen, ganz aus Gold, und das Zifferblatt habe das gütige Antlitz des Herrschers gezeigt, in dem zwei Diamantaugen glänzten. Für die omanische Marine sei dieser Seemann verloren gewesen.

Fest steht, daß niemand den Sultan je gesehen hat. Oder genauer: daß nur sehr wenige ihn wirklich lebendig vor sich gesehen haben. Denn wie ein geiziger Aladin schickt Kabus nur sein Bild in Umlauf. Die Straßen sind voll von richtigen kleinen Altären mit Vasen und Plastikblumen und seinem Bild in der Manier pompejanischer Jungfrauen. Manchmal taucht sein Bildnis auf kleinen Bildstöcken mit mahnenden Inschriften an der Fernstraße auf, manchmal in Form großer und ernster Porträts à la Christus Pantokrator, dessen Blick einen fixiert, wohin man auch geht. Im Fernsehen amüsiert

230

sich der Sultan wie Hitchcock, indem er in allen offiziellen Filmen auftritt. Ein Kurs für werdene Mütter: Gütig (mit Trompeten-background) gleitet er auf den Bildschirm. Ein Film über Mohammed: Mit frommen Hymnen auf den Lippen klettert er kühn über Felsen. Programm für die Streitkräfte: Er ermahnt Brigaden und Divisionen. Tagesschau: Er empfängt Telegramme, Könige und Minister. Bei diesen Auftritten schwelgt er in Kopfbedeckungen: einmal ein pagodenförmiger Turban aus kolibrifarbener Seide, dann ein Infanteristenbarett in Mandarin, dann wieder ein Fedajin-Tuch mit Pompons eingefaßt oder eine Kapitänsmütze Ihrer Britischen Majestät.

Aus Anlaß des illustren Besuches besann sich der Sultan außerdem auf eine (infolge des einträglicheren Sklavenhandels) seit langem verschüttete künstlerische Kreativität und ließ die islamische Tradition der Majolikaarbeiten, der Arabeske, des Stucks und ähnlicher alter Dekorationen in moderner Form wiederaufleben. Was war die Arabeske? Ein Kompromiß zwischen Luxus und Sparsamkeit, die Annullierung des zur bloßen Oberfläche reduzierten Raums, die unsichtbare Geometrie, die Kabbalistik als darstellende Kunst und die darstellende Kunst als Tapete, das Delirium der Kunsthandwerker, der Mystizismus als Farbenlehre und Gott als einziger, wahrer Auftraggeber. Vom Atlantik bis zum Golf von Tonkin, von Samarkand bis Granada und bis Sansibar war der propagandistische Feldzug des Islam sicher der erste in der Welt, der mit einem »Reklamebild« versehen war: Den graphischen Schriftzeichen fügten die Araber ihre große Erfindung, die aufgebauten Flächen, hinzu. Nicht durch Zufall war das erste Symptom des arabischen Niedergangs das Schweigen. Von den Mauren, den barbarischen und mohammedanischen, redete man nicht mehr, ihre Welten aus Majolika verfielen, und ihre Techniken des Überzeugens erschienen ebenso obsolet wie ihre Sprüche in Stuck.

Aber jetzt, ausgerechnet in Oman – wo sich das Schwarz

231

der Nacht und das Schwarz des Öls mit der Größe der Ambitionen und der Dreistigkeit des Möglichen verschwören, wo der Islam absoluter und die Macht totalitärer ist – taucht die Arabeske wieder aus dem Schweigen auf – aus der Feuchte, die zwischen den Vulkanfelsen Maskats stagniert, nur unterbrochen vom leisen Summen von Millionen und Millionen aufgereihter kleiner Glühbirnen in Rot, Gelb, Weiß, Grün, Violett, Ocker, Rosa, Orange, Türkis und Blau. Hintereinander, in engen Reihen, durchbrechen sie die Oberfläche jedes Gebäudes mit frivolen Farben, laufen an Gesimsen und Gewölben entlang, betonen die Formen, annullieren die Dimensionen, den Zweck und den Stil. Die Nacht mit Arabesken vollzupflastern: das ist die wahre neue Kunst Arabiens.

Triumphbögen aus Pappmaché, umrahmt von dreifarbig strahlenden Zierbändern; oder in Pagodenform, Souvenir aus Kyoto, umrandet von Neonröhren; oder als römischer Aquädukt, leuchtend wie von Gebeten und Novenen. Die Fassaden ganzer Ministerien mit funkelnden Mustern bestickt, jedes Betonbiforium, jeder Bogen und jedes Portal mit einem Saum aus präzisen Watt. Der Flughafen: eine einzige dreihundert Meter lange Fahne, zehn Millionen Glühbirnen, ein Triumph. Hotels – von Lichtdolchen durchbohrt, Fabriken als Torten verkleidet, Minarette als Regenbogen maskiert, Paläste als Niagarafälle getarnt. Über einem Mosaikbeet leuchtet zwischen roten Fackeln, überragt von einem riesigen, silberglänzenden Radarschirm, das Ebenbild Seiner Majestät in einem fließenden Lichtrahmen.

Hier hast du, sagte ich mir, während ich durch Maskat spazierte, eine Land-art der Finsternis, die ebenso emsig wie die Arabeske von gestern die grandiose Einheit des Islam verkündet. Eine aus Sternen gebastelte Welt, parallel zur wirklichen, die nur die Konturen, nicht das Wesen überleben läßt. Wenn die fatimidischen Kalifen goldene Kuppeln bauten, um von ihren Planetarien aus die Galaxien zu beobachten – während die Sklaven die Macht an sich rissen –, so fabriziert heute der Sultan, indem er seine Stadt als Sternbild schmückt, eine illusorische Identität zwischen seinem Reich und dem Himmel, zwischen seiner Macht und der göttlichen.

36

Man brachte mich in einem Hotel zu etwa zweihundert Mark pro Nacht unter, dreißig Kilometer von der nächsten Ortschaft entfernt, in dem man nichts Besseres tun konnte als schwimmen, ein Sport, den ich zwar sehr mag, aber nicht in der Situation, in der ich mich befand: vielleicht zum letztenmal in einem arabischen Land. Um ehrlich zu sein, die Muscheln waren wirklich eindrucksvoll und sahen aus wie mit Erdbeeren marmoriert. Dann gab es eine gefräßige Pflanze, die Napfschnecken verschlang, eine nach der anderen, und wenn sie satt war, wuchs aus dem Sand ein Muschelspieß. Jedesmal bei Ebbe pflanzten geheimnisvolle Wesen hohe, zierliche, pyramidenförmig gedrechselte Kothäufchen auf den Küstenstreifen, die jedoch, da sie aus Sand waren, in der Sonne zerfielen. Wer diese Geschöpfe mit dem Sinn fürs Skurrile waren, fand ich leider nie heraus.

Ich war das Opfer einer merkwürdigen Gastfreundschaft: von der Regierung offiziell eingeladen, aber ohne irgendein Transportmittel, das es mir ermöglicht hätte, meine Reportage zu machen. Um in den benachbarten Hafen Mutrah zu gelangen, ein abgeschlossenes Gebiet, das von den ehemals aus Haiderabad gekommenen Schiiten bewohnt wird, mußte ich ein Mädchen der dritten Klasse Oberschule aus der Geographiestunde entführen. Kresse interessierte sich leidenschaftlich für das islamische Recht. Mit der für die Araberinnen typischen Konkretheit zog sie sofort ihre Schuluniform aus, legte eine Tunika aus schwarzer Gaze, mit kalligraphischen Mustern aus Silber bestickt, an und führte mich zu

234

32

Zwischen den Pyramiden auf einem feurigen Vollblut durch die Wüste zu reiten, über den Sand zu galoppieren, der auf wunderbare Weise der Spekulationsgier der Großstadt entgangen ist, an leeren Mameluckengräbern vorüberzutraben, unter dem wachsamen Auge der mit Goldmünzen verschleierten Frauen, und sich schließlich an Brunnen zu laben, die in den Bildern von Roberts und den Romanen von Gautier Unsterblichkeit erlangt haben: wer könnte einer solchen Einladung widerstehen? Wer, der wie ich aufgerieben war von ministeriellen Streitigkeiten, zielbewußten Leidenschaften und erschöpfenden Taxifahrten, hätte nicht eingewilligt, sich für ein paar Stunden in der duftenden Ruhe einer Oase dem entspannenden Rhythmus eines Pferdes zu überlassen? Und wenn es sich dabei auch noch um den galanten Vorschlag eines Kavaliers handelte, dessen adelige piemontesische Herkunft sich mit einer angesehenen Stellung bei dem größten Unternehmen Italiens verband – welches in den fangarmigen Orient verbannte süditalienische Mädchen wäre da nicht zu einem Spazierritt mit lieblicher Unterhaltung über das ferne Vaterland bereit gewesen? Ich beschloß daher, für diesen Nachmittag Mufti und islamische Kunst sausen zu lassen, und nahm die Einladung des Grafen an.

Ich sah, mit wieviel Ehrerbietung blauäugige Beduinengeschlechter, die einst Paschas und Kaiserinnen in die Steigbügel geholfen hatten, die Reitpferde des italienischen Businessman versorgten; sie würdigten sein unbeugsames Naturell, was sie jedoch nicht hinderte, den avantgardistischen Helm

216

einer jener nächtlichen Klageversammlungen, die von allen Schiiten der Welt im Monat Moharram veranstaltet werden.

Ein Privatclub, ein Wartesaal, eine Moschee – ich weiß nicht, wie ich diesen großen, mit Gottesanbeterinnen vollgestopften Raum definieren soll, in dem der Imam die Geschichte vom tragischen Tod Hassans und Husseins deklamierte, die vor eintausenddreihundert Jahren in Kerbala niedergemetzelt wurden. Die Frauen weinten und sangen und wiederholten die Worte einer Geschichte, die sich jedes Jahr unverändert wiederholen. Es wirkte wie Euripides, aber all dieses gestickte Silber, diese Kleidung wie zu einem Ball im Elysee-Palast, dieses Parfum von grauem Amber und dieser aus einer türkischen Fahne geschnittene Halbmond – wie konnte das alles Trauer und Drama bedeuten? Wir gingen im Morgengrauen heim, wie von einem Karneval, und auf den Gassen der verbotenen Stadt standen Frauen und Männer unter den Haustüren und schauten angestrengt und schweigend zu den verblassenden Sternen hinauf. »Sie suchen ein Zeichen am Himmel«, flüsterte Kresse. »Was für ein Zeichen?« fragte ich. »Ein Zeichen Gottes, die Ankunft des Mahdi.«

Im Zusammenhang mit Mutrah fiel mir der Artikel eines englischen Ölexperten in die Hände, der vor etwa zehn Jahren dort lebte und meiner Ansicht nach das Durcheinander dieser Stadt genau beschreibt: »Als Kaufmann in Mutrah muß man sich in Rupie, Anna, Naya Pei, Dollar, Sterling, Baiza und Dinar gleich gut auskennen. Der Anna existiert offiziell gar nicht mehr, sondern wird in Naya Pei gerechnet, die ebenfalls keinen legalen Wert mehr haben. Heute sind 64 Baiza eine Rupie, die früher 16 Anna und dann 100 Naya Pei hatte und auch heute noch zum indischen Preis vor der Abwertung berechnet wird. Aber die Münzen sind zu 3 und zu 5 Baiza. Der Maria-Theresia-Dollar (offizieller Wert 5 Rupien, aber um diesen Preis nicht zu bekommen) unterteilt sich in 120 omanische Baiza, die sich wohlgemerkt stark von den maskatischen und den dhofaritischen unterscheiden. Die

Wechselkurse werden meist für Rupien auf kuwaitische Dinare angegeben, aber auch für bahrainische Dinare (die 10 maskatischen Rupien vor der Geldentwertung von 1967 entsprechen) oder in MTD (gewöhnlich unterschiedslos gebraucht für Dollar oder Rial, d. h. US-Dollar oder Saudische Rial, je nach Kontext). Ist die Währungsfrage gelöst, dann muß man sich über die Gewichte klarwerden, über den Unterschied zwischen einem maskatischen Maund, das 24 Kiya entspricht, jedes Kiya ist gleich dem Gewicht von 6 MTD, und einem omanischen Maund, das ebenfalls 24 Kiya entspricht, von denen jedoch jedes das Gewicht von 6 omanischen Baiza besitzt, deren 5 auf einen MTD gehen. Zweihundert maskatische Maund entsprechen 1 Bahhar, doch der Bahhar wechselt sein Gewicht je nach Produkt, so entspricht zum Beispiel ein Bahhar Salz 400 Maund.«

Heute sind es die Dinare, die unterschiedslos Rupie, Dollar oder Pfund Sterling genannt werden, je nach dem Alter des Kaufmanns. Im übrigen werden die Waren auf dem Markt versteigert. Der rechtmäßige Eigentümer schwenkt einen Fisch oder einen Sack Datteln, und der Kunde muß sich seinen Weg durch die Turbane (sehr niedlich: aus weißer Wolle gedreht und mit Blümchen in den Windungen) bahnen, den Krummdolchen ausweichen, die dazu neigen, sich ihm in den Nabel zu bohren, und sich mit Stentorstimme seine Mahlzeit sichern.

Im Haus von Sakina, einer der Schülerinnen, wohnte ich der Vorführung eines Films bei, der von einem Palästinenser gedreht und von Gaddafi finanziert worden war: *Mohammed, der Prophet Gottes*. Er war von den Ulemas von el-Azhar auf dem berühmten Kongreß, an dem ich teilgenommen hatte, abgelehnt worden. Der offizielle Grund? Das Kamel Mohammeds darf weder dargestellt noch gezeigt werden. Natürlich ein Vorwand, wenn man bedenkt, daß das ägyptische Fernsehen Filme produziert, in denen zwar vielleicht nicht die Dromedare des Propheten, dafür aber seine Verwandten auftreten. Und überhaupt wird diese ganze Frage der bildlichen Wiedergabe seit der Zeit der omajjadischen Kalifen – die in ihren Palästen mit Mosaiken von Mädchen in Bikinis prunkten und mit Geschirr, das Bauchtänzerinnen zierten – sehr lasch gehandhabt. Ganz abgesehen von den Qajar-Porträts, hatten sich auch die persischen Miniaturen, die Mogul-Malereien, die abbasidischen Handschriften, die mameluckischen Bronzen und die fatimidischen Holzskulpturen alle nicht an das angebliche Verbot gehalten und beliebig Jagd- und Liebesszenen, Begräbnisse oder badende Frauen dargestellt. Wenn das Verbot überhaupt existiert – ganz bestimmt nicht im Text des Korans –, dann ist es höchstens eine Ermahnung, nicht den Schmeicheleien des Bildes zu erliegen, dessen Macht sich auf Geist und Seele zerstörerisch auswirken kann. Und wenn man an die Comics und die Reklame denkt, die den Westen mit wiederkäuenden Voyeurs und plagiierenden Konsumenten übersät haben, dann erscheint einem dieser Rat gar nicht so schlecht.

Wie dem auch sei, da für die politischen Querelen jeder Anlaß gut ist, wurde der Film fast in sämtlichen islamischen Ländern verboten. Doch anscheinend gibt es kaum eine Familie auf der arabischen Halbinsel, die nicht mindestens ein Videoband des verbotenen *Mohammed* besitzt – übrigens ein ausgezeichneter Film, der zeigt, wie sehr die Araber fähig sind, mit den modernen Technologien umzugehen, und daß weder ihre Kreativität noch ihre Botschaft erschöpft ist. Außer Zweifel steht jedoch, daß wir, auf Seehundfellen gelagert und mit Dattelpaste und Safran-Tee verwöhnt, die Vorzüge des Kino-Islam sehr viel mehr zu schätzen wußten als die Ulemas von el-Azhar.

Wesentlich weniger islamisch waren dagegen die schwedischen Filmchen, die ein omanischer Minister, der in Frankfurt in Wirtschaftswissenschaften promoviert hatte, vorführte. Wie recht doch der alte Sultan hatte, jenen Landsleuten zu mißtrauen, die ins Ausland gingen, um zu »studieren«! Moralismus liegt mir fern, ebenso die Klischee-Vorstellungen von den Scheich-Lüstlingen, die Drinks und Dirnen mit der gleichen Geschwindigkeit konsumieren, mit der sie eine Dattel verzehren. Das ist Stoff für den *Playboy* oder für ein Buch à la Linda Blandford. Im Grunde kann ich zu soviel sexueller Kühnheit nur gratulieren: Von der Lehrzeit im Ausland profitieren die Ehefrauen, die endlich vom sofortigen, invariablen Liebesakt befreit werden. Schlimm ist nur, wie die Scheichs mit ihren Kenntnissen umgehen. Sie sollten diskreter sein, nicht die Frauen der Diplomaten zu den pornographischen Filmabenden einladen, sich nicht so auffallend in den Londoner Hotels benehmen und es nicht unbedingt mit jeder, Journalistinnen inklusive, versuchen wollen. Kurz, ein bißchen Heuchelei, ein Hauch von Scham, ein Minimum an Understatement, und die Scheichs wären im Westen weniger unbeliebt. Aber es ist genauso wie mit dem Geld: Sie können – und wollen – es nicht ansammeln. Bereichert euch nur, sagt der Koran, aber gebt aus, schenkt, verteilt an die anderen. Von dem, was ihr habt, laßt alle genießen – und genau das tun sie.

Nur zwei Dinge in Oman widersprechen der Starrheit der Landschaft: die Kleider der Frauen und die Türen der Häuser, beide ein Gemisch aus portugiesischem Barock, Afro-Primitivität und muselmanischem Schamgefühl; beide zugeschlossen und doch verführerisch lockend, voller Fransen, Stickereien, Schnörkel und Gitterwerk, die jeden Blick ködern. Die Frauen – ein Schmerz fürs Auge: doppelte Schleier, die am Boden schleifen, beide von lärmender Farbigkeit, der eine mit leuchtender Wolle eingefaßt, der andere mit Gold und Seide, das Ganze über ein gleichermaßen ins Auge fallendes Ensemble aus Lamé mit Silberfransen und engen Hosen im Indo-Bantu-Design gestülpt. Das Portugiesische äußert sich dagegen eher in der architektonischen Megalomanie, denn das ganze Land ist von Schlössern, Zitadellen, Türmen, uneinnehmbaren Festungen, Burgen und Palästen heimgesucht, alle zinnen- und mauernbewehrt und alle ausnahmslos aus Lehm und Dung gebaut; Anmut findet sich nur bei den Türen und den kühnen Öffnungen der Fenster.

In Iski gibt es nur vier Gebäude, aber jedes von ihnen besteht aus vielen zusammengeklebten Häusern, die untereinander anstatt durch Straßen – die es nicht gibt – durch ein Verkehrsnetz im dritten Stockwerk verbunden sind, als ob sich das Stadtleben in Wirklichkeit auf den Dächern abspielte.

In al Hamra, der »Roten«, ist jedes Haus eine kubische Burg, sehr imposant und streng vom Nachbarn unterschieden; jedes Stockwerk dient einem bestimmten Zweck, die Küche zum Beispiel befindet sich auf dem Dach wegen der Gerüche, die Speisekammer im durchlüfteten Raum unter der Treppe, der Männersalon im Eingang, um den Privatbereich nicht zu stören; die Frauen leben in großen Räumen im Stil des italienischen Mittelalters, überhaupt wirken sie sehr florentinisch in ihren selbstgemachten Brokaten, die sie einem für horrendes Geld anzudrehen versuchen. Und unter jedem Gebäude leitet ein Labyrinth von stillen kleinen Kanälen Quellwasser ins Haus und das verbrauchte ab.

Das Dorf Mitfa klammert sich an die Felshänge des Grünen Gebirges. Seine Häuser sind aus dem roten und schwarzen Marmor erbaut, zwischen ihnen tief eingeschnitten Wege und Treppen, die wie Onyx leuchten. Die Häuser klettern die Felsschluchten hinauf, hängen an schmalen Streifen über Abgründen, ragen auf kahlen, unzugänglichen Höhen empor oder lugen plötzlich aus den üppigen Bananenstauden hängender Terrassengärten.

Dann gibt es noch Bahla, das ich wie eine verfallene Burg von König Artus in einer bleichen Morgendämmerung über dem Nebel schweben sah; Ghafat, das aus Mürbteig hätte gebacken sein können, und Gibrin: eine Pastete aus Sesam und Honig. Es gibt das runde Kastell von Nizwa, das trapezförmige Fort Mintirib und in der Ebene von Banu bu Hassan

Türme, die wie Kerzen aussehen. Oman ist Siena, Babylon und Tibet in einem, und Worte genügen nicht, es zu beschreiben.

Wenn meine Beschwerden nicht gerade in jenen Tagen wieder mit großer Hartnäckigkeit aufgeflammt wären, könnte ich heute den alten Scheich von Banu bu Ali vielleicht besser beschreiben: wie er zu Füßen seines großen, baufälligen Kastells hockte und den Kindern den Koran beibrachte; ich könnte den Seeräuberblick jenes Sandokan schildern, der mir Kaffee einschenkte, das Gewehr umgehängt, den Dolch an der Seite, mit dem silbernen Patronengürtel, den Zangen, Feilen, Tabaksdose und Parfümfläschchen zierten, während aus dem Brusttäschchen des Kaftans ein Sammelsurium von Kugelschreibern hervorschaute, ich könnte mich über die Perfektion seiner Nase oder die makellos geschwungenen Lippen auslassen.

Ein Isphahan-Teppich unter den abgebröckelten Bögen eines alten *iwan:* das war ein Rathaus. Hundert niedere, rosa Kuppeln mit Pompons, zwischen Dünen und Bächen gelegen: eine Moschee. Ein türkisfarbenes Bündel, das auf einem Zwergesel schwankt: eine Frau von Banu bu Ali. Während die Petroleumlampe Gesichter von vor tausend Jahren erhellte, ich mir die Hände mit *halawa* verschmierte und der Geruch nach gekochten Datteln die ganze Scharquija, von Ibra bis Ras al-Hadd, durchzog, erzählte der Gouverneur von Mintirib von den Heldentaten des Scheichs Isa al-Hariti, von den blutigen Schlachten zwischen Ghafiri und Hinawi, zwischen Ibaditen und Wahabiten, zwischen Banu bu Ali und Banu nu Hassan. Damals begriff ich, wie sanft und zugleich wild Oman war.

Als ich mit immer heftigeren Fieberanfällen in Ibra eintraf, kam es mir vor wie ein Achämeniden-Traum, wie der Rausch einer Nacht in Sansibar. Zehn Agglomerate von prunkvollen Schlössern, turmbewehrten Palästen, Burgen über einem reißenden Fluß, von dessen üppigen Ufern sich Felsgrate erheben, auf denen schaurige Türme ragen; hundert Kathedralen von Alcobaça, jede von Mauern umgeben, die Mauern von großen Türmen bewacht, die doppelten Portale verrammelt, an den glühend heißen Tagen wie in den eisigen Nächten. Dann erst merkte ich, daß die Schlösser verfallen waren, die Gewölbe eingestürzt, der Lehm zwischen dem Eselsmist zerbröckelt, die Türme und Portale vom Vergessen ausgehöhlt. Die Herren von gestern lebten heute zwischen den Trümmern der Mauern und den wurmstichigen Holzbalken: Sie hatten die Lebensmittelvorräte in den Hof geschafft, ein Loch in die Erde gegraben als Küche und waren mit ihrem chinesischen Geschirr, ihren Resten von Perserteppichen und ihrem Plunder aus Sansibar in den Laubengang gezogen, mit der Lampe und der Thermosflasche als einzigem Fortschritt. In Ibra begriff ich, warum jeder, der dazu in der Lage war, Japanerinnen oder Tscherkessinnen heiratete und Scharen von schlecht gewaschenen alten Jungfern zurückließ mit ihren safranverschmierten Stirnen und der dicken Nadel quer durch die Nase gestochen, die einen rachitisch und die anderen negroid. Als ich diese »automatische« Landwirtschaft sah, in die nur Allah und der Sturzbach eingreifen, begriff ich auch, warum die Minister nicht eingriffen; und als ich sah, wie sich diese »Bauern« um neun Uhr müde und mürrisch erhoben, begriff ich, warum die jüdischen Kaufleute den Sklavenhandel in Händen hatten.

Und doch, eine große Dame habe ich dort noch getroffen: Ich stand unter einem der üblichen geköpften Laubengänge mit dem kleinen Kanal, der zwischen den Palmen aus dem Hof floß, einer winzigen Frau von mittlerem Alter gegenüber, die so erhaben und stolz wirkte, wie ich noch nie eine Omanerin gesehen hatte. Sie gebot mir, mich zu setzen. Dann erörterte sie die Beschwerden der Wechseljahre und informierte sich über die neuen europäischen Erziehungsmethoden, blätterte gierig mein Notizbuch durch, auf der Suche nach arabischen Schriftzeichen, und verlangte Auskünfte über meine römischen Armbänder (Bronze, aus Palmyra); mit der gleichen Ungeniertheit und Grazie klärte sie mich über den Ort auf. Dann bat sie mich, mit ihr eine Runde im Auto zu drehen, und gestand, daß sie große Lust hätte, fahren zu lernen. Sie flüsterte mir zu, daß sie heimlich einen Abendkurs für Englisch besuche. Schließlich nahm sie mich bei der Hand und führte mich zu ihren Besitztümern.

»Das ist am Verfallen, siehst du, alles verfällt hier. Aber wer hört schon auf eine Frau in dieser Stadt? Nicht einmal die Inder, die sich um meinen Garten kümmern sollen. Vater ist keiner da, Bruder auch nicht, nur zwei Söhne, die ernährt werden wollen«, dabei lief sie zwischen entwurzelten Dattelbäumen und führte mich durch Burgruinen. Und der Ehemann? »Von Geburt an müde, Bürgermeister in einem anderen Dorf, kommt nur zu Besuch.« Sie spielte für mich Presseagent, Fremdenführer, Gastgeber und wahrte dabei doch eine Diskretion, die der Art entsprach, mit der ihre winzigen, fast nägellosen Hände die Gegenstände berührten und ergriffen. Sie führte mich zu greisen Gelehrten, die sich zwischen uralten Manuskripten und Stößen von Büchern abmühten; sie ließ sich von mir zu Kondolenzbesuchen in die Nachbardörfer begleiten, wobei sie mich jedesmal wie eine Komplizin behandelte. Es war, als wolle sie mir das Unangemessene ihrer Welt zeigen: sie hielt sich nur kurz auf, rezitierte gelassen die Begrüßungslitanei, lehnte jedoch den Syrup aus Tee und Milch ab (den sie ebenso haßte wie ich), und es gelang ihr sogar, Kaffee, Datteln und gemütlichem Klatsch aus dem Weg zu gehen. Dabei erklärte sie allen gerade so viel, wie nötig war, um begreiflich zu machen, daß ich eine wichtige Persönlichkeit sei (wer eigentlich? aber sie war davon überzeugt). Dann schritt sie, unter dem abbröckelnden Lehm, davon wie eine Königin.

Sie ist nie aus der Scharquija hinausgekommen; sie kennt weder elektrisches Licht noch warmes Wasser; sie kann Arabisch lesen und schreiben, weil sie es durchgesetzt hatte, in

242

einer Koranschule zu studieren, und jedesmal, wenn sie einen Text findet, liest sie ihn gierig, »um das Alphabet nicht zu vergessen«. Zeitungen hat sie nie in der Hand gehabt, für Bücher hat sie kein Geld. »Wer gibt einer alten Frau schon etwas zum Lesen?« Sie wundert sich nie über irgend etwas, auch wenn man ihr von den Astronauten erzählt. Sie urteilt nicht, sie eliminiert nur. Das Übel, das man ihr angetan hat, umschreibt sie und legt es beiseite, wie ein altes Kleid, aus dem man Tücher schneidet. Ihr Name ist Rahma. Ihr verdanke ich die Entdeckung all dessen, was sie als »Kram der Vorfahren« bezeichnete, ein von ihr geprägter Ausdruck, den es auf Arabisch nicht gibt. Eine Intellektuelle.

37

Ein Löffel Moschus, ein halbes Glas *maghut,* ein Stückchen
Aloenholz, ein Hauch grauen Ambers, ein halbes Glas Weih-
rauchharz vom Hadramaut, die Schalen von zehn Napfschnecken des Indischen Ozeans, ein Löffel zerstoßenes Sandelholz, eine Handvoll Algen von al-Batina, ein Glas Blüten-
stempel des Sennastrauches, zehn Tropfen Myrrhe. Das Ganze mit reichlich Zucker in einen Topf geben und so lange
rühren, bis sich alles miteinander verbunden hat, ohne jedoch
zu karamelisieren. Den Brei dann auf eine Steinplatte strei-
chen, erkalten lassen und in gehärtetem Zustand mit Ham-
mer und Stemmeisen in kleine Stücke schlagen: Das ist das
Rezept für den besten Weihrauch der Welt – den Weihrauch
Omans.

Ich lag auf einer Steppdecke aus orangefarbener Baumwolle, die wiederum auf Schilfmatten mit eingefärbtem Zickzack-
muster lag; meine Schultern ruhten auf einem trapezförmigen
Aufbau von drei steifen, farbig leuchtenden Kissen: das unter-
ste quadratisch und mit Sternen übersät, das mittlere recht-
eckig und mit grellen Atlasstreifen besetzt, das oberste dreiek-
kig aus Lamé und von einem Pompon gekrönt. Nur mit Mühe
konnte ich im Halbdunkel eine Decke aus Sandelholzbalken
erkennen, auf denen sich Lotosblüten und Maßliebchen zu
einem weißen Gewebe verbanden. Es war kühl, aber ich fühlte, daß es draußen sehr heiß sein mußte, und daß es diese
dicken, mit einem archaischen Alabastergemisch getünchten
Lehmwände waren, die mich vor der Tropensonne schützten.

Um mich herum hingen in scheinbar wildem Durcheinander unter einer Menge Unbekanntem lange Silbergürtel mit tausend Anhängern in Form von Tränen oder Händen; breite Goldbänder mit Seidenfransen, Flitter und Pailletten; Schärpen aus schwarzer Wolle; Decken und Matten; winzige Körbchen; ganz lange Zangen; Silberkettchen mit lustigen Pfriemen und kleinen Zylindern; dünne aus Schnüren gedrehte Gürtel, von denen man nicht wußte, ob sie aus Rips oder Porzellan waren. Hing das alles wirklich von der Decke? Oder an den Wänden? Wer weiß.

Das Dunkel war merkwürdig gestreift, und die Dinge nahmen, je weiter der Blick nach unten wanderte, an Konsistenz zu, denn die Fenster waren tatsächlich am Boden; kleine, etwa vierzig Zentimeter hohe, mit Holzleisten vergitterte Quadrate. Das einfallende Licht hatte präzise Grenzen, wie Zebrastreifen, die über Matten und Decken liefen und sich nicht über Knöchelhöhe hinaus wagten. Von meiner Position aus hatte ich einen ausgezeichneten Überblick über alles, was im Leben einer muselmanischen Frau von Wichtigkeit ist: Die Haustür der Nachbarin, das Sandstück vor dem eigenen Eingang und die täglichen Gebrauchsgegenstände auf dem Teppich vor mir – von der Schere *made in the Popular Democratic Republic of China* bis zur gelackten Thermosflasche. Keine Wertgegenstände, weder getriebenes Messing noch verzierte Holzfiguren, geschweige denn Gefäße aus Silber oder echtem Porzellan. Ein rotes Plastikeimerchen zum Händewaschen, ein kleiner runder Eisennapf, voll mit zerkneteten Datteln, ein Emailteller mit einer klebrigen Gelatine und schließlich das Tablett mit den Parfümen und Räuchersubstanzen, dem einzigen Luxus jeder omanischen Frau. »Jeune mariée«, stand verkehrt herum auf den Etiketten, »Das Lächeln der Morgenröte«, »Rose von Damaskus«; Kölnischwasser, Lavendel, Essenzen in winzigen Fläschchen und das Rasierwasser »Julius« in einem großen Behälter aus rotem Samt.

In Afas Haus, an einem Ort, der sich »Bananenbrunnen« nannte, war ich quasi zum Bleiben gezwungen worden. Meine Freundin, eine siebzehnjährige Mogul-Miniatur mit dem Wesen einer Ustascha, hatte mich ins Bett gesteckt und unter die Aufsicht von Großmutter und Mutter gestellt. Ich erinnere mich an ein großes Brot, das dünn war wie eine Hostie, breit wie ein Wagenrad und knusprig wie Krokant. Und an mein Lieblingsessen: Fisch paniert mit Ingwer, Koriander, Kümmel, Pfeffer und wildem Fenchel. Und dann erinnere ich mich an Frauen, die im Kreis hockten und eine dampfende Tonschale von Hand zu Hand gehen ließen. Ich glaubte an einen Zauber, an eine spiritistische Sitzung. Die Frauen räucherten sich schweigend unter ihren Kleidern. Duftende Rauchschwaden quollen aus dem Ausschnitt und den Ärmeln, als ob sie zwischen ihren Schenkeln glühende Asche brüteten. Nachdem das Rauchgefäß zwei- oder dreimal die Runde gemacht hatte, stellten sie es in die Mitte unter eine Weidenglocke. Nacheinander wickelten die Frauen ihre Schals, ihre *leeso* und indischen Tücher darum. Der Geruch war unwiderstehlich, mehr als nur aphrodisisch, mehr als nur berauschend: er nahm alle fünf Sinne in Beschlag.

In dem Qualm sahen die Nischen mit ihren Spitzbogen, die sich mit den Fenstern abwechselten, wie die Auslagen eines übergeschnappten Galanteriehändlers aus: Pyramiden aus wertloser Keramik – Teller, Schüsseln, Näpfe – nach einem geheimnisvollen Schicksalsmuster mit Hilfe von Sand übereinandergeschichtet beziehungsweise halb in ihn eingegraben, und zwar in jeder Nische und in jedem Haus gleich. Die Haushaltsschätze, zu denen auch Bruchstücke von Uhren, kaputte Räucherschalen, Becher aus Opalglas, Wännchen, Schüsseln, Teekannen, Täßchen, Salatschüsseln, Tabletts, Obstschalen, Suppenschüsseln, Karaffen – alle aus häßlichem Steingut – gehörten, erhielten in diesen wunderbaren mittelalterlichen Kirchenschiffen, in diesem sakralen Halbdunkel, eine geheimnisvolle Würde. Und die Gewölbe vervielfachten sich durch die hundert Spiegel, die in ihren vergoldeten Rahmen auch noch ihren Platz hatten zwischen den Kamelgurten,

den Achatketten, Musketen und jenen bedrohlichen, in die
Wand gebohrten Stecken, die als Schrank, Kleiderständer,
Kissenablage fungieren und den Gebärenden, die sich an sie
klammern, die einzige Erleichterung bieten.

Irgend jemand, vielleicht Alaf, spielte auf der Laute. Ich
schlief ein.

38

Aus Sur, der Stadt der Korsaren, in die ich Ende Januar 1978 kam, besitze ich noch einen Brief ohne Datum, den ich an meine Freundin Silvia schrieb, ohne ihn jedoch abzusenden.

Unerbittliche Freundin,
Deine anzüglichen Sticheleien gegen »dieses Volk von Sklavenhändlern« haben mich keineswegs erbittert, sondern vielmehr meinen bereits getrübten Verstand zu einem gewissen Maß an Konkretheit und Klarheit gezwungen. Wie recht Du doch hast, mir meine Gier nach Atmosphäre vorzuwerfen! Mir fehlt nicht nur die Distanz, sondern auch die Fähigkeit, dem, was ich erlebe, Form und Konsistenz zu verleihen. Ich lasse mich treiben, von einem Staunen zum anderen, ohne zu reflektieren und zu ordnen. Schreiben ist für mich schwer geworden, denn es verlangt eine gewisse Introspektion, zu der ich nicht mehr imstande bin. Die Logik, die Dialektik sind mir mittlerweile so fremd, wie es mir die epidermischen Genüsse waren, bevor ich Arabien entdeckte. Mir ist nichts mehr wichtig als zu leben. Ob das die Symptome meiner seltsamen Krankheit sind?
Sogar die Aufeinanderfolge der Fakten verschwimmt mir. Ich möchte Dir zum Beispiel von meiner Ankunft in dieser Stadt erzählen, Dir diesen flachen Teller aus Sand zwischen einer Meergabel beschreiben, in der sich die Mündung eines Sturzbaches verfängt, diese aus dem Wasser emporragenden Paläste aus vergipstem Sandstein, diese Skelette großer toter

Barken, die in granatapfelfarbenen Sonnenuntergängen bleichen. Aber meine Worte haben keine Prägnanz, die Bilder vermengen sich mit den Trugbildern, und sogar die Piraten, »die tückischsten Korsaren der Welt«, wie Marco Polo sie nannte, kämen Dir bei meiner Beschreibung wie die affektierten Darsteller eines Stummfilms vor. Und doch, Silvia, Sur ist eine der überzeugendsten Wirklichkeiten Omans. Das lese ich aus diesen Gesichtern kühner Renegaten und unersättlicher Morisken; ich erahne hinter dem schlichten Schmuck ihrer Häuser einen Kosmopolitismus, der sich durch Generationen hindurch verfeinert und den das Öl noch nicht angekränkelt hat. Aber wenn dann an Deck des Schoners ein Kapitän mit schwarzem Turban am Steuer steht, während sich die ersten Strahlen der Morgensonne im gedrechselten Holz der Brüstung verfangen und sich das hohe, abgeflachte Heck immer weiter von den wellenumbrandeten Bergwänden entfernt — dann glaube ich, ich sei Albuquerque, aufrecht an Deck der Flor de Rosa. Sobald ich zu denken versuche, verstricke ich mich in romantische Erinnerungen: Barbarossa, Fairbanks und Dumas, der Kalif aus Tausend und eine Nacht, der von diesen Klippen aus die Eroberung Omans wagte, und die Phönizier, die hier geboren wurden und von hier auszogen, die Meere zu erobern.

Aber was nützt Dir das alles? Für Dich bedeutet dieser Name nicht einmal eine geographische Definition, und es hat keinen Zweck, Dir etwas von Frauengesichtern zu erzählen, die unter den Trauben ihres Silberschmucks leuchten, von Pyramiden aus Degenfischen und Albakoren oder von großen weißen Salons mit Fußböden aus Koralle. Du willst wissen. Du tadelst mich wegen meines Egoismus und wirfst mir vor, Erfahrungen »für mich zu behalten«, die ich filtern und weitergeben müßte — wie eine hübsche Ansichtskartensammlung nach der Rückkehr von einer Gesellschaftsreise. Nimm es mir nicht übel, wenn ich Deine klugen Predigten ein bißchen verdrehe. Aber das, was Du von mir forderst, ist unmöglich. Es gibt Dinge, die man nie erfährt, wenn man sie nicht lebt. Meine Privilegiertheit ist auch meine Einsamkeit. Sollte ich je zu Euch zurückkehren, dann werden uns weder Zeit noch Abwesenheit trennen. Die Zuneigung, die Verbundenheit bleiben unverändert. Aber diese Empfindungen und Gefühle, die mir gehören, und zwar mir ganz allein, werde ich weder mündlich erzählen noch jemals in einem Buch beschreiben können; diese Vertrautheit mit Dingen und mit Personen, die euch wie aus einem exotischen Märchen vorkommen müssen, die aber meine Freunde sind, meine Gewänder, die Matte, auf der ich schlafe, und das Kamel, das mich begleitet, das sind die Dinge, die mich anders machen, die mich isolieren.

»Sklaverei«, »Piraten«. Du hast recht, von mir eine »Meinung« darüber zu verlangen. Auch ich hatte vor meiner Abreise feste Ansichten, nährte die richtigen Vorurteile und wußte zwischen Gut und Böse zu unterscheiden. Ich fuhr los auf der Suche nach Wahrheit, überzeugt, daß meine Erklärungen Arabien in den Augen eines jeden Westlichen freisprechen würden. Eine Brücke, ja eine Brücke wollte ich sein zwischen zwei Welten, die nur Unverständnis und Unwissenheit voneinander trennten. Was für ein Irrtum, Silvia!

Jetzt bin ich also hier, in der Hauptstadt der Piraten. Stell Dir mich im *madjlis* von Scheich Said vor, umgeben von den Überlebenden seiner Mannschaft, deren größter Teil vor knapp drei Jahren an Bord des letzten Piratenschiffs unterging. Er, hager, mit Hakennase und krausen Locken, die keck aufgesteckte Nieswurz an seinem Turban, auf die das Licht einer kleinen Lampe fällt; stell ihn Dir vor auf Kissen aus indischer Seide, in der Stille des vom Meer umspülten Hauses. Es macht nichts, wenn Du nicht verstehst, was sie singen. Auch ich schnappe nur einzelne Namen auf: Malabar, Sansibar, Samuco, und erfasse den Rhythmus des Monsuns auf dem Indischen Ozean. Was zählt, ist, daß dieser Mann ein Sklavenhändler ist. Er hat es mir selbst gesagt und dabei seine Goldzähne aufblitzen lassen. Was willst Du mehr? Willst Du wissen, daß die Neger und Mongolen, die an meiner Seite in der Nacht kauern, jedes Jahr viertausend Sklaven an diesen Stränden abluden? Daß sie selbst ohne Söhne und Enkel von Sklaven sind, die wer weiß wann in Sansibar unter einem Banyanbaum gekauft wurden: fünfzig Schilling die Kinder, von fünf Pfund Sterling aufwärts ein gesunder Mann und bis zu hundert eine Jungfrau von gefälliger Hautfarbe.

Vielleicht möchtest Du, daß ich mich über die sprichwörtliche Grausamkeit dieser Korsaren auslasse, die die Sklaven an Deck angekettet unter dem Tropenhimmel schmachten ließen, bereit, sie ins Meer zu werfen, sobald sie schwach oder krank waren; oder über die Roheit jener, die in den Mittelmeerländern unreife Mädchen skrupellos ihren Familien entrissen und sie an irgendeinen Harem verkauften; oder über das Schicksal der Unglücklichen aller Religionen und Länder, die ihre Tage am Ruder einer Schaluppe endeten? Es sei mir jedoch erlaubt, auch ein paar Worte über den Mut der Korsaren zu verlieren, über ihre Großherzigkeit gegen die Renegaten, über die Korrektheit bei den Loskäufen, kurz über all das, was aus den Piraten Arabiens die einzig echten Piraten gemacht hat. Die anderen, die Portugiesen, die Engländer, die Franzosen, jene, die jahrhundertelang ganze Stämme von Afrika nach Amerika deportierten, die nicht mit Gold, sondern mit Alkohol bezahlten und damit die wenigen Übriggebliebenen auch dem Untergang weihten, die in die Sierra Leone wie nach Ghana den Typhus, die Syphilis und die Pocken brachten – die sind keine Piraten. Man kann sie höchstens als Seeräuber bezeichnen. In Wirklichkeit waren sie nichts anderes als der verlängerte Arm des Kolonialismus, die Erfinder der Apartheid. Aber sie waren keine romantischen Figuren. Auf ihren Schonern wehte nicht die Fahne des Islam, der barbarische Glaube des Auge um Auge, Zahn um Zahn, das Sinnbild einer animalischen, gierigen Sinnlichkeit. Nichts Exotisches oder Aufregendes haftete ihrem einträglichen Handel an, der von den Bankiers der City und den Höfen der christlichen Könige finanziert wurde. Als sie ihr Ziel erreicht hatten, als Afrika unterjocht war, als kein Weißer mehr Gefahr lief, in Virginia Baumwolle pflücken oder die Kloaken von New York reinigen zu müssen, da konnte man die Korsaren vergessen.

Auch Du hast vergessen, liebe Silvia. Du, die mich aus der Ferne im Namen der Gleichheit zurechtweist und glaubt, die sei eine Erfindung des Westens. Was nützte es, wenn ich Dir sagte, daß es an den muselmanischen Höfen oft die Neger waren, die regierten? Du würdest mir antworten, daß andere Herrscher, wie zum Beispiel Saladin, dafür Tausende von ihnen massakriert haben; wenn ich Dir von jener sudanesischen Sklavin erzählte, die zehn Jahre lang die eigentliche Herrscherin Ägyptens war, würdest Du erwidern, ihr Sohn al-Mustansir sei der Kalif gewesen; wenn ich Dir den Koran zitierte, den Propheten, all das, was im islamischen Glauben die Rassenvorurteile verurteilt und zur Freilassung der Sklaven aufruft, würdest Du fragen: »Und die Eunuchen?« Ja, es stimmt, es gab die Eunuchen, aber der Kizlar Aga, der Anführer der Negereunuchen, war eine der mächtigsten Persönlichkeiten am Hof des osmanischen Sultans. Natürlich stimmt es auch, daß es außer den Eunuchen noch die Perlenfischer, die Hirten der Beduinen und die Diener der hochgestellten Herrschaften in Damaskus gegeben hat; sie alle waren Neger und waren Sklaven. Aber wer waren die Domestiken der englischen Kolonisatoren in Tanganjika? Wer waren bis vor fünfzehn Jahren die Arbeiter der amerikanischen Ölgesellschaften in Katar? Neger und Sklaven, Silvia, die auch als solche behandelt wurden. Nichts von der für die Araber typischen Stammespromiskuität, nie daß sie freigelassen oder beschenkt worden wären. Die Präzision des Westens läßt keine unklaren Verhältnisse zwischen Herren und Sklaven zu; keiner unserer Männer würde einen Mulattensohn anerkennen. In Arabien dagegen gibt es keinen Fürsten oder Scheich, der sich schämen würde, dir auf deine Frage nach seiner schwarzen Haut-

252

farbe zu antworten: »Ich bin der Sohn einer Konkubine aus dem Sudan.«

Hier gibt es keinen Platz für die Schwarzen Panther. Ihre Slogans hätten hier keinen Sinn. Wenn deine Trommeln aus Kokosholz sind und deine Medizinmänner ihre Zauberformeln auf suaheli sagen, kommt es dir nicht in den Sinn, auf englisch zu rufen »Black is beautiful!«

Ich habe in den mondlosen Nächten auf den ungepflasterten Straßen die Sklaven tanzen sehen. Ich habe mich unter dem Röcheln besessener Frauen und beim Schein der Fackel des Magier-Königs dazwischengedrängt, mit der schuldhaften Gier eines weißen Jägers. Ich habe mich bei ihnen eingeschlichen und wurde aufgenommen, wie sie einst Livingstone aufgenommen hatten, einen »Fremden«, einen Freund. Sie konnten ja nicht wissen, daß nach ihm Stanley kommen würde und dann Gordon und dann all die anderen. Auch die hier wissen nicht, daß der letzte Freiraum Afrikas vielleicht gerade hier ist, in Sur, unter diesem großen Dach, das für eine Stammesaussöhnung errichtet wurde, im Innern dieses magischen Kreises, in dem der Böse Geist ausgetrieben, und im Blut dieser geschlachteten Ziegen, mit dem die Besessene geheilt werden wird. Ihre Fahnen sind rot, denn rot waren die Federn ihres heiligen Vogels dort unten in den Dschungeln Afrikas. Ihre Gesänge richten sich an keinen weißen Gott, und das, was sie vom Schlangen-Drachen erflehen, ist nicht Freiheit, sondern Regen, Monsun, Fruchtbarkeit. Wer mir sagte, das seien doch primitive Wilde, dem würde ich antworten, daß in den freien Staaten Afrikas, in denen unsere weise Kolonisation ein Wespennest von Missionaren und Militärs, Plantagenbesitzern und Aktiengesellschaften, verlogenen Kaisern und nazistischen Diktatoren zurückgelassen hat, den Negern dieser Luxus nicht gewährt wird. Dort haben die primitiven Wilden das Singen verlernt.

Ich glaube, es war Malcolm X, der in seiner Beschreibung der Pilgerreise nach Mekka darauf hinwies, daß, wenn es keine Absonderung gebe, wenn weder Über- noch Minderwertigkeitskomplexe vorhanden seien, sich die Menschen einer Rasse freiwillig und spontan vereinten, da sie sich gleich fühlten. Hier in dem übelbeleumdeten Sur, wo die Staatsmacht die rüde Autonomie der Korsaren noch nicht angetastet hat, wo dir sogar Karìma, die Prostituierte, voll Stolz sagt: »ich schlafe, mit wem es mir paßt«, habe ich endlich begriffen, was der Ausdruck »Rassismus« bedeuten kann, wenn er auf die Araber angewandt wird.

Ich hatte es mich in Kuwait, in Riad, in Abu Dhabi gefragt, wo Scharen von Negern, die Du Sklaven nennen würdest, eine fürstliche Existenz führen, auf du und du mit Königen und Scheichen, alle Privilegien der Bürger ausnützend, einschließlich der kostenlosen Universitätsbildung. Als ich sah, wie sie mit dem Emir eine Hammelkeule teilten und beim pakistanischen Diener einen Kaffee bestellten, dachte ich an all die arabischen Brüder, die in den Bidonvilles hausen und trotz ihrer einwandfreien Hautfarbe wie Parias am Rande der Gesellschaft leben. Nein, liebe Silvia, was die Araber wirklich verachten, ist nicht die Hautfarbe, sondern die bezahlte Arbeit. Der Mann ist zum Krieger geboren, die Frau zur Königin. Lieber ein Räuber als ein Angestellter. Für eine Frau ist es sehr viel ehrenhafter, daheim zu sitzen, und sei es in einer noch so armseligen Hütte, als die Sekretärin eines Sultans zu sein. Besser als das Gehalt, und sei es auch das eines Ministers, ist die Tantieme oder, wie die Saudis sagen: »Ein Gedanke an den Fürsten, der das Geschäft zustandegebracht hat.«

Die eigentlichen Sklaven in ihren Augen sind *wir*. Wir, die von neun bis fünf an einem Schreibtisch sitzen, wir kapitalistischen Sklaven eines Chefs, wir kommunistischen Sklaven des Staats, wir Dichter, die schreiben, um zu leben und nicht, um die Heldentaten unserer Vorfahren zu besingen. Das, meine Liebe, ist die Wahrheit, aber Du wirst sie mir nicht abnehmen. Impressionen mit wenig Substanz, wirst Du sagen. Aber was solls. Ich habe nicht mehr die Illusion, erklären, geschweige denn überzeugen zu können. Ich werde nicht das vollkommene Arabienhandbuch verfassen.

Ich war ausgezogen, um über die arabischen Frauen zu schreiben. Jetzt, da ich selbst eine arabische Frau *bin,* ahne ich die Vorteile des Schweigens. Stellt Ihr Euch uns nur weiter dumm, unterdrückt und ungebildet vor: um so besser, wenn der Feind hinters Licht geführt wird. Denn das seid Ihr, Feinde, jederzeit bereit, uns zu dominieren, zu verleumden und zu verlachen. Wir werden Euch nicht die Waffen dazu liefern. Entdeckt sie nur von allein, unsere schwachen Punkte, die ganz anderswo liegen als Ihr denkt. Aber vergeßt nicht, daß wir Euch kennen: Seit Jahrhunderten posaunt Ihr Eure armen Geheimnisse in alle vier Winde. Wir werden sie uns zunutze machen, verlaßt Euch drauf.

39

An jenem Februarmorgen hätte es genügt, daß sich die himmelblaue Iris eines englischen Colonels verdüsterte und er sagte: »Entschuldigen Sie, Vittoria, aber da kann ich Ihnen leider nicht helfen« – und ich wäre am nächsten Tag von Oman abgereist. Doch das war nicht der Fall. Er hörte mir zu, zerstreut, abwesend, während ich ihm immer eifriger von den Wahiba erzählte. Ich hatte das Gefühl, er forsche im Innern meines Gehirns nach jedem Satz, der sich in einem zukünftigen Artikel niederschlagen könnte, und sein unbestechlicher, aber doch freundlicher Blick schleiche sich in meine Seele, um das verworrene Gewebe meiner Pläne Faden für Faden aufzudröseln. Von dem, was ich sagte, beachtete er vielleicht nur die Pausen, das Zögern, die Unregelmäßigkeiten des Atems. Vielleicht kannte er bereits jede Etappe meines Lebens, jeden meiner Briefe, jedes von mir gesprochene Wort; vielleicht war er bereits davon überzeugt, daß ich gefährlich oder zumindest suspekt sei. Wer ist schon nicht suspekt in den Augen des Chefs einer Geheimpolizei? Ganz besonders in Oman, dem verschlossensten Land der Welt, das sogar meinem Mufti die Einreise verweigert hatte und in dem man die Ausländer an den Fingern abzählen konnte.

Wenn der Mann vor mir eine ruhige Karriere im Heer Ihrer Britischen Majestät aufgegeben hatte, um in einem abgelegenen und von Regierungsumstürzen bedrohten Winkel Arabiens zu leben, mußte er schon einen anderen Grund dafür haben als nur Geld; ja, es mußte etwas so Bedeutsames sein, daß es die Einsamkeit, das Exil, den Verzicht auf Privatleben

256

und das Risiko der Unberechenbarkeiten des Sultans wettmachte. Doch was immer dieser Grund gewesen sein mochte, und wenn es bloßer Ehrgeiz war, sicher würde der Colonel nicht zulassen, daß eine italienische Journalistin seine so teuer erkaufte Ruhe störte. Wer war ich denn? Alles in allem doch eine zwielichtige Person. Eine Frau, die mit siebenundzwanzig Jahren die arabische Welt bereist hatte, um für Mode- oder Kunstzeitschriften zu schreiben. Jetzt maßte ich mir an, bei einem Stamm leben zu wollen, von dem kein Anthropologe je etwas gehört hatte, angeblich, um dort die Frauen zu studieren, aber in Wirklichkeit vielleicht, um wer weiß was für ein Militärgeheimnis zu entdecken.

Doch nichts von alledem zeigte sich im Verhalten des undurchschaubaren Colonel. Und ich redete weiter. Die Wahiba, sagte ich, würden mich schon seit vielen Jahren interessieren, seit damals, als ich in Abu Dhabi gehört hatte, wie sie von einem Beduinen als »Kinder der Sünde« bezeichnet wurden. Den Grund dafür hatte er mir nicht erklären wollen, sondern nur vage von Frauen, die zu frei seien, und von heidnischen Bräuchen gesprochen. Später erfuhr ich, daß der Großvater des Emirs, der große Scheich Khalifa von Abu Dhabi, in erster Ehe eine Wahiba, die Tochter des Scheichs, geheiratet hatte. Aber schon nach weniger als einem Jahr habe er sich von ihr scheiden lassen, denn eines Morgens hörte er sie diese Verse sagen:

Zelt, über das die frische Brise streicht,
viel lieber ist mir's als ein luftiger Palast,
und mehr lieb' ich mein Kleid aus grober Wolle
als diese Schleier, die mich seufzen lehrten.
Die Kruste, die ich unter Ziegen aß,
war köstlicher für mich als dieses Brot,
und schöner klang des Windes Pfeifen
zwischen dunklen Dünen
als einer Laute leere Töne.

Ich erzählte dem Colonel, daß ich bei Lorrimer nachgesehen hätte, der in seinem »Gazetteer of the Persian Gulf« von 1919 über die Wahiba nur schrieb, sie seien »wegen ihrer Überraschungsangriffe sehr gefürchtet und schwer zu bestrafen aufgrund ihrer großen Mobilität, die sie ihren Kamelen verdanken, den schnellsten und wertvollsten in ganz Arabien.« Damals sei mir klargeworden, sagte ich, daß ich selbst zu den »Kindern der Sünde« gehen müsse, wenn ich mehr über sie erfahren wollte.

»Vorausgesetzt, daß Sie sie finden«, erwiderte der Colonel und schwieg. Ich dachte, damit habe er mich verabschiedet, mit einer dieser knappen Gesten, mit denen sich die Mächtigen ihrer Bittsteller entledigen. Statt dessen fing er doch wieder an zu reden und erschien fast väterlich und seltsam interessiert. Er sagte mir, was ich schon wußte: daß niemand, nicht einmal ein Omaner, jemals bei den Wahiba war; daß sie in einem Gebiet lebten, das vom übrigen Land abgeschnitten war, denn es grenzt auf der einen Seite an die Wüste und auf der anderen ans Meer. Sie seien eifersüchtig auf ihre Privacy bedacht, meinte er lächelnd, und es würde äußerst schwierig für mich sein, mit ihnen in Kontakt zu kommen. Man müsse warten, bis einer von ihnen in die Stadt käme, und ihn dann fragen, ob er bereit sei, mich zu treffen. Da könnten viele Wochen, vielleicht sogar Monate vergehen, und möglicherweise würde ich mir zum Schluß doch nur ein Nein einhandeln, weil die Wahiba keine fremde Frau bei sich haben wollten. »Sind Sie bereit zu warten?«

Ich wartete, Pastillen schluckend.

Said, so hieß der Wahiba, kam. Er hatte nichts von einem rüden Räuber an sich. Alles an ihm lachte, nicht nur die ummalten Augen und die Reihe makelloser Zähne, sondern auch die Ohren, die so beweglich waren wie bei einem Elefanten und auf denen etwas windschief ein gedrehter orangefarbener Turban mit einer in die Luft ragenden Nieswurz saß. Wir redeten miteinander, genauer: jeder von uns redete und keiner verstand den anderen. Ein Dolmetscher war nötig, um Saids gutturale und synkopierte Sprache mit meinem Gemisch aus Gelehrtenarabisch und dem Dialekt des Unteren Golfs, das ich in Oman gebrauchte, in Einklang zu bringen.

Ich bat ihn, mich mitzunehmen. »Aber wir sind arme *bedu*, wie können wir dich würdig bei uns aufnehmen?« Auf diese Frage antwortete ich nicht, sondern fing (wobei ich seinen Akzent, so gut ich konnte, imitierte) stattdessen an die Verse der Wahiba-Scheichin zu singen. Said brach in einen Schwall von Ausrufen aus, von denen ich nur den letzten verstand: »Wallah! Du bist ja eine Wahiba!«

Eine halbe Stunde später fuhr ich den Range Rover, den mir der Colonel geliehen hatte, durch das wirre Neubaugelände der Peripherie von Maskat zu Saids »Hotel«. Er müsse, hatte er mir gesagt, noch sein Gepäck holen. Bei einem Hochhaus, neben dem sich eine Baustelle befand, wies er plötzlich auf eine einsame Düne aus schneeweißem Sand: Das war seine Herberge. Er sammelte ein paar Lumpen zusammen, und ich sah, was sein »Gepäck« verbarg: einen Karabiner und eine Feldflasche.

Wir fuhren ab. Zuerst auf der Schnellstraße von Maskat nach Bidbid, dann auf der Landstraße bis zur Abzweigung nach Samad, dann auf einem Trampelpfad und schließlich von Samad nach Mudhaibi in einem ausgetrockneten Flußbett. Hier begann die *Deira*, das Territorium der Wahiba, das sich im Süden bis zum über zweihundert Kilometer entfernten Masirah-Golf und im Osten fast ebensoweit bis Bilad Bani Bu Ali erstreckte. Eine Fläche, so groß wie Sizilien, dachte ich, während Said, die nackten Füße auf dem Armaturenbrett und das Gewehr zwischen den Beinen, sang. Aber das waren keine Worte: Das war wie ein fernes Pfeifen, der Singsang eines Bauchredners, das Wimmern der Seele im Kontakt mit einer unsichtbaren Gottheit. Für die Beduinen ist der Dichter so etwas wie ein Orakel und ein Prophet, ein Seher, der Verbindung zu den Geistern hat, ein Besessener, dessen Beschwörungen die übernatürlichen Mächte wecken. Und dieser Klang, der aus den Eingeweiden der Erde emporzuschnellen schien, klar und biegsam wie ein auf die Sterne gerichteter Pfeil, kam mir vor wie die Stimme der Wüste selbst.

Wir beschlossen, uns auf die Suche nach dem Scheich Khalifa zu begeben, dem Anführer der Wahiba. Sein Garten, sagte mir Said, liege nur eine Stunde von Mudhaibi entfernt. Inzwischen fuhren wir durch eine Ebene aus vulkanischem Kies, auf den die Abendsonne die Schatten großer gelber Felsen warf: einen kauernden Löwen, ein Kamel, ein Rhinozeros. Ein Zoo aus riesenhaften Fossilien, dachte ich und bedauerte dabei meine kümmerlichen geologischen Kenntnisse. Wir kamen an. Dank dem Wunder einer Elektropumpe wuchsen mitten zwischen der Lavaasche etwa zehn Tomatenstauden und ein paar Büschel Heilkräuter. Neben dem Brunnen hob sich die wuchtige Gestalt des Stammeshäuptlings ab – weiß, unordentlich und mit dem üblichen lotterigen und schiefsitzenden Turban. Das gütige Gesicht verbürgte mir vom ersten Augenblick an Großzügigkeit, Ehrlichkeit und Vertrauen. Er betrachtete mich mit großen Augen, bemüht, sich die Hände zu säubern und das schmutzige Hemd zurechtzuzupfen, während ich die Höflichkeitslitanei herunterleierte.

Auf einem Relikt von Matte ließ er uns Platz nehmen, kramte eine echt antiquarische Kaffeekanne hervor und machte sich, zu meinem größten Erstaunen, daran, Kaffee zu kochen. Ein Scheich ohne Diener und Sklaven, der das tut, was eigentlich eine Frau tun müßte, nämlich kochen – und noch dazu für eine Ausländerin! Diese Wahiba waren wirklich ungewöhnlich. Der Scheich Khalifa verstand mich besser als Said, und vor allem, er liebte mich. Er breitete seine großen Arme aus, als wolle er den ganzen Orient an sich drücken, und rief: »Du sollst für immer unser Gast sein; das Haus meiner Mutter ist das deine, und Said wird dich überall hinbringen, und sei es bis zu den Weidegründen der Hikmàn.« Er ließ seinen Land Rover stehen, offen und mit dem Schlüssel in

260

der Zündung, als ob er nur ein Päckchen Zigaretten kaufen wollte, und eröffnete mir, daß ich die Nacht bei seiner Mutter verbringen würde, wenig mehr als vier Stunden von hier entfernt.

Allein die Sterne leiteten uns durch das Nichts. Von Zeit zu Zeit machte mir der Scheich bei einem undefinierbaren Punkt des Dunkels ein Zeichen, nach rechts abzubiegen, mich links zu halten – ohne jemals aufzuhören zu reden und, natürlich, zu singen. Ich weiß nicht, ob es in Oman Hyänen gibt, aber mehr als einmal hörte ich im Gestrüpp ein schrilles Lachen, und als ich den Scheich Khalifa danach fragte, bekam ich als Antwort einen mir unbekannten Namen mit einem einzigen Adjektiv zu hören: »ekelhaft«. Endlich hielten wir in der Nähe eines unförmigen Buschwerks aus dürren Zweigen. Ein Geier, nein, eine riesige, schauderhafte Fledermaus schlüpfte heraus. Sie pfiff nicht und flatterte auch nicht davon, sondern streckte die Hand aus und sagte: »Willkommen!« »Das ist meine Mutter«, kommentierte der Scheich. »Kommt herein«, fügte sie hinzu und deutete auf das Gebüsch. Ich wußte nicht, worüber ich mich mehr wundern sollte, über diese »Frau« oder über dieses »Haus«, über diese schwarze, mit einem Schnabel versehene Raubvogelmaske oder über diese dornigen Tamarisko-Sträucher, die man mir als Bleibe anbot.

Im Innern wirkte das Gebüsch wie eine Basilika. Beim Schein des Feuers leuchteten im Gewölbe aus geflochtenen Palmblättern Silber, glitzernde Stoffe, handbemalte Wasserschläuche, Sättel, Pfannen und unendlich viele andere Dinge, die an den einzelnen Zweigen hingen, zwischen die Dornen geklemmt oder auf emaillierten Blechtruhen bis zur Decke gestapelt waren. Verstohlen musterte ich die beiden Frauen, die Mutter und die Schwester Aischa, von denen außer der Augenpartie und den Händen nichts aus dem »Gefieder« herausragte (wie sonst hätte man diese schwarze Umhüllung bezeichnen sollen, die um die Maske herum eng anlag und dann immer weiter und fließender wurde, je mehr sie sich der Stelle näherte, an der man die Füße zu vermuten hatte?). Krallen, vielleicht haben sie auch Krallen, sagte ich mir und schielte nach ihren Händen. Sie waren sehr schmal, mit zierlichen Fingern, kindlichen Gelenken, und erinnerten eher an die Hände einer thailändischen Tänzerin: jede Geste eine Pose, wie um ein stummes Alphabet von Symbolen auszudrücken, in dem Nehmen und Reichen nichts anderes waren als der Code einer geheimen Unterhaltung. Die Frauen boten mir einen Brei aus Datteln, Zimt und Safran an, während Scheich Khalifa den Kaffee kochte.

Die Hütte, die man *firqan* nennt, war mit einem Innenhof versehen, der als Eßzimmer, Küche und Salon diente und drei Quadratmeter maß. Dort würde der Scheich die Nacht verbringen und uns Frauen den *firqan* überlassen. Ich, die ich den gefütterten Schlafsack des Colonels hatte, schlug vor, die Plätze zu tauschen, denn die Winternächte in der Wüste sind eisig, und eine dünne Steppdecke und eine Matte genügten da bestimmt nicht, um im Freien zu schlafen. Aber der Scheich Khalifa wollte davon nichts hören. Also zog ich mich mit Aischa hinter den *firqan* zurück, zählte hundert Schritte nach Norden und machte Pipi. In freier Natur verschaffen einem die biologischen Funktionen ein ungeahntes Wohlbehagen.

Bei der Rückkehr fand ich ein Wännchen mit warmem Wasser vor und setzte – natürlich immer noch draußen – meine Abendtoilette fort. Aber die Zeit zum Schlafen war noch nicht gekommen. Bis zum Hals im Schlafsack, den Kopf zum Hof gewandt, unterhielt ich mich bis zum Morgengrauen mit Scheich Khalifa – über Jurisprudenz. Er war der erste Mann in all den Jahren, die ich in arabischen Ländern verbracht hatte, der mich über die Rechte der Frauen meines Stammes ausfragte. Neugierig reicht gar nicht, eher unersättlich. Er wollte alles wissen: über die Ehe, die Scheidung, den Ehebruch, die Jungfräulichkeit, die Erziehung der Kinder, die Mitgift, das Erbrecht, die Gütergemeinschaft und auch die Strafgesetze bei Zuwiderhandlung. Er ging ins Detail, zählte

Probleme auf und verlangte über jede Einzelheit genaue Auskunft. Als er mir, halbwegs befriedigt, erlaubte zu schlafen, drang bereits Licht in die Hütte. Erst da sah ich Aischa. Sie schlief, völlig angezogen, mit einem Baumwolltuch zugedeckt. Doch im Gegensatz zu ihrer Mutter hatte sie die Maske abgelegt: Ihr Gesicht war gelb, zitronengelb mit blauen Streifen. Ikterus? Hepatitis? Ein so gelbes Gelb hatte ich noch nie bei einem menschlichen Gesicht gesehen. Und diese Streifen? Zu viele aufregende Eindrücke, zu viele Geheimnisse. Ich beschloß zu schlafen.

40

Die Zeit hatte aufgehört zu existieren. Der Kalender ist ein Luxus der reichen Völker, für die Schlafen, Essen, Gehen bloße Lebensgewohnheiten sind; in den abstrakten Strudeln ihrer Existenz bedeutet die Unterteilung in Tage einen Unsterblichkeitsritus, fast als ob die Vervielfachung des Heute den Tod auslöschte. Aber wenn es kein Grün, kein Wasser und keine Laute mehr gibt, dann lichtet sich auch unser Tun wie die Artà-Büsche. Keine Geste ist abgenützt, keine Entscheidung zufällig; Hunger, Tod, Mühsal: nichts kann sie entweihen – außer das Leben selbst. Man muß sie mit auf den Weg nehmen, ihren Anforderungen die eigene Existenz anpassen. Und die bloße Tatsache, als umherziehendes Fragment des Lebens zu existieren, verleiht der Monotonie des Alltags eine feierliche Würde.

Was bedeuten schon eine oder zwei Stunden, um das Brot zu backen, dieses weiche, im heißen Sand gebackene Brot, das mit Hammelfett und Milch die einzige Nahrung am Morgen darstellt? Was zählt, ist die tiefe Erkenntnis, daß dieses Brot, diese Gesten, diese Worte, die beim Feuermachen gewechselt werden, der Dampf des Kaffees, der sich mit dem Dampf der Morgendämmerung vermischt, daß all das das Leben ausmacht. Ich lernte die Ziegen zu melken. Auch mit ihnen muß man sprechen, andernfalls haben sie, wie Aischa sagt, »kein Interesse an ihrer Milch und der Geschmack wird schlecht«. Mit dem Ziehbrunnen redet man, damit er nicht austrocknet, und während man die Kaffeebohnen im Mörser zerstößt, singt man folgenden Abzählreim: »Ich zerstoß dich, Kaffeebrei / eins zwei drei / von deiner braunen Bohne möcht' / vier fünf sechs / ich den Duft des Tags, der Nacht / sieben und acht ...« und so weiter bis hundert, wenn das Pulver fein genug ist.

Im Haushalt half ich wenig mit. Nicht nur, weil es eine Schande ist, einen Gast arbeiten zu lassen, sondern auch, weil die Mamma, unter deren Schutz ich stand, beschlossen hatte, daß ich gesund werden müsse. Ohne sich um die unumstößlichen Verdikte der Ärzte zu kümmern, verordnete sie mir Ruhe, Halbschatten und heiße Packungen auf der Grundlage von Safran, dem Absud eines mir unbekannten Wüstenkrauts und zerstoßenem Sandelholz. Nun brannte mein ganzer Körper wie unter einer elektrischen Heizdecke.

Stunden über Stunden im Halbschatten des *firqan* ausgestreckt, lernte ich der Stille zu lauschen. Um mich zu zerstreuen, zeigte mir Aischa, wie sie aus einem mit Indigo gefärbten Tuch und einem breiten und flachen Holzstück eine Maske fertigte, einen Gegenstand, dessen Ausgefallenheit dem komplizierten Aufbau der Kleidung entspricht: Hosen, die an den Knöcheln eng sind, eine Tunika, die vorne kurz ist und hinten lang, eine zweite in schwarzer Gaze, doppelt so lang wie der Körper und sehr weit; man steckt ihr Ende in die Hose, und was herausschaut, dient als Einkaufstasche; ihre Ärmel haben die seltsame Eigenschaft, daß sie unterschiedlich lang sind. Tatsächlich ist der rechte Arm doppelt so lang wie der linke, und den überhängenden Zipfel benützt man, um den Kopf damit zu bedecken, auf den jedoch noch ein anderer, ebenfalls schwarzer Schleier gelegt wird, der wie ein übermäßig großer Latz auf die Brust fällt, um die Schultern hängt und bis zu den Hüften geht. Die Einzigartigkeit dieses Kostüms, das durch nichts – weder durch die klimatischen Bedingungen noch durch irgendwelche Glaubensvorschriften – gerechtfertigt werden kann, okkupierte die Zonen meines Denkens, die vom Schmerz verschont blieben.

Wenn es stimmt, daß das Nomadentum in Arabien ein verhältnismäßig junges Phänomen ist, das vor nicht mehr als dreitausend Jahren durch die Änderungen des Klimas und Ausdörrung der Landschaft, den Niedergang des Weihrauchhandels und die Auflösung des Saba-Reiches entstand, wenn es stimmt, daß von Oman bis Jordanien alle Beduinen Vettern sind, Urenkel von heruntergekommenen Karawanenführern und verarmten Kaufleuten – warum sind dann die Wahiba so anders als die anderen? Ich hätte gewünscht, daß mir jemand erklärte, woher der Helm kam, der wie ein Spinnennetz aus Lederzöpfen den Kopf jeder Frau umschlingt: eine mit Silbernägeln bestickte Kappe, bedeckt von einem gestrickten Netz, biegsam und schwer wie die Ausrüstung eines antiken Kriegers, von der Mutter auf die Tochter vererbt und allmählich angereichert mit Sternchen und Medaillen. Ein wunderschöner und zugleich schaudererregender Gegenstand, für den ich vergebens in den Abhandlungen über das vorislamische Arabien und über die Beduinentracht eine Erklärung gesucht hätte.

Prunkvoll, wie er ist, sollte dieser Helm in der Sonne leuchten, wie ein seltenes Federkleid das Verlangen der Männer wecken, doch statt dessen wird er unter schwarzen Schichten begraben, unsichtbar für alle, außer für die, die ihn trägt und die in der brütenden Hitze unter der Last dieses unbequemen Schatzes leidet. Ich sah, wie Aischa ihn sich jeden Morgen auf ihre schwarzen Zöpfe setzte, die wie Schnecken über die Ohren gedreht und in einen indigofarbenen Schleier gehüllt wurden, den der Helm völlig bedeckte. Dann, je weiter das Morgenlicht in den *firqan* drang und den auf ihren Knien liegenden Spiegelscherben erhellte, verfolgte ich, wie sich ihr Finger ins Sandelpulver tauchte und eine gelbe Masse auf Wangen, Stirn und Kinn strich, Safranbögen auf die Backenknochen zeichnete und zwischen den Augenbrauen eine grüne, teigige Spur hinterließ. Schminke? Magisches Ritual? Allheilmittel?

Meine Fragen blieben ohne Antwort. Diese Gesten füllten jeden Tag eine Stunde ihres Lebens aus, ohne einen Grund,

266

unvermeidbarer als die Zahnbürste, methodisch und andächtig wie ein Gebet. Alles wird bedeckt, verhüllt, noch bevor man die Hütte verläßt. Die dreißig Kilo Juwelen, die breiten, wie Harnische steifen Brustlätze, die Ketten für den Rücken, die, massiv und in unüberschaubare Einzelteile gegliedert, eine über der anderen hängen, die Ohrringe, prall wie Zibebentrauben, die in sieben Löchern um den Ohrknorpel herum stecken und von einem Stirnreif zusätzlich gehalten werden. Diese ganze umwerfende Mitgift wird unter den Schleiern begraben, hinter der Maske verborgen, schwarz verhüllt. Gleich widerspenstigen Mumien führen die Wahiba jeden Morgen, wenn sie die Ziegen auf die Weide bringen, ihren Sarkophag mit sich.

Wir waren nun allein im *firqan*. Scheich Khalifa war zu seinem Garten zurückgekehrt, und Said hatte sich meinen Wagen ausgeliehen, um Verwandte zu besuchen, die in dieser Gegend wohnten. Die Frage, die in Arabien alle an mich stellten, richtete ich nun an Aischa: »Wieso bist du eigentlich nicht verheiratet?« Ich sah, wie sich der Halbmond Haut, der zwischen dem unteren Teil der Augenbraue und dem Rand der Maske unbedeckt war, dort, wo die Sandelholzfärbung winzige gelbe Bächlein hinterließ, runzelte, und ich begriff, daß Aischa lachte. »Aber ich bin doch verheiratet, schon seit drei Jahren, mit Saad bin Buthi aus Wadi Khair«, sagte sie und deutete mit dem Finger nach Westen. »Ich bin jetzt aber schon vierzehn Tage da und habe deinen Mann noch nie gesehen!« rief ich, überhaupt nicht überzeugt von ihrer Behauptung. »Wenn er kommt, zeig' ich ihn dir«, lautete ihre geheimnisvolle Antwort.

Sie genügte mir nicht. Ich hatte noch nie gehört, daß ein Beduinenehemann seine Frau wochenlang allein in der Wüste läßt, außer wenn er auf Reisen ist. »Ist dein Mann auf Reisen? Gott möge ihn begleiten«, fuhr ich hartnäckig fort. »Nein, er ist bei sich zu Hause, in seinem *firqan*«, erwiderte Aischa, als sei sie über meine Frage erstaunt. »Und warum bist du nicht bei ihm? Hat er vielleicht eine andere Frau?« – »Nein, *Wallahi*, nein! Auch wenn es mir nicht gelingt, Kinder zu bekommen, so hat er doch keine andere genommen: Saad bin Buthi ist ein braver Mann, und sooft er kann, kommt er und besucht mich.« Ich fand heraus, daß es sich dabei um einen Jahresdurchschnitt von vier Besuchen zu jeweils drei Tagen handelte: ziemlich einmalig für einen monogamen und zärtlichen Ehemann. »Aber warum lebt ihr nicht zusammen, wenn ihr doch verheiratet seid?« konnte ich mich nicht zurückhalten zu fragen. »Weil er mit Leila lebt.« – »Und wer ist Leila?« – »Leila bin Ahmed ist seine Mutter.« – »Dein Mann lebt bei seiner Mutter und kommt nur viermal im Jahr, dich zu besuchen? Ich kann nicht finden, daß er ein besonders braver Ehemann ist, Aischa!« Aischa hörte auf zu nähen und schaute mir geradewegs in die Augen, sichtlich verärgert: »Meine Freundin, ich kenne nicht die Gepflogenheiten deines Stammes: aber bei uns leben die Männer, verheiratet oder nicht, bei der Mutter, in ihrem *firqan*.« – »Und die Ehefrauen?« – »Auch die Ehefrauen bleiben bei der Mutter, bei ihrer Mutter, wie ich. Dieses Haus, das meiner Mutter gehört, ist mein Haus. Sooft er kann, kommt Saad bin Buthi, um mich zu besuchen.«

Ich brauchte fast zwei Tage, um das zu begreifen. Wenn es je eine matriarchalische Gesellschaft in Arabien gegeben hat, sind die Wahiba die letzte Spur davon. Bei ihnen gehört der Besitz den Frauen: Sie verfügen über den *firqan,* die Herden und die Finanzen. Ihre silbernen Brustbehänge sind das Kapital des Stammes: Jedesmal, wenn sie eine Ziege verkaufen, investieren sie in Schmuck, den sie wie Travellerschecks bei sich tragen. Die Kinder werden ihr Leben lang von der Mutter versorgt, deren Gastfreundschaft sie dadurch vergelten, daß sie kochen, sich um die Hütte kümmern und jedesmal, wenn die Familie zu besseren Weidegründen zieht, beim Bau eines neuen *firqans* mithelfen.

Das Paar, so wie wir es verstehen, gibt es nicht, und die Ehe ändert nichts an der alltäglichen Existenz. Kein eheliches Dach, keine Anhäufung von Gütern, keine Mitgift. Jeder führt im Abstand von Tausenden von Meilen sein Junggesellenleben weiter, unter der mütterlichen Gewalt. Die Kinder, die aus den sporadischen Zusammenkünften hervorgehen, wachsen bei Mutter und Großmutter auf, und die Vaterrolle wird von den Onkeln mütterlicherseits gespielt. Das Erbe geht von der Mutter auf die Tochter über, nur die Kamele werden von Mann zu Mann weitervererbt. Das alles erklärte mir Aischa und zählte mir ihre Ziegen auf, zog aus ihren Truhen die Schätze, die ihr ihre Vorfahren hinterlassen hatten. Die Mutter nickte schweigend und häufte wie ein siegreicher Krieger Armbänder, Helme und Rüstungen auf die Matten.

An Liebhabern fehlt es den Wahiba-Frauen nicht. Jeder durchziehende Beduine ist ein möglicher und legitimer Verehrer. Ich selbst hatte beobachtet, wie sich Aischa am Tag nach unserer Ankunft mit Said zurückzog, und sie hatte mir erklärt, daß ihr Mann, hätte er sie in der Gesellschaft eines anderen angetroffen, in der Umgebung übernachtet hätte, um sie nicht zu stören. »Aber wenn du von deinem Mann genug hast, dann ist es doch viel korrekter, du sagst es offen und läßt dich scheiden, anstatt ihn einen so weiten Weg umsonst machen zu lassen.« Einige Frauen, fügte Aischa hinzu, würden tatsächlich lieber nicht heiraten und ein paar feste Verhältnisse mit Beduinen aus der Umgebung unterhalten; wenn der Liebhaber fortzieht oder die Familie der Frau neue Weidegründe sucht, fehlt es nicht an neuen Nachbarn, die gern die vakante Stelle einnehmen. Die Kinder, die aus solchen Verbindungen hervorgehen, sind jedoch immer die Kinder der Mutter, und nichts unterscheidet sie von der legitimen Nachkommenschaft.

Jetzt begriff ich, warum die Wahiba bei ihren Nachbarn »Kinder der Sünde« heißen. Bis zu diesem Tag war ich eine Touristin gewesen, deren gieriges Auge sich von den buntbemalten Wasserschläuchen und dem silberdurchwirkten Zaumzeug hatte verführen lassen, interessiert daran, sie mit anderen Wasserschläuchen und anderen Zaumzeugen zu vergleichen, die von Beduinen in den Wüsten Syriens oder Afrikas hergestellt wurden. Aber jetzt war ich zur Komplizin geworden. Die Geheimnisse der Wahiba gehörten mir; der jahrhundertealte Ring aus Schweigen und Geheimnis, der sie in diesem entlegenen Zipfel Arabiens vor dem »Fremden«, vor dem »Fortschritt« und auch vor dem Islam geschützt hatte, war durchbrochen worden – von mir. Sicher, wenn ich nicht die erste gewesen wäre, wäre irgendein anderer gekommen. Irgendein Anthropologe mit Notizblock, irgendein Sammler von Beduinenschmuck oder irgendein aufgeklärter Reformator, der großzügig Schulen, Blue-Jeans und Coca-Cola stiftet. Die Tatsache, daß ich die erste war, erhöhte nur meine Verantwortung. Es genügte schon das Automobil, es genügten schon meine roten Haare, ach was, es genügte schon ein einziges Wort von mir, um dieses autarke Gleichgewicht zu erschüttern, das gefährdeter war als eine im Sand vergrabene Statue durch die Spitzhacke eines ungeschickten Ausgräbers. Vielleicht hätte ich abreisen sollen, um die Verseuchung noch ein oder zwei Jahre hinauszuzögern.

Statt dessen blieb ich, überzeugt, daß mich schon meine Krankheit daran hindern würde, weiteren Schaden anzurichten.

41

*» Über mir nur der Himmel,
unter mir nur das Kamel.«*

Beduinen-Motto

Ich war seit etwa einem Monat bei den Wahiba, als mich
Scheich Khalifa zu einem Hochzeitsfest mitnahm, vier Auto-
tagesreisen von Wadi Andam entfernt. Gleich bei der Ankunft schienen die frischen Kamelgerippe, die zwischen den
Tamariskenbüschen staken, ihre Sprunggelenke wie blutige,
aber festliche Fahnen unter einem bleiernen Himmel zu
schwenken. Etwa hundert Beduinen saßen im Kreis auf dem
Sand; von weitem leuchteten ihre stachelbewehrten, bauschi-
gen Turbane wie Kaktusblüten. Ihre Bärte waren schwarz,
wie in Kohle getaucht, und ihre Augen mit Antimon ummalt.
Winzige Knäblein trugen wie die Großväter und Väter einen
Gürtel und einen Dolch aus getriebenem Silber.

Alle erhoben sich bei unserem Eintreffen und warteten, bis
sie mit der Begrüßung an der Reihe waren. Die Förmlichkei-
ten dauerten eine halbe Stunde, da der Scheich mit jedem die
unvermeidliche Kette von Fragen und Antworten austausch-
te, die jede omanische Begegnung kennzeichnet. Man betrachtete mich mit schlecht verhohlener Neugier, obwohl ich
die Kleider von Aischa trug. Aber wenn ich eine Wahiba
gewesen wäre, hätte mich Scheich Khalifa sofort in die *firqans* geführt, wo sich die Frauen für die Feierlichkeit schön
machten. Ich beabachtete ein paar Beduinen, die ihre Ärmel
hochgekrempelt hatten und mit Baumzweigen in riesigen Kes-
seln mit Reis und Kamelgulasch rührten: ein luxuriöses Mahl
für die meisten von ihnen, die oft monatelang nur von Datteln
lebten. Sie plauderten nun wieder untereinander, und aus ein
paar Bemerkungen begriff ich, daß sie Scheich Khalifa wegen

271

seiner neuen fremden Frau hänselten. »Im übrigen seid ihr *saua saua*«, kommentierte lachend ein alter Mann mit Mongolengesicht, und mir wurde bewußt, daß sich der Scheich und ich in den Augen eines Wahiba tatsächlich ähnlich waren: beide groß, stämmig und hellhäutig, schienen wir wie für einander gemacht. Und ich glaube, daß Scheich Khalifa insgeheim derselben Ansicht war, denn er errötete sichtbar bei diesen Anspielungen. Ich hielt es für angebracht, mich zu entfernen.

Die Frauen empfingen mich ohne jede Verwunderung. Im *firqan* herrschte ein Höllenspektakel: Silbergeklirr, das Rascheln von neuen Stoffen, die aus Truhen gepackt wurden, und hartnäckiges Feilschen. Eine Händlerin aus Sinaw war mit Stoffen und Parfümen angekommen; sie hatte sie in der Mitte der Hütte aufgebaut und versuchte, die Frauen zum Kaufen zu überreden. Wohlverstanden, dabei redete man nicht von Geld, sondern von Ziegen, Silberschmuck und Gegenständen aus Leder – den einzigen Valuten der Wahiba. Die Kundinnen drückten die Preise, öffneten die Fläschchen, wühlten in den Stoffen, schnupperten an den Schachteln mit Safran und beachteten mich überhaupt nicht, obwohl auch ich mir die Maske abgenommen hatte. Ich wunderte mich mehr als sie. Ohne jede Zurückhaltung betrachtete ich ihre riesigen smaragdgrünen oder tiefschwarzen Augen, ihre perlfarbene und wie von tausend Saunabädern geglättete Haut. Es gab keine einzige, die nicht stolz und erhaben gewesen wäre wie eine Osiris aus Marmor. Ich setzte mich in einen Winkel.

Nach dem Schminken kam der Schmuck an die Reihe. Ich entdeckte, daß jeder Brustbehang und jeder Ohrring eine andere, wenngleich in der Grundstruktur ähnliche Form besaß. Man erklärte mir, daß die Mode das verlange, eine Mode, die wie jede Mode von Generation zur Generation wechselt. Es gibt sogar in Sinaw ein Juwelier-Geschlecht, das seit Jahrhunderten die Schmuckstücke der Wahiba entwirft. Wer ein neues Modell will, bringt das alte zum Einschmelzen, und wer es sich leisten kann, besitzt zwei oder drei verschiedene Typen.

Als ich draußen auf den Dünen hockte, während die berühmten weißen Kamele der Wahiba über die imaginäre Spur einer Piste flitzten, die Beduinen auf das eine oder das andere der auf den knochigen Kamelhintern gebundenen Kinder setzten und die Sonne auf den rot- und silbergestreiften Schals der Frauen zu leuchten begann, der Wind nach Sandelholz, Ingwer und Zimt roch – da ergriff mich eine rauschartige Erregung, eine Art frenetisches Glück. Warum nicht für immer hierbleiben? Diese Frauen, die mir die Hand durch den Schleier hindurch gaben, um mich nicht zu beschmutzen, diese Männer, die ihre Hütten offenstehen, ihre Kamele frei herumlaufen ließen, ihre wenige Habe über Monate und Monate der Willkür eines jeden aussetzten, dieser Scheich, der Kaffee kochte und dabei über die freie Liebe diskutierte, während in nächster Nachbarschaft Raffinerien, Kriege und Wolkenkratzer Arabien zerrissen – waren diese Menschen vielleicht nicht die letzten Weisen, von denen man das Glück lernen konnte? Auch ich hatte mich über den Mythos vom besseren Wilden mokiert. Aufgeklärt von unseren Soziologen, von unseren politisch engagierten Entwicklungshelfern, predigte auch ich die Gleichheit im Namen des Sozialismus. Aber damals kannte ich die Wahiba noch nicht, damals wußte ich noch nicht, was es heißt, wirklich wild zu sein: kein anderes Gesetz zu kennen als das der menschlichen Achtung, und keine andere Strafe als die allgemeine Verachtung.

An diesem Tag sangen die Wahiba für mich: Jahrhunderte von Geschichte, Kilometer von Versen, lustige Abzählreime und Chöre im Falsett, auswendig vorgetragen oder für den Anlaß erfunden und mit der fröhlichen Freigebigkeit dessen serviert, der das wenige, das er hat, verschenkt. Die Frauen lieferten den Einfall, wetteiferten im Dichten. Sogar der Range Rover wurde durch den Kakao gezogen: »Dein Kamel ist fett und rot / und kann nicht durch die Wüste gehn /

sobald es Durst hat, ist es tot / ach liebe Freundin, laß es
stehn!« Und sie liehen mir ein echtes Kamel. Es hieß »Grün«
und widerlegte sämtliche schändlichen Eigenschaften, die Palgrave seiner Rasse zugeschrieben hatte, wie Dummheit, Dick-
köpfigkeit, Mangel an Orientierungssinn und totales Desin-
teresse für seinen Reiter. Als sich seine große, eben erst von
einem weichen Flaum überzogene Greiflippe sanft malmend
hinter mein Ohrläppchen schlich, beschloß ich, mit ihm meine Reise fortzusetzen.

Als Wahiba verkleidet, auf dem Rücken eines Dromedars,
begleitet von Said und inzwischen mühelos ihren Dialekt
sprechend, würde ich als eine fernwohnende Kusine gelten
können und damit vermeiden, zuviel Unruhe in die heimi-
schen Gewohnheiten zu tragen. Ich beteuerte Scheich Khalif
meine Fähigkeit, vornübergebeugt und ohne Sattel auf dem
knotigen Schwanzansatz den Ritt durchzustehen, nur von der
Kraft der eigenen Wadenmuskeln gehalten, genau wie die
Wahiba-Jockeys, die schnellsten Kamelreiter Arabiens. Dann
ging ich daran, mich von den anderen zu verabschieden. Unbeweglich, den rechten Ellbogen auf das Knie gestützt, das
Kinn von der Hand gehalten und die hundert Schnäbel gleichmäßig nach Westen gerichtet, sahen meine Gastgeberinnen
aus wie eine Schar Phönixe, die auf einer Düne gelandet sind,
um den Sonnenuntergang zu bewundern. Ich fragte meine
Nachbarin, wo das Brautpaar sei. Sie deutete auf einen mage-
ren Knaben von jener Hautfarbe, die die Araber als »blau«
bezeichnen, und in einem sehr verschlissenen, wenngleich
sauberen Gewand. »Und die Braut?« bohrte ich weiter. »Wer
von euch ist die Braut?« – »Die Braut ist nicht da, man
schickt sie weit weg zu Verwandten während der ganzen Fest-
lichkeiten, der Ehemann wird sie morgen holen«, antwortete
die Befragte und schloß ihre violetten Augen.

»Aber dann haben sie sich ja noch nie gesehen und lernen
sich erst nach der Hochzeit kennen«, rief ich, enttäuscht, eine
Lücke in dem makellosen matriarchalischen System zu ent-

decken. »Aber nein, sie kennen sich von klein auf, und gehen seit langem miteinander ins Bett. Sie hat darauf bestanden, ihn zu heiraten, obwohl er dunkel ist und arm und von niederem Rang. Aber du weißt ja, die Liebe ...«

42

*»Für den, der tot war und wieder lebendig wurde,
gibt es keine Entfernungen.«*

Mohieddin Ibn Arabi

Ich brauchte drei Monate, um die Wahiba Sands bis zur Insel
der Banu Hikmàn zu durchstreifen, eine wasserlose Insel, deren Bewohner durch den Indischen Ozean waten müssen, um
ihre Ziegen auf die Weide zu führen. Und da sich der Brunnen
auf dem Festland befindet, läuft die Bevölkerung bei jedem
Sturm Gefahr zu verdursten. Aber bisher ist es Zahra, der
Zauberin, immer noch gelungen, die Katastrophe abzuwen-
den, indem sie manchmal die Wellen besänftigte und manchmal den Regen beschwor.

Auf den ersten Blick unterschied sich Zahra nicht von den
anderen Frauen, schon weil alle weiblichen Wahiba wie Hexen aussehen. In ihrer Art wirkte sie dagegen wie eine napoli-
tanische Matrone, laut und ungehemmt, die in ihrem Zauber-
kessel rührte, als seien es Spaghetti mit Soße. Gleich nach
meiner Ankunft informierte sie mich über den gesamten Wü-
stenklatsch und beschwerte sich über die Konkurrenz der indischen Zauberinnen, denen, wie sie bitter bemerkte, die Regierung des Sultans in Sinaw ein großes Betonhaus zur Verfügung gestellt hätte. Tatsächlich war in Sinaw gerade ein großes Krankenhaus gebaut worden, dessen Pflegepersonal aus
Indien kam. »Aber die Wahiba, die dort hingehen, sterben
wie die Fliegen«, schloß sie befriedigt und spuckte in den
Kessel.

Ich beeilte mich, meine Mißbilligung der modernen Medi-
zin zum Ausdruck zu bringen. Abgesehen davon, daß das
keine Lüge war, schien es mir geeignet, die Zauberin gütig zu
stimmen, deren Künsten ich mich bald ausliefern würde.

Denn Zahra hatte sich vorgenommen, mich zu heilen. Ich ließ sie gewähren.

Aus einer Plastiktasche nahm sie eine dicke runde Metallplatte, die mit Abrakadabra bemalt war. »Echtes Silber«, kommentierte sie und rieb mit dem Zipfel meines Kleides eine Ecke blank. Dann zog sie eine Art Halskette heraus, bei der sich Korallen, Beeren, Dornen und türkisfarbene Murmeln abwechselten. Sie legte sie mir um den Hals. Um die Knöchel band sie mir irgendwelche Plättchen, die dem Geruch nach aus einem Gemisch von Exkrementen gepreßt worden sein mußten. Als echte Magierin weigerte sie sich, mir die Zusammensetzung des stinkigen Breis zu enthüllen, den sie mir ins Gesicht und auf die Fußsohlen schmierte. »Aber meine Füße sind ganz in Ordnung!« protestierte ich. »Deine Gesundheit ist in die Füße eingeschrieben, wie dein Schicksal in die Hand«, erwiderte Zahra, während ich unter dem Schlamm verstummte. Die Silberplatte wurde beim Erscheinen des ersten Pleijadesterns mit kreisenden Bewegungen gegen den Uhrzeigersinn über meine Haut gerollt. Zahra murmelte dabei Zauberformeln, die auch für die Banu Hikmàn unverständlich waren.

Zwei Tage lang wiederholte sich die Prozedur unverändert. Dann versicherte mir Zahra, daß ich mit dem Neumond gesund würde; Said, dessen Bruder im Jahr davor von einem Skorpion gebissen worden war, versicherte mir, daß Zahras Kuren unfehlbar seien. »Aber man darf sie sich nie zur Feindin machen«, fügte er hinzu, »wer die Magie besitzt, befiehlt den Geistern des Guten wie des Bösen: Zahra könnte einen Feind über eine Entfernung von zwei Tagereisen töten.« Das wunderte mich überhaupt nicht. Ich hielt sie für fähig, mitten in Sinaw einen Vulkan erstehen zu lassen, um das Krankenhaus zu zerstören.

Ihre Kraft war eine Tatsache, an ihren Künsten zweifelte sie nicht; sie übte sie mit Effizienz und Nonchalance aus, ohne Wichtigtuerei und Hokuspokus, sondern imponierte einfach

277

dadurch, daß sie selbst ganz davon überzeugt war. Sie heilte die Bindehautentzündung, indem sie Henna auf die Fußsohlen schmierte; sie behandelte die Blasenentzündung mit einem Aufguß aus Zimt, Wacholder, Koriander, Mehl und Honig; Dornen und andere Fremdkörper, die sich ins Fleisch gebohrt hatten, entfernte sie, indem sie Hände und Füße eine ganze Nacht lang in warme Butter legte; und um das Gift aus den Schlangen- und Skorpionbissen zu ziehen, legte sie die Wunde in den Magen eines kleinen, eigens dafür geschlachteten Kamels: der Magen fuhr ein paar Stunden lang fort, wie ein Kolben zu pumpen, blähte sich fast bis zum Zerplatzen auf und zog damit das Gift aus der Wunde.

Ich dachte an den englischen Colonel in seinem Büro in Maskat, der unbewußt zum Förderer der einheimischen Zauberkünste geworden war; und daran, was mein Mufti in Aleppo sagen würde, wenn er mich als Opfer heidnischer Riten wüßte und als Gast satanischer Sünderinnen und von Männern, die sich nicht um Allah kümmerten. Um ehrlich zu sein, ganz unbekannt war ihnen Allah nicht. Als ich Scheich Khalifa einmal gefragt hatte, ob die Sandwüsten der Wahiba ihm gehörten, hatte er geantwortet: »Es ist Allahs Land, es gehört dem, der es nutzt.« Als ich Zahra fragte, von wem sie ihr Handwerk gelernt habe, antwortete sie: »Ich habe es von Allah bekommen, von dem, der das Feuer durch die Sonne gewegt, der die Erde durch den Saturn besänftigt, der das Wasser durch den Jupiter zum Fließen bringt, der die Luft durch den Mars reinigt, den Dampf durch die Venus absondert und den drei Reichen der Natur durch den Mond Saft verleiht.« Und beim Reden deutete sie auf die Planeten, die überm Indischen Ozean hingen. Ich fragte sie nicht, wer sie gelehrt hatte, die Sterne zu kennen: Wer wie sie die Sprache der Fische versteht, das Alphabet des Sandes entziffert und Maulwürfe und Eidechsen hinter sich herlaufen läßt wie Hunde, der besitzt Erkenntnisinstrumente, die er nicht erklären kann. Für Zahra, die um jedes menschliche Wesen seine

Aura erkennen konnte, war diese Erscheinung nichts als »farbiger Dampf«, auch wenn sie darin Tod, Krankheit, Liebe oder Glück las.

Die einzige Liebe, der ich während meiner Jahre in Arabien mit beharrlicher Treue angehangen hatte, war die Wüste in ihrer unendlichen und widersprüchlichen Vielfalt: das Leere Viertel von Rub al-Khali mit seinen schwindelerregenden Gipfeln und Abhängen, bleich und üppig wie Rubenssche Hinterteile; die Salzplatten von Abu Dhabi, endlose Schlittschuhbahnen, unterteilt von violetten Flammen; der Korallen- und Perlmuttstaub, die Gipsbrocken, die Überreste verschwundener Vulkane; die Steilwände von marmorharten Dünen, die, von Zwergpalmen gesäumt, aus dem Fließsand von Liwa herausragen. Die Wüste läßt sich schlecht auf einen gemeinsamen Nenner bringen, doch in diesem Zipfel Arabiens, in diesem dreieckigen Stückchen Welt fand ich alle ihre Eigenschaften beisammen, und daher versteifte ich mich darauf, es mit hartnäckiger Treue zu lieben.

Eines Tages, als ich im Norden von Wadi Andam über den Sand lief, den der Regen wie Aspalt zusammengeklebt hatte, und dabei wie jeder kluge Beduine Vorräte an Artà-Zweigen sammelte und Lebensdevisen in einen der provisorischen Steine ritzte, fragte ich mich: Fühlt man sich vielleicht als Gott in der Wüste? Mit eisigem Zeigefinger schrieb ich in der elegantesten Schrift und ordentlich unterteilt zwischen dornige Polster und gelbe Blümchen: »Erstens: Du sollst nicht studieren. Zweitens: Du sollst nicht kaufen«, und so weiter, den Tod der Thermosflaschen Duodex und der Soziologiekurse festsetzend. Während ich am Fuße der Düne, am Fuße meiner zehn Gebote, kauerte, hörte ich plötzlich ein lautes Geräusch wie von Leintüchern, die im Wind flattern. Hinter mir saß ein riesiger schwarzer Adler und las mein Testament. Als er fertig war, erhob er sich, zog einen großen Kreis über meinem Kopf und stieß einen Schrei aus, kreischend und absolut, wie der

Schrei eines bekümmerten Säuglings.

An diesem Tag hätte ich mit siebenundzwanzig Jahren mein Leben beenden können, ohne Bedauern. Ich wußte, daß ich begriffen hatte, daß ich wirklich begriffen hatte, daß ich all das, was ich liebte und was mir bis dahin widersprüchlich erschienen war, miteinander vereint hatte: Dünen, Kalligraphie, Majolika, Frauen, Lieder, Prälaten, Damaste. Der genaue Terminus schien mir »das Wuchern der Monotonie« zu sein, oder »die Unendlichkeit in einem Sandkorn«. Die Einzigartigkeit der Wüste, die Araber und des Islam liegt in dem Anschein von Monotonie, der jedoch bei genauem Hinsehen unendliche Modulationen aufweist: die zehn Schriften, die vierundsiebzig Sekten, die zwölf Imame, die Arabesken aus Glühlämpchen oder aus Majolika, der Krieg als Spiel, der Feudalismus als Demokratie, die Frau als Sklavin und Königin, die Liebe, die ebenso provisorisch und unmittelbar ist wie das Vergessen. Sogar das Erdöl fügt sich in diesen Regenbogen, das für alle und unter jeder Wüste gleich ist, und doch so verschieden in seiner Nutzung: einmal als Spielzeug, ein andermal als Glaube, als Werkzeug für Bildung und Invasion, für Armut und Erneuerung. Es erscheint fast wie eine Legende, wie der Urmythos eines Anti-Sisyphus, der die Wüsten bis zur Unendlichkeit durchläuft und plötzlich um sich herum Wirklichkeit emportauchen sieht, glanzvoller und kurzlebiger als eine Fata Morgana. Eine Welt aus Ungefährem, in der jeder mitspielt, indem er die ewigen, unverrückbaren Gesetze der Wüste überschreitet wie die Geleise einer Eisenbahn. Aber wer kontrolliert schon das Überschreiten der Geleise in der Wüste? Man behauptet, Arabien sei das Land der Gegensätze: Was für ein Irrtum! Wir, die wir die Zwischentöne nicht mehr kennen, wir Kompositeure des Drastischen, wir Wagner, wir Marx, wir Freud, wir Theoretiker der Blöcke und Manichäer der Supermärkte, wir müssen noch den Unterschied lernen zwischen dem eleganten Kompromiß und dem ideologischen Abweichler, zwischen Phlegma und Apathie, zwischen Gelassenheit und Groll. Weil sie ein Kamel neben einem Mercedes »parken«, sprechen wir von »Kontrasten« anstatt von Modulation. Die alten Geleise bleiben, daneben baut man die Pipeline. Über beidem kreist der Adler.

Es wurde Neumond, und ich genas. Die Haut wieder makellos, der Schmerz verschwunden, ebenso das Brennen, das Fieber, der Schwindel. Wenn ich heute versuche, meinen damaligen Seelenzustand zu definieren, kann ich ihn nur mit dem meines Körpers vergleichen, wie er, eingehüllt in den Schlafsack, dalag, gegen Kälte und Skorpione geschützt, während der Kopf nur von der Nachtkühle umspielt wurde, beim geringsten Geräusch auf der Hut, empfindlich gegen die körnige Beschaffenheit des Kopfkissens und dennoch durch das Universum schweifend, sich fast mit dem Firmament verbindend, Teil jenes Lichtes werdend, das weder Licht noch Dunkelheit ist, sondern der nächtliche Schein der Wüste. Der Ambivalenz meines Körpers entsprach die Ambivalenz meines Seins.

Die Kultur, der ich angehöre, schützte mich und band mich, sie ermöglichte es mir, Schmerzen zu lindern, die sie selbst schuf und sogar das kennen- und schätzen zu lernen, was ihr fremd ist, wie die Wahiba. »Du hast uns gelehrt, mit Stolz wir selbst zu sein«, hatte mir eines Abends Scheich Khalifa gesagt, und in diesem Augenblick hatte ich meine ganze Ohnmacht gefühlt. Den Stolz im Tod, das hatte ich die Wahiba gelehrt: Aber ihr Überleben, das einzige, was man ihnen garantieren müßte, das hatte ich nicht einmal um einen Tag verlängern können. Wie kann ein islamisches Land am eigenen Leib auf die Dauer eine solche Funktionsstörung dulden? Und wie kann ein reicher Ölstaat die Präsenz eines Stammes akzeptieren, der an der Grenze des Existenzminimums lebt? Erziehung, Gesundheit, Gesetzbücher, Fernsehen, Polizei können für einen Monarchen des zwanzigsten Jahrhunderts nur legitime Eroberungen sein.

An einem der nächsten Tage würde ich mein Bündel schnüren und abreisen. Es war eine schöne Erfahrung gewesen. Den Freunden konnte ich erzählen, ich hätte als Nomadin unter Nomaden gelebt, mich einmal im Monat im Brunnen gewaschen, und sei doch am letzten Tag so proper gewesen wie am ersten, denn die Wüste macht nicht schmutzig. Ich konnte von Sheikha erzählen, der Beduinin, die eines Tages auf ihrem Kamel fortgeritten war, um in Saudi-Arabien ihr Glück zu machen, und die nach zehn Jahren wiederkam, angewidert vom Wohlstand, von den Klimaanlagen und von den Häusern. Ich konnte von den Verwirrungen der Etikette berichten, die dadurch entstanden, daß ich als Frau eigentlich mit den Frauen essen sollte, die Männer mich jedoch als hohen Gast ansahen und ich daher allein essen mußte, während die anderen mir zuschauten.

Von den Ehrenbanketts würde ich die Gerichte aufzählen: Trockenfisch mit Reis bei den Banu Hikmàn; *rakak*-Brot, ein knuspriges waffelartiges Gebäck bei Sheikha; Spaghetti mit Zucker bei den Vettern von Said, zwischen großen, luftigen Hütten im Schatten riesiger Tamarisken, am Fuß einer Beule aus Porphyr, die aus dem Wüstensand gewachsen war; und in der Abenddämmerung am äußersten Zipfel der Wüste dieser Eintopf aus Fleisch, Reis und Zucker, der stundenlang gerührt wurde, bis er wie Porridge aussah und schmeckte.

Die Skorpione, die wilden Kaninchen und die Großtrappen waren mir Gefährten; ich hatte kleine Büsche, prall wie Lippen, blühen sehen, und ich hatte gelernt, mich von den Sternen, den Dünen, vom Wind leiten zu lassen. Geheimnisvolle Fabeln von sprechenden Wölfen, boshaften Brunnen und behexten Ziegen, erzählt von Saids rauher Stimme, hatten Tag um Tag den weichen Schritt meines Kamels begleitet. Ich hatte wieder Freude an der Unterhaltung gefunden, ich hatte gelernt, hinter der Maske zu lesen und was es bedeutet, über seinen Körper und sein Schicksal zu bestimmen: eine Frau zu sein, die bei der Entbindung wie im Sandsturm immer nur mit sich selbst rechnen kann. Und sogar die Kinder begann ich zu

282

schätzen: kleine Erwachsene, die in dem Bewußtsein aufwachsen, daß zwischen Geburt und Tod nichts liegt als eine Parenthese aus Sand.

Ich würde fortgehen mit der wehmütigen Erinnerung an eine malvenfarbene Morgenröte, die sich zwischen meine Lider drängte, um mich nicht vergessen zu lassen, daß das Unendliche ich war, schlaftrunken auf einer Düne so groß wie der Kosmos. Das, was meinen Nacken streifte, was sich zwischen meine Flechten schlich und in die Ohrgänge drang, war nicht irgendein Licht, es war das Licht der Ewigkeit. Fast als seien die Wahiba eine neue Menschenrasse, die auf die unsere gefolgt war, wie wir auf die Dinosaurier: der Anfang, nicht das Ende einer Welt.

Kleines Arabisch-Glossar

aba, abaya – Umhang

agha – Stammeshäuptling der Kurden

Amira Fiktùria – Prinzessin Vittoria

Arfadsch – Wüstengewächs Südostarabiens

burqa – Maske, die die Mädchen nach der Pubertät tragen (Emirate)

darbuka – kleine arabische Trommel

diwan – Salon, an dessen Wänden niedere Ruhebetten aufgereiht sind

faradja (faradschija) – lybische Männertracht aus weißem Wollstoff

firqan – Wahiba-Hütte

halawa – klebrige Süßigkeit aus Oman

hammam – Türkisches Bad

Inschaallah! – So Gott es will!

iwan – in syrischen Häusern: Salon unter einem Gewölbe im Innenhof

kafije (kafiya) – weißes Sonnentuch der Männer (Saudiarabien und Emirate)

leeso – sehr langer bunter Schleier mit geometrischen Mustern (Oman)

madjlis (madschilis) – Versammlungsraum und eine Art »Bürgeranhörung« der Scheichs

maghreb – Sonnenuntergang

maghut – eine Pflanzenwurzel

maristan – Irrenanstalt

masbaha – Gebetsschnur zur Aufzählung der neunundneunzig Namen Allahs

moharram – Monat der Trauer und der Buße, in dem die Schiiten des Martyriums von Hasan und Husein, den Neffen Mohammeds, gedenken

muffraj (muffradsch) – Salon im obersten Stockwerk eines jemenitischen Hauses

musayene – jemenitische Sängerinnen niedriger Kaste

raks – arabisches Wort für Tanz

scheel – sehr langer schwarzer Baumwollschleier (Arab. Golf)

suk – Bazar

Wallah! – Bei Allah, so ist es!

zikr – Tanzzeremonie, die zu einem mystischen Trancezustand führt

Bitte beachten Sie
die folgenden Seiten

Sir Galahad

Mütter und Amazonen

Die erste weibliche Kulturgeschichte

Ullstein Buch 34044

Mütter und Amazonen, das Hauptwerk von Sir Galahad, ist die erste weibliche Kulturgeschichte. Ein feines Gefühl für symbolische Tiefenkräfte, weibliche Eleganz der Sprache und ein treffsicheres, kritisches Urteil verleihen diesem Grundlagenwerk seinen eigenartigen Reiz.
Aus dem Inhalt:
Das wechselnde Gesicht des Mutterrechts · Die magische Menschheit · Theorien über das Mutterrecht · Die Frauenreiche der Geschichte · Symbolik und Totemismus · Die soziologische Hypothese. In der Zeit frauenemanzipatorischer Bestrebungen kommt diesem Buch fundamentale Bedeutung zu.

Ullstein Sachbuch

Fariborz Riyahi

Ayatollah Khomeini

Ullstein Buch 27540

Die Ereignisse im Nahen Osten, vor allem in den islamisch geprägten Ländern, zeigen immer wieder, daß diese Region einer der gefährlichsten Krisenherde ist – besonders seit der Machtübernahme des Ayatollah Ruhollah Mussawi Khomeini im Iran Anfang 1979.
Riyahi, der bis 1959 im Iran gelebt hat, ist es gelungen, den Werdegang und die Aktivitäten dieser politisch-religiösen Führergestalt umfassend und präzise darzustellen.

Lebensbilder